喀斯特山地旅游资源助推区域发展潜力研究

——以贵州为例

赵卫权　孙小琼 等◎著

气象出版社
China Meteorological Press

内容简介

本书主要以贵州喀斯特山区为研究对象，通过分析自然条件和旅游资源状况，研究相对贫困区的空间布局和形成机制、旅游资源与产业特征以及要素空间耦合关系，探讨旅游产业对巩固拓展脱贫成果提升的支撑潜力，分析喀斯特相对贫困区旅游资源、旅游产业、旅游助推扶贫潜力与模式，引用案例从村、乡镇、县、区域等不同范围尺度来挖掘相对贫困区旅游产业发展与扶贫潜力。运用基本理论与实践相结合，采用整体探讨与案例分析相结合，注重资源、产业及区域空间格局，将空间分析思路贯穿整个研究过程，结合相关学者已有研究成果，探究巩固拓展脱贫攻坚成果同乡村振兴有效衔接的途径。尝试依托喀斯特山区旅游产业带动乡村振兴潜力，探究旅游资源助推乡村振兴的模式与路径，以期为“十四五”期间实施乡村振兴战略提供理论和实践参考。

本书的主要读者对象为人文地理、旅游资源开发与保护、乡村振兴等相关专业领域的研究人员以及相关行业的管理者和规划编制人员，对从事山地旅游资源开发、区域协调发展和地理空间应用技术相关人员具有一定的参考价值。

图书在版编目（CIP）数据

喀斯特山地旅游资源助推区域发展潜力研究 ： 以贵州为例 / 赵卫权等著. -- 北京 ： 气象出版社， 2023.2
ISBN 978-7-5029-7994-2

Ⅰ. ①喀… Ⅱ. ①赵… Ⅲ. ①喀斯特地区－旅游业发展－研究－贵州 Ⅳ. ①F592.773

中国国家版本馆CIP数据核字(2023)第119601号

喀斯特山地旅游资源助推区域发展潜力研究——以贵州为例
Kasite Shandi Lüyou Ziyuan Zhutui Quyu Fazhan Qianli Yanjiu——Yi Guizhou Wei Li

出版发行：气象出版社
地　　址：北京市海淀区中关村南大街 46 号　　**邮政编码**：100081
电　　话：010-68407112(总编室)　010-68408042(发行部)
网　　址：http://www.qxcbs.com　　**E-mail**：qxcbs@cma.gov.cn
责任编辑：蔺学东　王　聪　　**终　　审**：张　斌
责任校对：张硕杰　　**责任技编**：赵相宁
封面设计：楠竹文化
印　　刷：北京建宏印刷有限公司
开　　本：787 mm×1092 mm　1/16　　**印　　张**：9.25
字　　数：192 千字　　**彩　　插**：7
版　　次：2023 年 2 月第 1 版　　**印　　次**：2023 年 2 月第 1 次印刷
定　　价：80.00 元

前　言

贵州地处云贵高原东斜坡，境内地势西高东低，自中部向北、东、南三面倾斜，具有低纬度、高海拔的地理特点。境内山脉众多，层峦叠嶂，绵延纵横，山高谷深，是全国唯一没有平原支撑的省份。境内岩溶分布范围广泛，形态类型齐全，地域分异明显，构成一种特殊的岩溶生态系统。贵州是一个内陆山区省份，虽然地理位置上没有明显的发展区位优势，但特殊的地理位置也决定了贵州特殊的战略位置。首先，贵州生态区位重要，是长江、珠江上游生态屏障，全省河流都汇入长江与珠江；其次，贵州交通位置重要，是国内中东部地区进入我国大西南的重要交通枢纽之一，也是我国内陆连接东南亚出口陆上通道的重要节点；再次，贵州距离边境独有的战略纵深优势，也成就了贵州在国家安全格局部署上的重要战略位置，在新中国发展过程中一直具有重要作用。

贵州旅游资源丰富，配套好。贵州山高水长，配合自然山水风光，使得民族风情丰富多彩，"原汁原味浓，多彩和谐"。千百年来，贵州各族人民依山就势，创造"一山不同族、十里不同风、百里不同俗"的山地民族文化奇观，黔东南等地被誉为全世界最大的原生态民族博物馆，多姿多彩的民族风情与自然山水风光一起构成贵州的两大"宝贝"，成为贵州发展的后劲与潜力所在；具有神奇秀美的自然风光、绚丽多彩的民族文化、闻名遐迩的红色旅游文化，被誉为"山地公园省"，是避暑胜地和世界十大"返璞归真、回归自然"旅游目的地。

贵州气候温和湿润，建设"山地公园省"高度契合贵州"守底线、走新路"和"生态文明建设试验区"的宗旨，是贵州全面贯彻落实"创新、协调、绿色、开放、共享"五大新发展理念的具体实践，是"十三五"期间落实推进贵州大健康、大旅游、大扶贫等行动计划的重要举措，也是"十四五"实施乡村振兴战略的有效途径。

本书通过对前期喀斯特贫困区（现已脱贫，称之为"相对贫困区"）特征及空间格局，以及喀斯特旅游资源的分类、图谱格局、价值分析、产业布局方面分析等，结合对贵州部分地区不同区域尺度的旅游扶贫潜力分析和评价，探究喀斯特相对贫困区旅游资源的有效开发利用及旅游产业发展潜力，揭示喀斯特相对贫困区旅游产业发展的"瓶颈"问题，提出旅游业科学发展的途径和理论建议。本书编写是基于"十三五"期间对于贵州贫困特征的深入了解，结合旅游扶贫调查和规划实践，并对后期旅游扶贫效果进行典型调查，综合研究其潜力，为今后旅游产业在乡村振兴中继续发挥作用提供理论依据和新思路。

本书主要得到国家重点研发计划课题（2016YFC0502606）的资助，其中大部分内容也是该课题最终研究成果，同时还整合了贵州省科技计划项目（黔科合基础〔2016〕1526-4 号）相关研究成果。“十三五”期间，笔者围绕喀斯特相对贫困区旅游产业扶贫的潜力、模式和途径展开研究，不仅研究了喀斯特和相对贫困区分布之间的关联、喀斯特相对贫困区旅游资源的空间图谱特征和格局、喀斯特相对贫困区旅游资源开发的瓶颈，还分析了旅游产业发展对于喀斯特相对贫困区脱贫的意义及其潜力，既有理论分析，也有实践案例对比研究。

本书共分 10 章，主要由赵卫权和黄亮汇总。第 1 章为绪论，主要介绍了贵州喀斯特相对贫困区发展旅游产业的背景和条件，主要由赵卫权、李威执笔；第 2 章为贵州喀斯特相对贫困区特征，并研究了贫困发生的原因和规律，主要由赵卫权、赵祖伦执笔；第 3 章为喀斯特区域旅游发展现状及特征，探究了贵州喀斯特旅游资源类型、价值和旅游产业发展的潜力，主要由孙小琼、赵卫权、黄亮、吴克华等人执笔；第 4 章为贵州旅游资源的空间图谱格局，分析了贵州旅游资源的空间分布格局，尤其是两江流域的资源分布特征和规律及其形成原因，主要由李威、赵卫权、吕思思执笔；第 5 章为主要旅游产业发展的空间格局，分析了四大旅游产业发展的空间格局，主要由李威、赵卫权执笔；第 6 章为喀斯特相对贫困区与旅游产业发展的空间图谱耦合，研究了喀斯特相对贫困区与旅游产业发展之间的空间耦合关系，主要由吕思思、赵卫权、李威执笔；第 7 章为旅游资源开发与扶贫潜力研究，阐述了旅游扶贫潜力的概念及其评价，主要由赵卫权、杨家芳、李威、文锡梅、罗时琴等人执笔；第 8 章为喀斯特相对贫困区旅游资源开发途径及模式研究，分析了喀斯特相对贫困区旅游资源开发的内涵，提出旅游资源开发的途径，主要由黄亮、赵祖伦、赵卫权等人执笔；第 9 章为基于山地旅游产业发展的乡村振兴途径，分析了乌江旅游业高质量发展途径与山地乡村振兴路径研究案例，主要执笔人为孙小琼、赵卫权、罗时琴、杨家芳等；第 10 章为喀斯特相对贫困区旅游发展的瓶颈及建议，主要针对喀斯特相对贫困区旅游产业发展分析了存在的瓶颈，并提出旅游产业推动相对贫困区发展的建议，主要由赵祖伦、赵卫权、李威等人执笔。此外，全书在编写和统稿过程中，苏维词、张军以、张凤太等给予了宝贵建议，特此说明并诚挚感谢。

本书由于作者系统总结和成书时间仓促，特别受水平所限，许多研究和认识不够全面和深入，书中难免存在疏漏和不足之处，恳请各位读者批评指正。

著者

2021 年 12 月

目　录

第1章 绪　论

1.1 地理环境背景

贵州地处云贵高原东斜坡，境内地势西高东低，自中部向北、东、南三面倾斜，具有低纬度、高海拔的地理特点。海拔最低为147米，最高为2900米，平均为1100米，相对高差大。贵州境内岩溶地貌发育典型，喀斯特(出露)面积1091万公顷，占全省土地总面积的61.9%，地貌有高原山地、丘陵和盆地三种基本类型，其中以高原山地和丘陵为主，占全省总面积的92.5%，境内山脉众多，层峦叠嶂，绵延纵横，山高谷深，是全国唯一没有平原支撑的省份。境内岩溶分布范围广泛，形态类型齐全，地域分异明显，构成一种特殊的岩溶生态系统。

贵州是一个内陆山区省份，虽然地理位置上没有明显的发展区位优势，但特殊的地理位置也决定了贵州特殊的战略位置，首先，贵州生态区位重要，是长江、珠江上游生态屏障，全省河流都汇入长江与珠江；其次，贵州交通位置重要，是国内中东部地区进入我国大西南的重要交通枢纽之一，也是我国内陆连接东南亚出口陆上通道的重要节点；再次，贵州距离边境独有的战略纵深优势，也成就了贵州在国家安全格局部署上的重要战略位置，在新中国发展过程中一直具有重要作用。

贵州旅游资源丰富，配套好。贵州山高水长，配合自然山水风光，使得民族风情丰富多彩，“原汁原味浓，多彩和谐”。千百年来，贵州各族人民依山就势，创造“一山不同族、十里不同风、百里不同俗”的山地民族文化奇观，黔东南等地被誉为全世界最大的原生态民族博物馆，多姿多彩的民族风情与自然山水风光一起构成贵州的两大“宝贝”，成为贵州发展的后劲与潜力所在；具有神奇秀美的自然风光、绚丽多彩的民族文化、闻名遐迩的红色旅游文化，被誉为“山地公园省”，是避暑胜地和世界十大“返璞归真、回归自然”旅游目的地。

贵州号称“山的王国”，山地自然风光神奇旖旎，建设“山地公园省”得天独厚。一是贵州全域山地(丘陵)面积占全省总面积的92.5%，海拔147～2900米，山地旅游资源丰富多样：山峰、峡谷、瀑布、溶洞、湖泊、温泉、天坑、地缝、漏斗森林、高山草地等，处处是景。二是有一批高品位的山地旅游资源，包括 3 个世界自然遗产、18 个国家级风景名胜区以及众多的国家级森林公园、地质公园、自然保护区等，省级景区更是多达 52 个。全省具有开发价值的旅游景区（点）共 1000 多处，其中国家级重点风景名胜区有黄果树瀑布、龙宫、织金洞、马岭河峡谷、红枫湖、舞阳河、荔波樟江、赤水等 13 个；国家级自然保护区有梵净山、茂兰、雷公山、赤水桫椤、草海等 10 个；国家级森林公园 19 个；还有关岭化石群、兴义、织金洞等 6 个国家地质公园和万山国家矿山公园。

贵州的气候温暖湿润，属亚热带湿润季风气候类型。自然生态环境良好，现代工业污染较轻，是建设"山地公园省、多彩贵州风"，发展山地旅游、户外运动、康体养生的理想场所。全省具有冬无严寒、夏无酷热、降水丰富、雨热同季等气候特点。大部分地区年平均气温在 15 ℃左右，最冷的 1 月平均气温在 3～6 ℃，最热的 7 月平均气温在 22～25 ℃。年平均降水量 1100～1300 毫米，多年平均降水量 1191 毫米。多阴雨天气，全年日照时数约为 1300 小时，无霜期 270 天，阴天数一般超过 150 天，常年相对湿度在 70%以上。

贵州气候温和湿润，建设"山地公园省"高度契合贵州"守底线、走新路"和"生态文明建设试验区"的宗旨，是贵州全面贯彻落实创新、协调、绿色、开放、共享五大新发展理念的具体实践，是落实推进贵州大健康、大旅游、大扶贫等行动计划的重要举措。

1.2 社会经济条件

人口状况：2019 年年底，贵州常住人口 3622.95 万，其中城镇人口 1775.97 万，农村人口 1846.98 万，城镇化率为 49.02%；贵州是个少数民族聚集的地方，少数民族个数仅次于云南和新疆，居全国第三位，世居少数民族有土家族、苗族、布依族、侗族、彝族、仡佬族、水族、回族、白族、瑶族、壮族、毛南族、蒙古族、仫佬族、羌族、满族、畲族 17 个。少数民族人口占全省总人口的 37.9%。

经济发展水平：2019 年地区生产总值 16769.34 亿元，其中第一产业增加值 2280.56 亿元，第二产业增加值 6058.45 亿元，第三产业增加值 8430.33 亿元，人均地区生产总值 46433 元。财政总收入 3047.81 亿元。

交通基础设施：截至 2019 年年底，贵州拥有 10 个通用机场，通航城市达 128 个，其中贵阳机场通航境外城市 23 个；铁路营业里程达 3753 千米，高速公路里程达 7005 千米，早在 2016 年贵州就实现了全省县县通高速，成为西部第一个高速公路全覆盖的省份。交通基础设施的发展为贵州实现旅游产业"井喷式"增长奠定了基础条件。

旅游产业：近年来贵州旅游业保持"井喷式"发展的良好态势，2019 年旅游人数达 113526.6 万人次，其中国内旅游者为 113479.42 万人次，入境旅游者为 471800 人次，2013—2019 年，旅游总收入从 1860.16 亿元增长到 12318.86 亿元（程小蝶 等，2021）。

1.3　旅游产业发展必要性与条件

贵州生态环境虽然总体优良，但是本底条件较为脆弱，喀斯特石漠化现象依然较为严重，是我国内陆唯一没有平原支撑的农业省份，农业机械化水平低；工业基础较为薄弱，以资源为主的工业体系难以支撑长期可持续发展。贵州旅游资源丰富，种类较为齐全，已经构建起了旅游产业体系，树立了旅游大省的品牌，旅游产业发展已见成效。西部大开发战略的提出有利于贵州将自然资源转变为经济资源，为乡村振兴的发展添砖加瓦。大开发不等于滥开发，不能以生态环境为代价换取经济发展，要在经济发展和环境保护中寻找平衡，在推动经济发展的同时保障自然资源不受损害。贵州相对贫困人口较多，是全国脱贫攻坚的主战场，在脱贫攻坚取得全面胜利后，要做好脱贫攻坚与乡村振兴的有效衔接，要在新时代西部大开发战略的指引下，勇闯新路，大力推动旅游产业化。要积极保护当地的峰林、峰丛、溶洞等自然景观，宣传保护环境的重要性，提高当地居民和游客保护环境的意识，在保障旅游业高质量发展的前提下，实现旅游业经济持续稳步增长。

“十三五”期间，贵州经济增速连续居于全国前列，基础设施条件得到了根本性改善。近年来，贵州已基本完成快速交通网络建设，率先在西部省份实现了“县县通高速”。良好的生态环境，丰富的旅游资源，令人向往的民族特色，结合国家西部大开发的政策必将迎来旅游业快速发展。为做好旅游业的全面可持续发展，贵州在全国率先完成了旅游资源大普查工作，且将旅游产业化发展作为贵州“十四五”规划实施的重要抓手和路径。2018 年 12 月以来，贵州深入推进产业扶贫，实施乡村振兴战略，在各级政府的大力推动下，农村产业得到了极大发展，产业脱贫攻坚取得明显成效，随着贵州旅游的“井喷”式增长，贵州旅游产业将在乡村振兴中继续起到重大作用。

1.4　旅游扶贫成效

“十三五”期间，贵州把旅游产业发展作为脱贫攻坚的重要途径，经过多方努力，旅游扶贫取得了良好成效。2017 年以来，贵州实施发展旅游业助推脱贫攻坚三年行动，大力推进旅游项目建设、景区带动、乡村旅游等九项旅游扶贫工程，“旅游＋”多产业融合发展步伐加快，实现旅游业带动就业 98.64 万人，89.7 万贫困人口受益增收脱贫。涌现出建设美丽乡村整村脱贫的“花茂路径”、互联网＋旅游扶贫的“好花红模式”、民族文化＋旅游扶贫的“西江样本”等助推脱贫先进典型。

为了深挖贵州旅游资源开发潜力，摸清旅游资源家底，2017 年贵州开展了旅游资源大普查工作。通过全面调查和探究，新发现未开发的旅游资源5.2万处，优良温泉旅游资源77处，以此为基础，优先开发贫困地区的旅游资源，优先安排贫困地区的旅游项目。截至2019年11月，在原来66个贫困县开发旅游资源19495处，其中16个深度贫困县开发旅游资源4490处，完成旅游项目3105个，实施温泉旅游项目31个。贵州充分发挥乡村旅游在精准扶贫、精准脱贫中的作用，有3500多个村寨发展乡村旅游，打造了12个全国乡村旅游重点村、131个省级乡村旅游扶贫示范点。出台实施贵州乡村旅游村寨、客栈、农家乐经营户建设服务三个省级地方标准，评定的标准级以上乡村旅游村寨、客栈、农家乐经营户达1515家。2019年前三个季度，贵州全省乡村旅游游客4.23亿人次，总收入2561.94亿元，同比分别增长21.7%、30.6%。

贵州通过加快推进快旅慢游交通服务体系建设，使得贫困区旅游交通格局更为便捷。重点支持贫困地区完善步道、停车场、游客中心等旅游公共服务设施，建成旅游厕所4822座，旅游公共服务更加完善，培育了一批旅游电商平台，重点智慧旅游景区建设步伐明显加快。与此同时，全省上下充分利用对口帮扶省(市)资源优势，强化旅游推介、市场拓展、景区打造、旅游招商引资和人才培训等方面务实合作，实施门票减免、过路费减半等特惠旅游政策，吸引外地游客，尤其是对口帮扶发达地区的游客。据统计，2019年上半年对口帮扶省(市)入黔游客占全国入黔游客的49.2%，广东、浙江、江苏入黔游客位列前三位(贵州省统计局 等，2020)。

参考文献

程小蝶，王坤，雷振仙，等，2021. 山地旅游地旅游流网络结构演化特征——以贵州省为例[J]. 资源开发与市场，37(12)：1497-1504.

贵州省统计局，国家统计局，贵州调查总队，2020. 贵州统计年鉴2020[M]. 北京：中国统计出版社.

第2章　贵州喀斯特相对贫困区特征

2.1　扶贫历程

为实现我国社会主义共同目标——共同富裕，全国人民坚持不懈努力，随着“结对帮扶、产业帮扶、易地搬迁、兜底保障”等扶贫举措实施，在2020年全面打赢脱贫攻坚战，使7亿多农村贫困人口成功脱贫，率先完成联合国千年发展目标。回顾我国的扶贫工作历史，有五个重要的时间节点：第一个，1986年建立贫困地区经济开发领导小组暨后来的国务院扶贫开发领导小组办公室，设定我国的第一套扶贫标准，标志着扶贫工作正式全面展开；第二个，1994年中国依靠体系的扶贫组织和资金投入有针对性地帮扶贫困人口，将贫困发生率从30.7%降低到7.7%；第三个，2001年根据生活水平调整扶贫标准，中国再次回到了一个新的扶贫起点；第四个，2010年贫困线再次“升级”，13899万人统计学意义上重新返贫，但同时也是脱贫速度最快的历史时期；第五个，2021年2月“国家乡村振兴局”正式挂牌成立，撤销“国务院扶贫开发领导小组办公室”，全面打赢脱贫攻坚战，之后5年为脱贫攻坚战与乡村振兴过渡期，巩固扶贫成果，迈入乡村振兴阶段。

党的十八大以来，全国农村贫困人口累计减少超过9000万人。截止到2019年年末，全国农村贫困人口551万人，比上年末减少1109万人，下降66.8%；贫困发生率0.6%，比上年下降1.1个百分点。西部地区农村贫困人口323万人，比上年减少593万人；中部地区农村贫困人口181万人，比上年减少416万人；东部地区农村贫困人口47万人，比上年减少100万人(国家统计局住户调查办公室，2016)。

贵州人口仅占全国人口的2.59%，但扶贫工作开展以来，贵州一直位列高贫困发生率省份之列。截止到2019年，仍是全国高贫困发生率在1.0%～2.2%的7个重点贫困省之一，贫困人口占全国贫困人口的9.34%。不仅如此，贵州人均总收入仅是全国平均线的28.62%，经济水平位列全国倒数第7位，是全国扶贫开发任务最繁重的省份，也是全国扶贫攻坚的主战场和决战区。2020年11月23日，贵州宣布所有贫困县“摘帽出列”，至此，中国832个国家级贫困县全部“脱贫摘帽”，脱贫攻坚战完美收官。

2.2 贵州相对贫困区特征及分布

2.2.1 贫困特征

(1)脱贫速度快,但极易返贫

贵州扶贫经过了几个重要阶段:第一阶段扶贫开发初期(1985—1993 年),贵州贫困发生率下降非常显著,贫困人口减少到 1000 万人,占农村总人口的比重从 57.5%下降到 34.4%。第二阶段(1994—2000 年),1994 年《国家八七扶贫攻坚计划》发布实施确定,我国贫困标准线设为 440 元,农村贫困人口从 860 万降至 313 万,贵州贫困人口占全国贫困人口从开始的 12.5%下降至 9.75%,到 2000 年年底,基本实现"八七"扶贫攻坚目标,贫困率降至 9.74%。第三阶段(2001—2010 年),贵州贫困率下降速度趋缓,由于国家贫困标准线提高,全国农村贫困人口增至 4007 万人,而贵州农村贫困人口占比则高达 15%,贫困率从 6.5%增至 14.9%。第四阶段(2011—2020 年),2011 年我国贫困线标准再次提高至 2300 元,贵州农村贫困人口增至 1149 万,贫困率激增至 33.4%,扶贫工作重点县贫困率则达到了 40.6%,是全国贫困率在 8%以上的八个省份之一(唐幸子 等,2017)。随着各项扶贫战略的实施,这一时期减贫成效显著,截止到 2019 年,贫困率降至 0.85%,贫困人口 30.83 万,见图 2-1 和图 2-2。

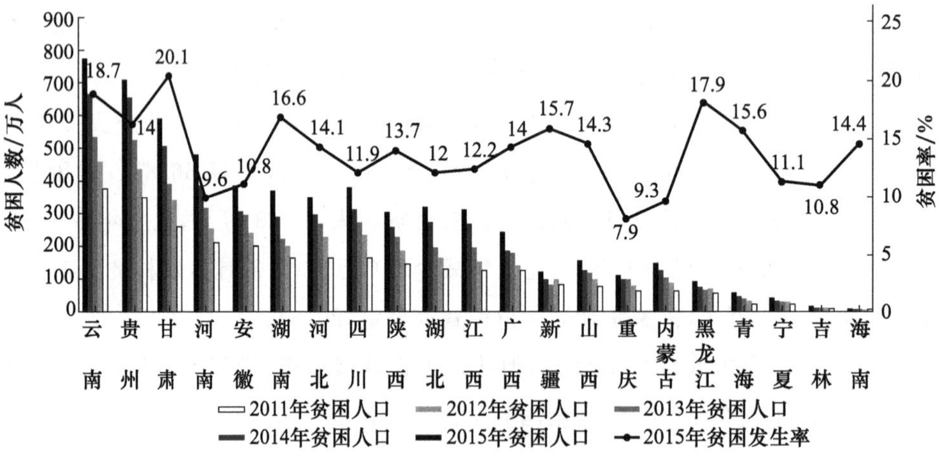

图 2-1　2011—2015 年中国重点贫困省的贫困率

经过 35 年的扶贫攻坚,贵州贫困发生率从 57.5%降至 0.6%,贫困情况有了历史性的改变。贵州贫困人口占全国比例较大,是全国扶贫主战场,人口基数大是贵州贫困的重要特征,同时,每次贫困基准的调整,贫困人口激增,说明低收入人口较多,极易返贫,

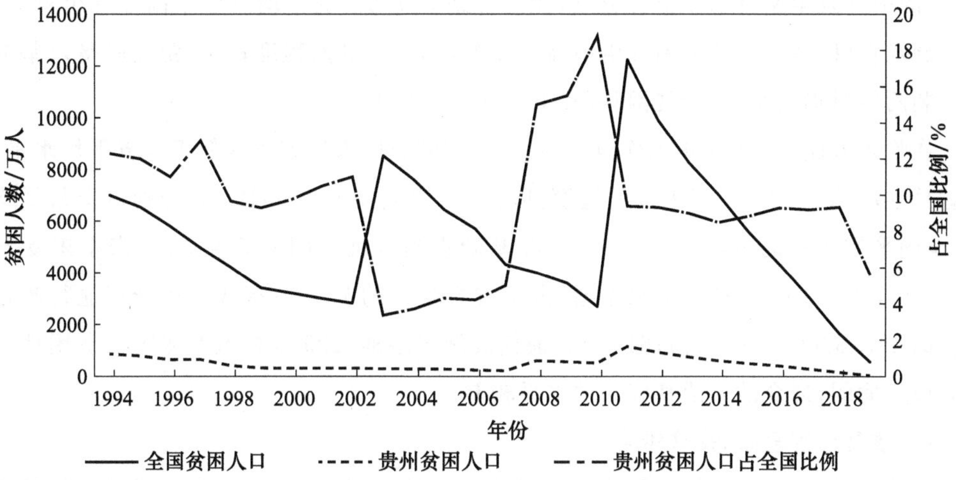

图 2-2　1994—2019 年贵州贫困人口及占全国比例

寻求从根本上改善人民生活和经济条件的途径，防止返贫转向乡村振兴战略，过渡期巩固扶贫成效至关重要(李华红，2018)。

(2)相对贫困面积广，内部差异差距大

贵州 2014 年通过建档立卡和驻村帮扶的措施，精准识别出贫困乡镇 934 个、贫困村 9000 个，分别占全省乡镇总数(1388 个)、村寨总数(16859 个)的 67.3%、53.4%。贵州全省 88 个县(市、区)中 83 个县都有扶贫开发任务，其中 50 个县在 2012 年被列入国务院扶贫办发布的《国家扶贫开发工作重点县名单》，占全省县(市、区)总数的 56.8%，占全国扶贫开发重点县总数(592 个)的 8.4%(仅低于云南的 12.3%)。截至 2015 年年底，50 个扶贫开发重点县常住人口达 1787.2 万人，占贵州常住人口总数 3592.5 万人的 49.7%；其面积达 11.63 万平方千米，占全省 17.61 万平方千米的 66.0%(李华红，2018)。由此可见，贵州农村的贫困发生面相当大，一定程度上可称之为一种整体性贫困。

各市(州)贫困差距较大，2015 年年底，农村贫困人口最多的毕节市与贫困人口最少的贵阳市相差 113.93 万人，毕节占全省贫困人口总数的 23.42%，而贵阳仅占 0.31%。9 个市(州)中 5 个市(州)贫困发生率低于全省水平，分别是铜仁市(15.5%)、六盘水市(15.7%)、黔南州(16.5%)、毕节市(16.5%)、黔东南州(21.7%)，尤其是黔东南州榕江县(贫困发生率最高)的贫困发生率为 27.6%，较全省平均水平高出 14 个百分点。

(3)贫困程度深，基础生活条件差

2016 年扶贫调查统计中，贵州贫困人口占全国贫困人口总数(4335 万)的比重高达 9.3%，占西部地区贫困人口 2251 万的 17.9%，占民族八省(区)农村贫困人口 1411 万的 28.6%(李华红，2018)；与之相对应，贵州农村贫困发生率达到 11.6%，比全国同期

4.5%的平均发生率高7.1个百分点，比西部地区7.8%的平均发生率高3.8个百分点，比民族八省（区）9.3%的贫困发生率高2.3个百分点，贫困程度较深，距离脱贫攻坚战结束还剩两年时仍然有33个贫困县，其中深度贫困县14个。

在收入方面，39个扶贫工作重点县2016年的农民人均纯收入低于全省平均水平，占全省总县数的44.3%。居末位的望谟县农民人均纯收入为6542元，分别占贵州平均水平、全国平均水平的80.9%、52.9%。在基础设施方面，2016年年底，自来水未受益村1038个，其中1101个村自来水未通，占全省行政村的7.1%；有线广播未接通行政村占全省的45.18%（6605个村）；618个村通信设施未接通；129个村汽车未通。贫困地区的基础设施薄弱，群众的生活基础条件水平较差。

(4)致贫原因复杂，扶贫难度大

致贫原因复杂，分成两个层次。一是指贵州致贫成因复杂，即很难用某一种理论或某一种“致因”来认识或解读贵州农村贫困的“全貌”。要认清和明晰致贫成因，必须综合运用经济、地理、人文、社会、政治等领域的相关知识或理论，如经济发展理论、贫困恶性循环理论、资源诅咒理论、社会资本理论、地理区隔理论、文化观念理论、权利理论等来解释，还须从更多角度来分析致贫因子，这些“因子”可能是生态环境脆弱、自然资源匮乏、人口素质低下、产业结构单一、基础设施薄弱、就业渠道不足、社会制度建设滞后等。二是指贵州贫困类型的复杂多样。正因致贫因子错综复杂，就必然使得贵州的贫困表征出不同的类型和复数成因叠加，如经济贫困、教育贫困、医疗贫困、生态贫困、社会贫困、交通贫困、资源约束性贫困、特殊困难群体贫困、生产力贫困、文化贫困等类型，因而从这个角度来说，贵州贫困多为复合型或综合性贫困。由于各种复杂因素，为了找准扶贫点，量体裁衣，需要大量的人力、物力做支撑，深度挖掘、拓展区域产业发展点及扶贫模式，因此扶贫难度大。

2.2.2 贫困人口空间格局特征

(1)贵州贫困空间格局

从贫困空间分布来看，贵阳市、遵义市等地贫困发生率最低，贫困人口主要集中于毕节、黔东南州两地；贵州东南部、西部贫困发生率则偏高；从南北方向上看，贵州南部地区贫困率总体上高于北部地区贫困率；整体上，贵州贫困发生率较高地区呈“U”形分布。

从图2-3中可以看出，贫困人口数量与贫困人口密度基本分布于同等的县域中，其中，全省贫困人口数量少于1.5万人的县域包括贵阳市10个区县以及红花岗区、都匀市、西秀区、湄潭县、余庆县、凤冈县和瓮安县。部分县域由于面积大，导致其贫困人口密度小，如威宁县贫困人口达到101156人以上，人口密度却介于25～39人/千米^2。综上所述，贵州县域贫困人数状况基本呈现出与 GDP（国内生产总值）、海拔、坡度、地貌类型一致的空间特征，即普遍贫困的态势。从各个地级市辖区贫困人数排序来看，贵阳市＜六盘水市＜安顺市＜黔西南州＜遵义市＜黔南州＜铜仁市＜黔东南州＜毕节市，但全省贫困人口密度排序则以黔中地区的贵阳市、遵义市为中心向四周密度逐渐增大，但地级市辖区的贫困人口密度则会有所下降（张凡 等，2019）。

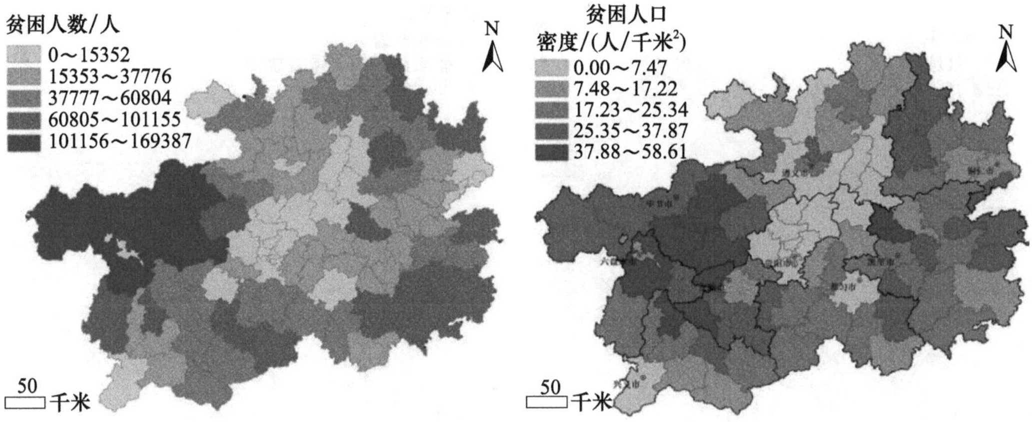

(a)　　(b)

图 2-3　贫困人口数量(a)与密度(b)的空间特征（另见彩插）

从贫困致因来看，贫困人口空间格局与喀斯特、人文、土地资源、产业发展等因子的空间分布特征密不可分。贵州受喀斯特地质地貌影响，没有平原支撑，素有“八山一水一分田”之说，水土流失严重，生态脆弱，是石漠化较为严重的省份之一。人文方面，贵州少数民族人口仅次于云南，区域的少数民族文化多样，但由于少数民族居住地多为较为偏远的地方，由于山、河阻隔作用，各类开发成本高，部分区域未能开发，在保证原住民文化的同时，也缺乏对外的物质文化交流，生活来源单一，生活水平较低。区域整体土地资源稀缺，农业可利用人均耕地面积少且耕地质量不高，优质资源少，随着城镇化加速，这一问题更加突出。虽然区域矿产资源丰富，但位于珠江流域和长江流域上游，生态环境一旦破坏难以恢复，生态治理成本高于矿产开发带来的效益，用于强化生态屏障区的天然林以及防护林建设，难以为农业带来直接收益。贫困地区产业单一，产业升级改造缓慢，缺少高效益、高带动型的二、三产业，产业发展呈“散、小、弱”态势，难以提高产能获取收益。

(2)贫困与喀斯特

在亚热带季风气候的作用下，红壤、黄壤、黄棕壤等土壤类型为贵州的地带性土壤，广泛分布于全省各个市（县），其面积占土壤总面积的 55%，为 9.68 万平方千米（图 2-4）；受母岩特性制约的岩性土壤石灰土、紫色土属于分布面积最广的非地带性土壤，其面积占土壤总面积的23.14%，为5.39万平方千米，且仅分布于碳酸盐发育的喀斯特地区；人工熟化的水稻土等及其他土壤类型仅占16.57%，呈条带状零散分布于降水丰富的地区，是区域性梯田分布的重要指示因子，毕节市、六盘水市受高原气候的影响，气候相对干燥，成为草甸土的集中发育区，为大量生态畜牧产业的发展提供充足的草畜资源。

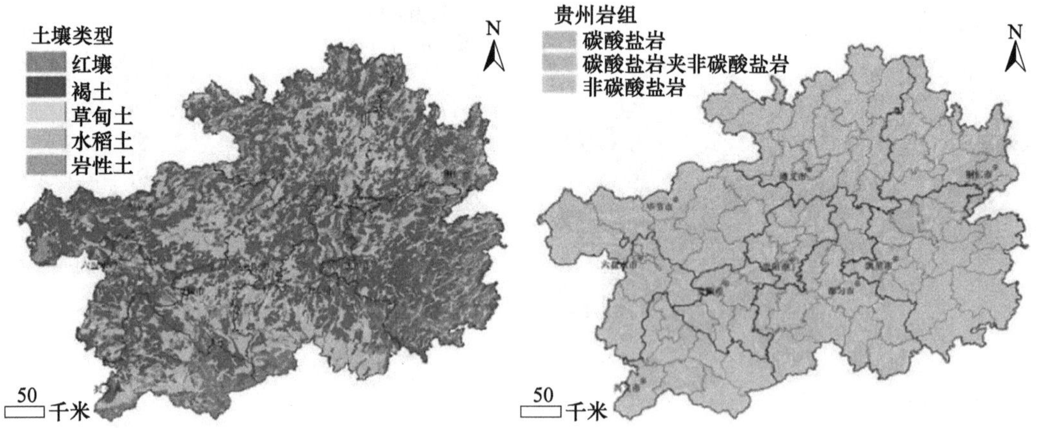

(a) (b)

图 2-4　贵州土壤(a)与岩性(b)类型分布图(另见彩插)

贵州地貌类型复杂多样，山地与丘陵广布，其面积比重之和为92.5%，高山、峡谷成阶梯状分布。全省平均海拔基本按照阶梯形分布(图 2-5a)，可分为三级阶梯，第一级阶梯位于贵州西部地区，包括六盘水和毕节市大部分地区，其海拔介于1582～2885米，属于全省最为贫困的地区，以毕节市为例，全市贫困人口数量达96.78万人，贫困人口密度达37人/千米^{2}以上，即使是市辖区的七星关区的贫困人口数量也达到了11.67万人。第二级阶梯是以黔中平原为中心的贵州中部地区。第三级阶梯则分布于都匀市、凯里市、遵义市以东的地区，其海拔介于152～989米(武陵山脉除外)，整体贫困人口密度和总数均低于第一级阶梯的地区。

全省坡度、地表起伏度基本一致，坡度越陡峭则生产生活条件越恶劣，产业发展成本就越高，全省坡度较大的地区分布于海拔较高的山脉地区，如梵净山和苗岭属于三级阶梯坡度最大的区域，横跨毕节市、六盘水市乌蒙山也是坡度较大的区域，其坡度等级分布于31.47°～75.68°，相比而言，黔中地区则地势相对平缓且多坝子地，如遵义市、安顺市和贵阳市整体地形坡度均小于8°(图 2-5b)，为区域基础设施建设、城市化进程的推进提供了高质量的土地资源，如贵阳市新区观山湖区和贵安新区均选择布局于地形平坦开阔的地区。

沟谷是地表径流流动的必经通道，沟谷之间的联系度决定了流域出水口的流量和汇水面积，且同等降水、产流条件下，流域面积越大，则水资源供给能力就越强，因此，干旱发生的地区集中于中上游河网密度小的地区。从图 2-5c 可知，全省沟谷密度大的地区为贵阳市、安顺市的主城区，习水、望谟县以及黔西南州地区，属贫困人口数量较小的地区。

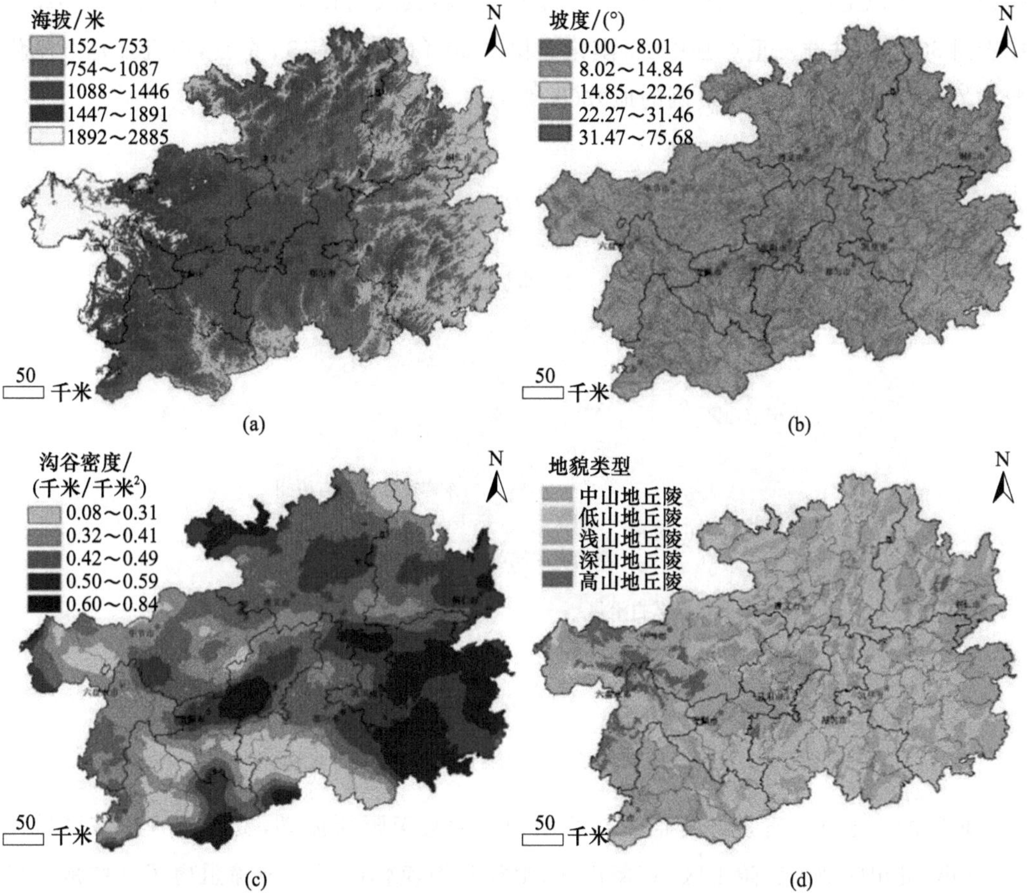

图 2-5　贵州地貌类型空间特征(另见彩插)

贵州地处云贵高原与山地丘陵过渡地带，全省地貌以中、低山地丘陵为主，且高山地丘陵、深山地丘陵分别集中分布于第一阶梯和第二阶梯。但贫困人口密度大的地区往往分布于高、中山地丘陵区，两者贫困人口密度的平均值分别为 36 人/千米^2 和 26 人/千米^2，表明不同海拔的山地丘陵地貌对贫困人口分布影响较大，相反喀斯特发育广泛的同时，对不同海拔的影响并不显著(黄亮 等，2019)。

贵州轻度以上石漠化面积为 35920 平方千米，占全省面积的 20.39%。其中，轻度石漠化面积 22733 平方千米，中度石漠化面积 10518 平方千米，强度石漠化面积 2669 平方千米。另外，尚有 43714 平方千米的土地有潜在石漠化趋势。从石漠化在县级行政单元的分布来看，除赤水、榕江、从江、雷山、剑河 5 县（市）无明显石漠化外，其余都有明显的石漠化现象。从空间分布看，石漠化土地多集中分布在喀斯特发育的南部和西部，以六盘水、黔西南、黔南、安顺、毕节所占面积最多，在这些区域农业活动频繁，土壤因水土流失变薄，呈现出南部重北部轻、西部重东部轻的特点。以县级行政单元分，石漠化面积占 40％以上的有 9 个县，小于 10％的 17 个县，其余均在 10％～40％（宋林，2012）。在贵州 50 个扶贫开发重点县中，石漠化面积占 20％以上的有 30 个县，而且凡是石漠化严重的地方，都是贵州最为贫困的地方（图 2-6）。

图 2-6　贵州石漠化与经济贫困耦合空间分布（王星颖，2019）

地貌的山地分布直接影响信息与物质的传输甚至阻断流动，资源不宜向该区域流动、富集，贵州区域内武陵山区、乌蒙山区、滇桂黔石漠化区天然屏障阻碍了这些地区发展（李佳，2013）。贵州在连片山区有 71 个县，占总县的行政区总数的 80.68％。贵州 66 个县（区、市）地处武陵山区、乌蒙山区、滇桂黔石漠化区三大集中连片特殊困难地区，49 个县被列为重点扶贫县，全省 95％左右的贫困人口集中分布该区域。这些地区的贫困问题与石漠化问题、民族地区发展问题相互交织，区域自然和地理环境相对恶劣，农村公共服务滞后，农业基础条件薄弱，农村贫困人口自身素质较差，自我发展能力较弱，扶贫投入水平低且与需求矛盾大，致贫因素复杂，并且因灾、因病或因市场风险的返贫压力大（苏维词，2012；陈靓琼 等，2013）。这些因素相互交织，制约了贵州扶贫开发的进程，扶贫工作难度增大。2016 年中国农村贫困人口分布见图 2-7。中国 14 个集中连片特困地区贫困状况见表 2-1。

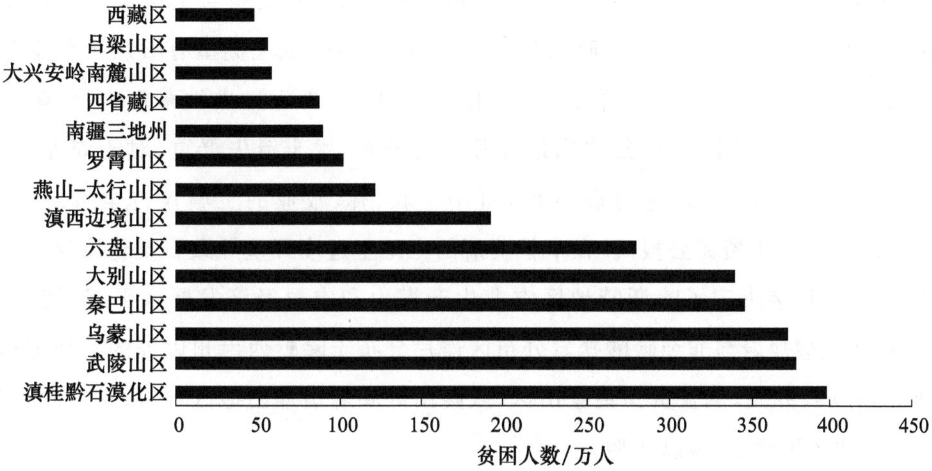

图 2-7　2016 年中国农村贫困人口分布

表 2-1　中国 14 个集中连片特困地区贫困状况

集中连片特困地区	贫困人口/万人	贫困发生率/%	人均纯收入/(元/年)	区域要素特征
全部片区	3518	17.1	4839	
六盘山区	349	19.2	4208	地形破碎、干旱缺水、地质灾害频发、水土流失严重
秦巴山区	444	16.4	5006	生态保护区、革命老区、灾害频发地区
武陵山区	475	16.9	4561	生境脆弱、基础设施落后、地质灾害频发、民族地区
乌蒙山区	442	21.5	4372	生态保护区、民族地区、革命老区、基础设施落后、流行病盛行
滇桂黔石漠化区	488	18.5	4775	地形复杂、土层瘠薄、生境脆弱、灾害频发、基础设施落后
滇西边境山区	240	19.1	4754	生态保护区、灾害频发、少数民族聚集
大兴安岭南麓山区	74	14.0	5304	生态保护区、产业转型困难
燕山-太行山区	150	16.8	4570	生境脆弱、基础设施落后、自然灾害频发
吕梁山区	67	19.5	4402	地形复杂、沟壑纵横、耕地缺少、干旱与水土流失严重
大别山区	392	12.0	5722	水土流失严重、基础设施落后、产业基础薄弱
罗霄山区	134	14.3	5116	洪涝灾害频发、水土流失严重、生态保护、基础设施落后
西藏区	61	23.7	5719	地形复杂、高寒地区
四省藏区	103	24.2	4225	高山峡谷、基础设施落后、自然灾害频发
南疆三地州	99	18.8	4626	气候干旱、生境脆弱、灾害频发、人力资源不足

贫困地区产业发展以第一产业为主，因此，贫困地区的发展与土壤条件密切相关。贵州喀斯特面积占比约为73%，喀斯特地区受母岩制约，成土类型有石灰土和紫色土、水稻土、棕壤、潮土、泥炭土、沼泽土、石炭土、石质土(粗骨土)、山地草甸土、红黏土、新积土等土类且成土速率缓慢，加之山地丘陵广泛分布，水土流失严重，对于农业生产而言，土壤资源质量低且数量明显不足，可用于农、林、牧业的土壤仅占全省总面积的83.7%(2018年国土资源公报)。在本就贫瘠的土地上过度开垦导致石漠化广泛分布，石漠化等级高低直接决定了喀斯特地区农业生产潜力和农村经济发展水平，致使越垦越穷。全省纯碳酸盐岩与非纯碳酸盐岩分布区连片分布于除黔西南州以外的其他地区，两者总面积达61.92%，涵盖贵州乌蒙山区、武陵山区和麻山瑶山地区，越垦越穷的现象更甚，由于其他资源缺乏，难以转型。

(3)贫困与人文

贵州是一个多民族共居的省份，其中世居民族有汉族、苗族、布依族、侗族、土家族、彝族、仡佬族、水族、回族、白族、瑶族、壮族、畲族、毛南族、满族、蒙古族、仫佬族、羌族18个民族(罗梅，2006)。据全国第六次人口普查，2010年年末，贵州少数民族人口占全省总人口的36.11%。全省有3个民族自治州、11个民族自治县，地级行政区划单位占全省的30%，县级行政区划单位46个，占全省的52.3%；少数民族自治地区面积9.78万平方千米，占全省面积的55.5%。

贫困区域以少数民族聚居区居多。少数民族自治的3州、10县、218个民族乡中(图2-8)，贫困县、贫困乡(镇)和贫困村数分别有36个、708个和4828个，分别占全省贫困县总数的72%、贫困乡镇总数的75.8%和贫困村总数的53.6%；在人口方面，2016年民族地区贫困人口数占全省总贫困人口数的53.1%(李华红，2018)。

图2-8　贵州民族地区分布(另见彩插)

少数民族地区经济社会发展基础薄弱。11 个少数民族地区人均国内生产总值均为全省水平的 0.7，在 88 个县份中位次相对靠后，其中威宁县人均地区生产总值为倒数第一，同时财政收支比为 0.17，长期入不敷出，自身造血功能不足，严重影响发展基础的建设，同时因文化等方面的原因，农民纯收入仅为 4654.45 元，农民难以自给自足。

劳动力素质偏低。贵州少数民族的低层次教育水平所占比例大，按九年制义务教育计算，分别为 70.4%（整体水平）、72.27%（农村水平），农村低于整体水平 1.87 个百分点；按未上过学、扫盲班、小学、初中四个低层次水平相加计算，分别占 93.32%（整体水平），97.29%（农村水平），高于全国相应水平 4.9 和 2.42 个百分点；按高中水平以上计算，所占比例不到 7%（整体为 6.68%，农村仅为 2.1%）（赵清源，2013）。

土地资源匮乏。按照 2008 年的统计资料，全省人均耕地为 0.67 亩[①]，民族地区现有耕地面积 129.8 平方千米，人均耕地面积只有 4750 平方米，农业空间资源受限，受喀斯特地貌限制，农业基础条件差，建设成本高，基础设施分布存在较大的空缺，灾害类型较多，抗灾能力不强，山地地形难以机械化耕作生产，农业产业化程度低，农民收入低且增速缓慢，城乡二元结构突出。土地问题十分突出，在土地产权制度、使用权稳定性等方面制约了民族地区经济的崛起和跨越。

开发建设成本高，资金短缺，投入不足且来源单一。十八大以来全省投资增长较快，投资规模不断扩大，但在全国省份中仍处于较落后的水平，2012—2019 年，贵州全社会固定资产投资在全社会固定资产投资的占比呈下降趋势，排在全国各省（区、市）的中下水平（林杨莉，2018）。加之由于基础差，成本高，“输血式”发展资金来源单一，对市场资金缺少吸引力，历史欠账多，建设资金缺乏的问题更显突出，不能满足区域经济发展需要。

体制、机制和观念落后与生产力发展的需要不相适应。由于历史、自然等方面的原因，民族地区长期处于相对封闭的状态，信息闭塞，经济发展水平和社会发育程度相对较低，人们的思想观念也较落后。

长期形成的少数民族风俗对生态保护、淳朴民风发扬起到了很好的促进作用，但是有些乡风民俗也在一定程度上制约了社会经济的发展（吴玫，2016）。

（4）贫困与土地资源

全省土地资源平地较少，主要由山地、丘陵构成，山地面积 108740 平方千米，占全省土地总面积的 61.7%，丘陵占全省土地总面积的 31.1%，面积为 54197 平方千米，而山间平地区仅占 7.5%，面积为 13230 平方千米。

根据 2018 年贵州自然资源公报，2018 年全省土地总面积 176098.6 平方千米：农用地 147498.79 平方千米，占土地总面积 83.76%，其中耕地 45166.93 平方千米，园地

① 1 亩=1/15 公顷，下同。

1614.93平方千米，林地89218.93平方千米，牧草地721平方千米，其他农用地10777平方千米；建设用地7031.93平方千米，占土地总面积3.99%，其中城镇村及工矿用地5876平方千米，交通运输用地1123.93平方千米，水利设施用地32平方千米；未利用地21567.86平方千米，占土地总面积12.25%，其中其他草地14983平方千米，水域1727.93平方千米，其他土地4856.93平方千米（图2-9）。

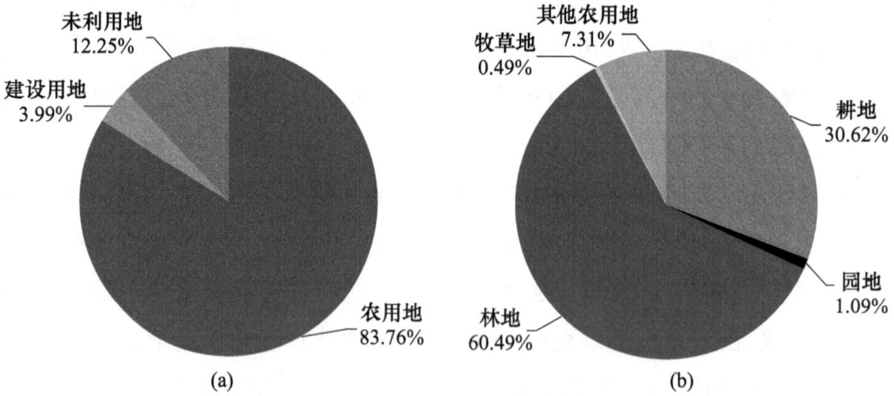

图2-9　2018年全省土地和农用地结构情况

2018年年末，全省耕地平均等别为11.29等。其中，高等地822.04平方千米，占全省耕地评定总面积的1.82%；中等地36887.83平方千米，占81.67%；低等地7457.06平方千米，占16.51%。

贵州土地资源特点：一是山地丘陵多，坝区平地少，岩溶分布广。二是土地资源利用呈立体分布，耕地分布自然坡度多在15°～25°。三是土地类型复杂。

贵州连片特困区地形陡峭，以山地、丘陵为主，可用于农业开发的土地资源数量较少，人均耕地面积远低于全国平均水平，且土层厚、肥力高、水利条件好的高等级耕地所占比重小。近年来，随着人口的增加，城市扩展，耕地面积持续减少，建设用地面积不断扩大，由于生态环境和粮食安全的重视，近几年耕地面积减少幅度有所下降。由于研究区内石漠化面积所占比重大，土地资源的利用难度较大，未利用地面积比重高。

贫困化分异受人均林地面积等土地条件影响较大。主要包括安顺市、黔南州、毕节地区以及六盘水市，这些地区的人均林地面积对贫困化分异的决定力分别是0.64、0.55、0.54、0.53，集中分布在贵州的西部和南部地区，该区域位于珠江流域和长江流域上游，区域内生态环境的好坏直接影响到流域水环境和水生态状况，且区域石漠化问题严重，为进行石漠化治理、保护生态环境、保障珠江流域和长江流域的生态安全，必须强化处于生态屏障区的天然林保护以及防护林建设，所以该地区的林地资源并不能使农民创收，并对该地区的贫困问题产生重要的影响（付阳阳，2019）。

(5)贫困与产业发展

贵州产业发展水平仍然处于低位。在脱贫攻坚战的开局之年,贵州人均国内生产总值 19710 元,全国排名 31,仅为全国的 49.82%,在西部地区位列末席,产业结构模式单一,结构有待完善。2012 年贵州城镇居民恩格尔系数 39.7,农村居民恩格尔系数 40.4,与全国的 37.10 和 40.8 相比,存在一定差距。区域差距和城乡差距突出,这是制约贵州贫困地区发展的基础设施瓶颈因素。社会经济本底条件的空间特征见图 2-10。

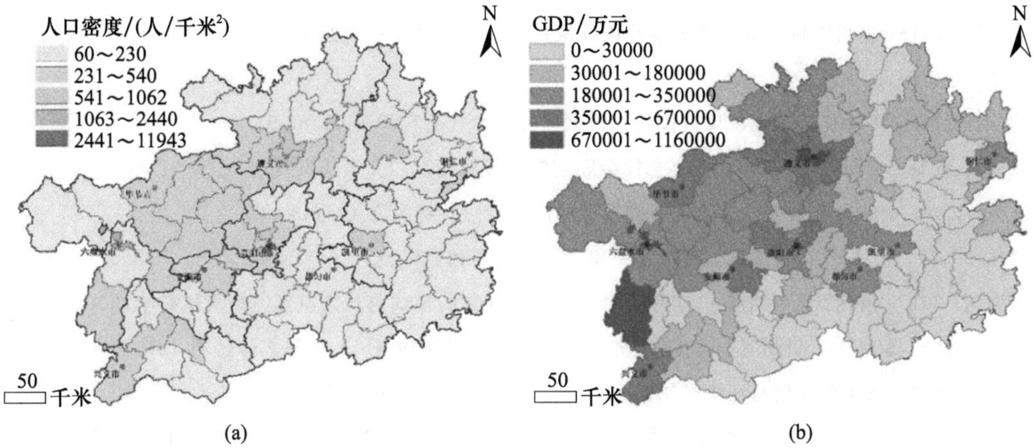

图 2-10　社会经济本底条件的空间特征(另见彩插)

贫困区域以农业生产为主,工业生产总值仅占全省工业比重的 10.8%,由于生产和生活的基础设施落后,农村公共服务能力和农民思想水平滞后。存在农民经济、思想、生活、医疗贫困和地方财政贫困多重问题,形成了投入低与需求大的矛盾,造成农村科、教、文、卫等方面的基本公共服务严重落后,一些贫困村还一定程度地存在吃水难、行路难、用电难、上学难、就医难等问题(杨光凯,2019)。截至 2010 年,全省还有 2.36%贫困村没有通自来水,1299.8 万农村贫困人口存在饮水安全问题;13.4%和 8.7%的贫困人口不能收听广播,收看电视;已经建设完成的教育、卫生设施质量不高,服务水平较低。

贫困地区产业单一,产业升级改造缓慢。贫困地区以第一产业为主,缺少高效益、高带动型的二、三产业。产业经济本底薄,难以加大基础设施改善投入,基础设施条件遏制产业发展,延缓产业升级,阻碍贫困户脱贫致富及其可持续发展。

产业发展呈"散、小、弱"态势。农业极其受到地质地貌与环境因素的制约,农业种植地块破碎,难以形成规模,平原地区的高效农业种植方式不适于山区农业,管理者以小农户为主,不增加农业种植及管理投入,缺乏专业的农业指导,联合协作协调难,难以做强。

参考文献

陈靓琼,施立伟,2013. 浅析贵州省贫困问题[J]. 经济视角(6):7-9.

付阳阳,2019. 自然地理环境对县域贫困化空间分异的影响研究[D]. 武汉:华中师范大学.

国家统计局住户调查办公室,2016. 中国农村贫困监测报告 2016[M]. 北京:中国统计出版社.

黄亮,张凡,王德远,等,2019. 地表起伏对区域扶贫成本的影响浅析[J]. 绿色科技(14):305-308.

李华红,2018. 贵州农村贫困现状观察及精准扶贫研究——基于扶贫成效第三方评估视角[J]. 新西部(2):77-84.

李佳,2013. 中国连片特困地区反贫困研究进展[J]. 贵州社会科学 (12):87-91.

林杨莉,2018. 贵州省 2012—2017 年全社会固定资产投资情况[J]. 当代贵州(44):30-31.

罗梅,2006. 全球化背景下民族地区新闻报道的新视角[J]. 新闻窗 (4):43-44.

宋林,2012. 关于贵州省石漠化治理的理性思考[J]. 贵州林业科技,40(3):58-61.

苏维词,2012. 滇桂黔石漠化集中连片特困区开发式扶贫的模式与长效机制[J]. 贵州科学,30(4):1-5.

唐幸子,洪名勇,2017. 贵州省扶贫成效、贫困现状及脱贫时间预测[J]. 中国集体经济 (21):5-8.

王星颖,2019. 贵州石漠化与经济贫困耦合研究[J]. 知识经济 (1):48-51.

吴玫,2016. 浅谈贵州省少数民族乡村贫困问题及其对策——以黔东南州榕江县为例[J]. 智富时代(11):156.

杨光凯,2019. 贫困地区财源建设现状、问题及对策研究——以贵州省 16 个深度贫困县为例[J]. 财政科学 (8):130-139.

张凡,王德远,文锡梅,等,2019. 地表起伏度对贫困人口空间格局影响及对策分析[J]. 农村经济与科技,30(18):1-4.

赵清源,2013. 少数民族地区人口素质对劳动力就业问题的影响分析——以贵州为例[J]. 中国管理信息化,16(13):26-28.

第3章　喀斯特区域旅游发展现状及特征

3.1　旅游资源概述

3.1.1　旅游资源概念

在经济学中，“资源”指能够被用来获取财富的各种要素的总称。而旅游应当是以游客为主体对象的活动，根据“资源”在经济学中的定义，“旅游资源”是吸引旅游者的各种要素的总称（柏瑾，2010）。学术界对旅游资源的定义多种多样，目前国内学者主要存在两种观点：①从旅游者角度出发的“旅游活动资源观”；②从旅游业角度出发的“旅游产业资源观”。国内学者们都肯定了“旅游资源”是，①对旅游者具有吸引力的各种因素；②可划分为自然和人文两大类。根据国家旅游局提出的《旅游资源分类、调查与评价》（GB/T 18972—2017），本书沿用该标准对旅游资源定义为“自然界和人类社会凡能对旅游者产生吸引力，可以为旅游业开发利用，并可产生经济效益、社会效益和环境效益的各种事物和现象”。因此，旅游资源具有四种基本属性，即社会属性、文化属性、休闲属性和消费属性（胡绿俊，2013）。

3.1.2　旅游资源分类

为了系统管理旅游资源，加深对旅游资源属性的认识，在生态承载范围内开发利用旅游资源，改善生态环境，实现绿色可持续发展，开展旅游资源分类具有重要意义。旅游资源分类依据众多，根据不同的目的、要求，可以选择不同的标准进行分类，常见的分类方法有：按成因分类、按属性分类、按功能分类、按时间分类等。

1966年，由克劳斯和尼奇提出的依据旅游资源特征和旅游者体验的富有人本主义色彩的分类方案对西方旅游资源分类有着深远的影响。该方案将旅游资源分为：①旅游者导向型游憩旅游资源，靠近人口中心，满足人们日常休闲旅游需要。②资源基础型游憩旅游资源，资源点与城市距离不定，在游憩过程中游客可以体验亲近自然，以风景名胜、历史遗迹、公园等为主。③中间型游憩旅游资源，介于两者之间。日本旅游资源分类方案以资源属性特征为依据，与西方分类方法截然不同。1984年，末武直义在自然、人文二分法基础上进一步细分，将自然旅游资源分为观赏和滞留旅游资源两大类，下分41小类；将人文旅游资源分为文化、社会和产业与经济旅游资源三大类，下分67小类。1997年，足羽洋宝将旅游资源分为自然资源、人文资源、社会资源、产业资源四类。我国旅游资源分类方案主要有传统的“两分法”和《旅游资源分类、调查与评价》(GB/T 18972—2017)分类方案。“两分法”分类方案按照旅游资源的属性整体将旅游资源分为自然旅游资源和人文旅游资源两个大类，再细分为14个基本类以及62个类型。《旅游资源分类、调查与评价》(GB/T 18972—2017)分类方案是以旅游资源调查、评价为主要目的的应用性分类方案。该方案依据旅游资源现存状况、形态、特性、特征，将旅游资源分为8个主类，23个亚类、110个基本类型，具有普适性和实用性(叶之强，2020)(表3-1)。

表3-1 旅游资源分类表

主类	亚类	基本类型	简要说明
A 地文景观	AA 自然景观综合体	AAA 山丘型景观	山地丘陵内可供观光游览的整体景观或个别景观
		AAB 台地型景观	山地边缘或山间台状可供观光游览的整体景观或个别景观
		AAC 沟谷型景观	沟谷内可供观光游览的整体景观或个体景观
		AAD 滩地型景观	缓平滩地内可供观光游览的整体景观或个别景观
	AB 地质与构造形迹	ABA 断裂景观	地层断裂在地表面形成的景观
		ABB 褶曲景观	地层在各种内力作用下形成的扭曲变形
		ABC 地层剖面	地层中具有科学意义的典型剖面
		ABD 生物化石点	保存在地层中的地质时期的生物遗体、遗骸及活动遗迹的发掘地点
	AC 地表形态	ACA 台丘状地景	台地和丘陵形状的地貌景观
		ACB 峰柱状地景	在山地、丘陵或平地上突起的峰状石体
		ACC 垄岗状地景	构造形迹的控制下长期受溶蚀作用形成的岩溶地貌
		ACD 沟壑与洞穴	由内营力塑造或外营力侵蚀形成的沟谷、劣地，以及位于基岩内和岩石表面的天然洞穴
		ACE 奇特与象形山石	形状奇异、拟人状物的山体或石体
		ACF 岩土圈灾变遗迹	岩石圈自然灾害变动所留下的表面痕迹
	AD 自然标记与自然现象	ADA 奇异自然现象	发生在地表一般还没有合理解释的自然界奇特现象
		ADB 自然标志地	标志特殊地理、自然区域的地点
		ADC 垂直自然带	山地自然景观及其自然要素(主要是地貌、气候、植被、土壤)随海拔呈递变规律的现象
B 水域景观	BA 河系	BAA 游憩河段	可供观光游览的河流段落
		BAB 瀑布	河水在流经断层、凹陷等地区时垂直从高空跌落的跌水
		BAC 古河道段落	已经消失的历史河道现存段落

续表

主类	亚类	基本类型	简要说明
B 水域景观	BB 湖沼	BBA 游憩湖区	湖泊水体的观光游览区与段落
		BBB 潭池	四周有岸的小片水域
		BBC 湿地	天然或人工形成的沼泽地等带有静止或流动水体的成片浅水区
	BC 地下水	BCA 泉	地下水的天然露头
		BCB 埋藏水体	埋藏于地下的温度适宜、具有矿物元素的地下热水、热气
	BD 冰雪地	BDA 积雪地	长时间不融化的降雪堆积面
		BDB 现代冰川	现代冰川存留区域
	BE 海面	BEA 游憩海域	可供观光游憩的海上区域
		BEB 涌潮与击浪现象	海水大潮时潮水涌进景象，以及海浪推进时的击岸现象
		BEC 小型岛礁	出现在江海中的小型明礁或暗礁
C 生物景观	CA 植被景观	CAA 林地	生长在一起的大片树木组成的植物群体
		CAB 独树与丛树	单株或生长在一起的小片树林组成的植物群体
		CAC 草地	以多年生草本植物或小半灌木组成的植物群落构成的地区
		CAD 花卉地	一种或多种花卉组成的群体
	CB 野生动物栖息地	CBA 水生动物栖息地	一种或多种水生动物常年或季节性栖息的地方
		CBB 陆地动物栖息地	一种或多种陆地野生哺乳动物、两栖动物、爬行动物等常年或季节性栖息的地方
		CBC 鸟类栖息地	一种或多种鸟类常年或季节性栖息的地方
		CBD 蝶类栖息地	一种或多种蝶类常年或季节性栖息的地方
D 天象与气候景观	DA 天象景观	DAA 太空景象观赏地	观察各种日、月、星辰、极光等太空现象的地方
		DAB 地表光现象	发生在地面上的天然或人工光现象
	DB 天气与气候现象	DBA 云雾多发区	云雾及雾凇、雨凇出现频率较高的地方
		DBB 极端与特殊气候显示地	易出现极端与特殊气候的地区或地点，如风区、雨区、热区、寒区、旱区等典型地点
		DBC 物候景象	各种植物的发芽、展叶、开花、结实、叶变色、落叶等季变现象
E 建筑与设施	EA 人文景观综合体	EAA 社会与商贸活动场所	进行社会交往活动、商业贸易活动的场所
		EAB 军事遗址与古战场	古时用于战事的场所、建筑物和设施遗存
		EAC 教学科研实验场所	各类学校和教育单位、开展科学研究的机构和从事工程技术试验场所的观光、研究、实习的地方
		EAD 建设工程与生产地	经济开发工程和实体单位，如工厂、矿区、农田、牧场、林场、茶园、养殖场、加工企业以及各类生产部门的生产区域和生产线
		EAE 文化活动场所	进行文化活动、展览、科学技术普及的场所

续表

主类	亚类	基本类型	简要说明
E建筑与设施	EA人文景观综合体	EAF康体游乐休闲度假地	具有康乐、健身、休闲、疗养、度假条件的地方
		EAG宗教与祭祀活动场所	进行宗教、祭祀、礼仪活动场所的地方
		EAH交通运输场站	用于运输通行的地面场站等
		EAI纪念地与纪念活动场所	为纪念故人或开展各种宗教祭祀、礼仪活动的馆室或场地
	EB实用建筑与核心设施	EBA特色街区	反映某一时代建筑风貌，或经营专门特色商品和商业服务的街道
		EBB特性屋舍	具有观赏游览功能的房屋
		EBC独立厅、室、馆	具有观赏游览功能的景观建筑
		EBD独立场所	具有观赏游览功能的文化、体育场馆等空间场所
		EBE桥梁	跨越河流、山谷、障碍物或其他交通线而修建的架空通道
		EBF渠道、运河段落	正在运行的人工开凿的水道段落
		EBG堤坝段落	防水、挡水的构筑物段落
		EBH港口、渡口与码头	位于江、河、湖、海沿岸进行航运、过渡、商贸、渔业活动的地方
		EBI洞窟	由水的溶蚀、侵蚀和风蚀作用形成的可进入的地下空洞
		EBJ陵墓	帝王、诸侯陵寝及领袖先烈的坟墓
		EBK景观农田	具有一定观赏游览功能的农田
		EBL景观牧场	具有一定观赏游览功能的牧场
		EBM景观林场	具有一定观赏游览功能的林场
		EBN景观养殖场	具有一定观赏游览功能的养殖场
		EBO特色店铺	具有一定观光游览功能的店铺
		EBP特色市场	具有一定观光游览功能的市场
	EC景观与小品建筑	ECA形象标志物	能反映某处旅游形象的标志物
		ECB观景点	用于景观观赏的场所
		ECC亭、台、楼、阁	供游客休息、乘凉或观景用的建筑
		ECD书画作	具有一定知名度的书画作品
		ECE雕塑	用于美化或纪念而雕刻塑造，具有一定寓意、象征或象形的观赏物和纪念物
		ECF碑碣、碑林、经幢	雕刻记录文字、经文的群体刻石或多角形石柱
		ECG牌坊牌楼、影壁	为表彰功勋、科第、德政以及忠孝节义所立的建筑物，以及中国传统建筑中用于遮挡视线的墙壁
		ECH门廊、廊道	门头廊形装饰物，不同于两侧基质的狭长地带
		ECI塔形建筑	具有纪念、镇物、标明风水和某些实用目的的直立建筑物
		ECJ景观步道、甬路	用于观光游览行走而砌成的小路

续表

主类	亚类	基本类型	简要说明
E 建筑与设施	EC 景观与小品建筑	ECK 花草坪	天然或人造的种满花草的地面
		ECL 水井	用于生活、灌溉用的取水设施
		ECM 喷泉	人造的由地下喷射水至地面的喷水设备
		ECN 堆石	由石头堆砌或填筑形成的景观
F 历史遗迹	FA 物质类文化遗存	FAA 建筑遗迹	具有地方风格和历史色彩的历史建筑遗存
		FAB 可移动文物	历史上各时代重要实物、艺术品、文献、手稿、图书资料、代表性实物等,分为珍贵文物和一般文物
	FB 非物质类文化遗存	FBA 民间文学艺术	民间对社会生活进行形象的概括而创作的文学艺术作品
		FBB 地方习俗	社会文化中长期形成的风尚、礼节、习惯及禁忌等
		FBC 传统服饰装饰	具有地方和民族特色的衣饰
		FBD 传统演艺	民间各种传统表演方式
		FBE 传统医药	当地传统留存的医药制品和治疗方式
		FBF 传统体育赛事	当地定期举行的体育比赛活动
G 旅游购品	GA 农业产品	GAA 种植业产品及制品	具有跨地区声望的当地生产的种植业产品及制品
		GAB 林业产品与制品	具有跨地区声望的当地生产的林业产品及制品
		GAC 畜牧业产品与制品	具有跨地区声望的当地生产的畜牧产品及制品
		GAD 水产品及制品	具有跨地区声望的当地生产的水产品及制品
		GAE 养殖业产品与制品	具有跨地区声望的养殖业产品及制品
	GB 工业产品	GBA 日用工业品	具有跨地区声望的当地生产的日用工业品
		GBB 旅游装备产品	具有跨地区声望的当地生产的户外旅游装备和物品
	GC 手工工艺品	GCA 文房用品	文房书斋的主要文具
		GCB 织品、染织	纺织及用染色印花织物
		GCC 家具	生活、工作或社会实践中供人们坐、卧或支撑与储存物品的器具
		GCD 陶瓷	由瓷石、高岭土、石英石、莫来石等烧制而成,外表施有玻璃质釉或彩绘的物器
		GCE 金石雕刻、雕塑制品	用金属、石料或木头等材料雕刻的工艺品
		GCF 金石器	用金属、石料制成的具有观赏价值的器物
		GCG 纸艺与灯艺	以纸材质和灯饰材料为主要材料制成的平面或立体的艺术品
		GCH 画作	具有一定观赏价值的手工画成作品

续表

主类	亚类	基本类型	简要说明
H 人文活动	HA 人事活动记录	HAA 地方人物	当地历史和现代名人
		HAB 地方事件	当地发生过的历史和现代事件
	HB 岁时节令	HBA 宗教活动与庙会	宗教信徒举办的礼仪活动，以及节日或规定日子里在寺庙附近或既定地点举行的聚会
		HBB 农时节日	当地与农业生产息息相关的传统节日
		HBC 现代节庆	当地定期或不定期的文化、商贸、体育活动等

注：如果发现本分类没有包括的基本类型时，使用者可自行增加，增加的基本类型可加入相应亚类，置于最后，最多可增加两个。编号方式为增加第一个基本类型时，该亚类两位汉语拼音字母＋Z，增加第二个基本类型时，该亚类两位汉语拼音字母＋Y(本表来源于国家标准《旅游资源分类、调查与评价》(GB/T 18972—2017))

3.2 贵州喀斯特旅游资源类型及价值

喀斯特旅游资源是指广泛分布于喀斯特地貌且具有美学和文化科考价值，能引起人们精神共鸣的景色、景象和形态结构的自然景观。

3.2.1 喀斯特旅游景观的类型

喀斯特旅游景观的分类是依据旅游景观形成原因、属性、功能等，按照一定的标准将其划分为不同类型的过程。对于分类标准，不同学者有着不同见解，目前国内较为系统和专业的分类体系是陈安泽(2003)提出以地质成因、经济价值、中国地域为原则，从旅游角度出发，将喀斯特景观资源分为山石景观、洞穴景观、峡谷景观、水体景观四大类 14 种亚类及代表型，这是目前国内较为系统和专业的分类体系(表 3-2)(董勇，2012)。

表 3-2 中国喀斯特旅游资源分类表

景观类型	亚类	分类标志
山石景观	孤峰	一种单峰碳酸盐岩石山。峰体四壁峭立，坡度多大于 60°，底面积一般在 0.01～0.05 平方千米，个别达 0.1 平方千米，平面形状为圆形，高度几十米到 100 米，呈塔形、锥形、田螺形等，孤立在喀斯特平原上，是喀斯特地貌发育到晚期的产物
	峰林	由相互离立的塔状、锥状碳酸盐岩石峰组合而成地貌景观。这些离立的石峰坐落在相对平坦的地面上，如喀斯特平原或喀斯特谷地中。按其所处位置可以分为平原峰林和谷地峰林型

续表

景观类型	亚类	分类标志
山石景观	峰丛	由联座丛生的锥状碳酸盐岩石峰和峰丛间洼地组合而成的地貌景观。与峰林的区别是除了各峰体的基座(或垭口)相连外,峰体的形态以锥状为主,且较高大和具有正常的斜坡。一组峰丛之间伴生着小型洼地、漏斗或落水洞是此种地貌类型的又一特征。峰丛地貌美学价值极高,气势磅礴,多成为旅游资源的精品或极品
	石林	由 5 米以上的碳酸盐岩柱状体(剑状、针状、塔状、蕈状)成群组合出现,远望如林的一种地貌景观。它与峰林地貌的区别是在构成地貌的单体上,石林的单体是石柱,峰林的单体是石峰。石柱的高度最高不超过 50 米,5 米以下的柱体应称为石芽
	天生桥	碳酸盐岩经溶蚀冲蚀作用形成的拱桥形地貌,其形成过程大体是这样的:先期的地表水流经碳酸盐岩地区时,沿岩石裂隙溶蚀下渗成为地下伏流,久之其通道成为溶洞,随着地壳抬升露出地表,洞体变为桥孔,桥自天然塑造,故称天生桥
	天坑	碳酸盐岩地层中,因溶蚀、崩塌作用形成的巨型漏斗状凹地,其下往往与地下河相通。四周为陡崖峭壁的环绕(基本圈闭),深度和直径分别大于 200 米、300 米,总容积大于 10 立方千米的喀斯特地形
洞穴景观	钙化堆积景观	喀斯特泉水沉淀形成的钙化堆积构成的地貌景观
	喀斯特旱洞	碳酸盐岩经地下水溶蚀冲蚀成为空洞和次生碳酸盐沉积物,如石笋、钟乳石、石花等构成的景观。洞体脱离地下水面后成为旱洞
	喀斯特水洞	洞体仍处于地下水面且充水的一类洞穴。此种洞穴多是水平洞穴
	喀斯特文化洞	洞中有古人类、古动物或古文化(如岩画等)遗存者。这种洞穴的科学考古价值往往大于旅游价值
峡谷景观	喀斯特峡谷	河流通过碳酸盐岩地区由溶蚀、侵蚀和塌陷作用形成的条状负地形,往往有阶地及早期宽谷的遗迹。长江三峡是典型喀斯特峡谷
	喀斯特嶂谷	系指两壁陡立,谷底较窄(有时仅有数米至数十米),谷深远远大于谷宽的特殊谷地,这些谷地往往分布于河流的上游或中游,河流坡降大,水流急
水体景观	喀斯特瀑布	在碳酸盐岩地区形成的瀑布,有山岳型、河道型等。贵州黄果树瀑布是河道型喀斯特瀑布的代表
	喀斯特泉	碳酸盐岩分布区,地下水溶蚀作用出露地表者,我国著名的喀斯特泉景区有济南的趵突泉公园、山西太原晋祠公园和河南辉县百泉风景区等

本章在对贵州喀斯特旅游资源进行实地考察测量和大量资源收集的基础上,依据陈安泽(2003)喀斯特旅游资源的分类标准,并根据贵州喀斯特旅游资源的实际,将其分为 2 个大类 4 个亚类和 10 个景类(表 3-3)。

表 3-3 贵州省喀斯特旅游资源分类

类	亚类	景类	分类依据			典型景观
			地质作用或地质环境	科学内涵	旅游方式	
地表岩溶景观	峡谷景观	喀斯特峡谷	两壁峭立,中部狭窄,常有河流通过	现代溶蚀、侵蚀和地壳运动作用的结果	科考、休闲、漂流、观光,是一种参与型旅游资源	兴义马岭河
	山石景观	峰丛	没有连续的山脊和完整的地表排水网,但地下排水网很发达。基座相连,即在两山之间形成鞍部	石灰岩山区的生态重建和喀斯特地貌演化规律	观光、休闲、科普旅游	兴义万峰林
		石林	为小型溶蚀正地形,在地表水和地下水共同作用下,形成具有一定高度(大于5米)和规模的剑状、塔状等形态的石柱	作为喀斯特旅游资源或作为特殊喀斯特地貌类型的价值	科考、科普旅游;观光休闲旅游;可做假山、盆景等供人欣赏	泉口石林
		天坑	发育在碳酸盐岩层中,从地下通向地面,四周岩壁峭立,其深度与口部宽达十至数百米以上的陷坑状负地形,其下往往与地下河相通	特殊的地貌类型	科考、科普旅游;探险旅游	平塘天坑群
		天生桥	横跨河谷的天然石拱桥	喀斯特地区特殊的旅游资源和地貌形态,具有美学价值和科研价值	大众休闲游	黎平县高屯天生桥
	水体景观	象形山石	在喀斯特地区发育的奇特岩石形态	观赏价值	大众休闲游	大圣墩
		喀斯特湖	喀斯特湖泊是指四周有岸的水域,包括天然湖泊和人工湖泊	岩溶地区珍贵的旅游资源和水资源集于一身,为发展旅游业和农业提供便利	大众休闲游	支嘎阿鲁湖、草海
地下喀斯特景观	洞穴景观	地下河洞穴系统	石灰岩地区地下水沿裂隙溶蚀而成的地下水汇集和排泄的通道	喀斯特地区珍贵的旅游资源	休闲游、度假游、科考游、养生游、探险游等	双河洞

续表

类	亚类	景类	分类依据			典型景观
			地质作用或地质环境	科学内涵	旅游方式	
地下喀斯特景观	洞穴景观	旱洞	碳酸岩盐经地下水溶蚀冲蚀成为空洞和次生碳酸盐沉积物，如石笋、钟乳石、石花等构成的景观。洞体脱离地下水后成为干洞	喀斯特地区珍贵的旅游资源	科考、探险、休闲、体育等专项旅游	德江大龙洞
		落水洞	地表水循可溶性岩石两组垂直裂隙交叉处向下渗流处，即地表水向地下水转化的通道	常与溶斗、地下河相伴生，喀斯特地区水资源利用方面有重要意义	科考	比较普遍

从表 3-3 中可以看出，贵州喀斯特旅游资源种类多样，比较丰富，科学内涵鲜明，并且具有一定的可操作性。

3.2.2　喀斯特旅游景观价值

贵州喀斯特不仅具有喀斯特的共性价值，并且因其是全国乃至全世界喀斯特分布规模最大、最集中、最典型的地方，故而又有着其他地区喀斯特不具备的特性价值。具体来讲，贵州喀斯特旅游景观在地质地貌、美学、科考科研、生物等方面具有突出的世界价值和普遍价值（杜芳娟，2003）。

（1）地质地貌价值

贵州喀斯特经历了漫长的地质年代，是地球重要而典型的自然地理特征和喀斯特地貌，它不仅保留了地质历史时期的古喀斯特遗迹，而且代表了一个重要的、正在进行的喀斯特过程。贵州喀斯特景观分布最密集的地方是“大贵州滩”。作为三叠纪时期耸立在深海盆地中的孤立碳酸盐台地，从早三叠纪出现至中三叠纪末期结束，持续时间约 2200 万年。在这个台地上，保留了各种完好的地质遗迹，是全球三叠纪时期最大的、持续时间最长的、各类地质遗迹保留最全、最好的孤立碳酸盐台地，也是研究二叠纪生物集群绝灭及三叠纪生物复苏的理想地区。

随着 2018 年“大贵州滩”世界地质公园申报项目的启动，将推进贵州旅游地学资源开发，提升贵州“山地公园省、多彩贵州风”的科学禀赋与观赏价值。

（2）美学价值

喀斯特旅游景观的美学价值主要体现在以下三个方面：其一，喀斯特地貌的形态美。在漫长的地质史中，在内外力的共同作用下，同一地区在不同时期、不同地区在同一时期产生风格迥异的喀斯特化作用结果，或雄峰耸立，或深谷幽邃，给人以雄、奇、秀、险、幽、旷、野等审美感受。其二，喀斯特洞穴堆积物的形式美和色彩美。由于喀斯特水的性状多样，由其塑造的洞穴堆积物亦是千姿百态，石笋、石花、石葡萄、穴珠、晶花、石珊瑚、卷曲石、石坝、石梯田等，造型奇特，形态各异，令人称奇，加上冷光灯灯光照射，有的似琼浆玉脂，有的似白雪皑皑，有的似绿色罗帐，色彩斑斓，光怪陆离。其三，喀斯特景观的动态美。河流湖泊瀑布烟岚云雾等动静，不仅给喀斯特景观带来了生气，更带来了灵气和动静结合的美感。黄果树瀑布的飞流直下，南盘江峡谷的万壑争流，乌江三峡的高浪轰雷，无不令人如临仙境，心潮澎湃(白海霞，2009)。

(3)科考科研价值

沉积与构造、地质地貌、自然变动遗迹、古化石、珍稀树种等喀斯特景观无不蕴含着无数的信息，是人类了解地球的钥匙，是科学家探索古地理环境的演化史、生物界的进化史、各种地貌成因的重要途径，也是人们认识生态、植物、溶洞地质、珍稀动物及地质奇观等方面自然知识的良好场所，有利于人们培养科学兴趣、扩大视野、增长知识、提高思想道德修养，是未来旅游的重要发展方向之一。如被誉为“洞穴博物馆”的贵州织金洞，“地球伤痕”马岭河大峡谷，“喀斯特高原明珠”红枫湖，无不具有典型奇特的景观，可以成为国内研究喀斯特地貌、生物群落的科考基地；观察体验生态环境，传播喀斯特知识的生动课堂；美术、摄影等艺术创作的生活采风基地；享受自然、启迪智慧的灵感中心。

洞穴古人类遗址的发掘，发现的大量古人类头骨化石、石器、骨件、陶瓷器皿残件等，对于研究古人类生活背景有着重要的科研价值。此外，对贵州喀斯特环境的研究，对于协调环境与人类生存和发展也具有重要意义。对特定喀斯特基地的深入研究，对于建立喀斯特发育的理论基础，控制石漠化，重建喀斯特区域生态平衡，恢复和改造我国几十万平方千米的喀斯特生态环境，均有着重大的科学价值(白海霞，2009)。

(4)生物价值

贵州喀斯特山地具有极为丰富的生物多样性，生物价值巨大。贵州山地是全球34个生物多样性最丰富的温带森林生态系统(白海霞，2009)。正因为如此，贵州众多的风景名胜区、自然保护区、森林公园、地质公园、国家自然遗产等，绝大部分都是以丰富的动植物资源为对象开发而成的，也是旅游者最青睐的旅游资源，如贵州荔波县的茂兰，有着全球同一纬度上绝无仅有的原生态喀斯特森林，面积达2万公顷，覆盖率达87.3%，包括漏斗、洼地、盆地、槽谷等喀斯特景观，动植物种类极为繁多，达2000多种，且有不少珍稀濒危物种，被科学界认定为地貌、水文、土壤、生物、生态等多种学科最理想的科研场所和天然实验室，是“生物资源基因库”(白海霞，2009)。

(5)社会文化价值

贵州喀斯特地区生活着如土家族、苗族、布依族、侗族、彝族、仡佬族、水族等多个少数民族，蕴藏着丰富内涵和历史渊源，其价值在于浓郁淳朴的传统习俗文化与绚丽优美的自然风景环境有机融合而成的独特风貌。比如西江千户苗寨是一个保存苗族“原始生态”文化完整的地方，由十余个依山而建的自然村寨相连成片，是目前中国乃至全世界最大的苗族聚居村寨。它是领略和认识中国苗族漫长历史与发展之地。西江每年的苗年节、吃新节、十三年一次的牯藏节等均名扬四海，西江千户苗寨是一座露天博物馆，展览着一部苗族发展史诗，成为观赏和研究苗族传统文化的大看台。

3.3　贵州喀斯特旅游发展现状

3.3.1　贵州喀斯特地区的界定

贵州是中国的“喀斯特省”、世界最大的喀斯特地域。以贵州为中心，与桂北、滇东、湘西及川东南等地连成一片超过 55 万平方千米的喀斯特区域是世界上喀斯特面积最大、最集中，发育最典型、景观类型最复杂的一个片区，形成了中国独特的南方旅游景观。贵州碳酸盐出露面积 13 万平方千米，占全省总面积的 73.8%，其中 75% 的县(市)喀斯特分布面积达 50% 以上，49% 以上的县(市)喀斯特分布面积达 70% 以上(唐明贵，2006)。

根据研究的需要，本节以行政区划的地(州、市)为地域单元，在区划单元范围内，喀斯特面积分布超过 60% 的地(州、市)，称为喀斯特地区，包括贵阳、黔南、毕节、安顺、六盘水、遵义、铜仁、黔西南 8 个地(州、市)(表 3-4)。

表 3-4　贵州各地(州、市)喀斯特面积分布比例

	贵阳	黔南	毕节	安顺	六盘水	遵义	铜仁	黔西南	黔东南
喀斯特面积占比/%	85.0	81.5	73.3	71.5	63.2	65.8	60.6	60.3	23.2

注：数据来源于徐燕(2008)

3.3.2　区域旅游需求量对比分析

贵州旅游业在各级政府的重视下，地区旅游经济得到飞速发展，但各地(州、市)经济发展水平，旅游资源数量、质量、组合状况，交通条件等存在差异，致使各地区旅游经济发展水平差异较大。2017 年贵阳市旅游收入为 1871.95 亿元，占贵州旅游总收入的 25.6%。而六盘水市旅游收入仅占贵州旅游收入的 2.75%(表 3-5)。喀斯特地区八地(州、市)旅游收入占贵州总收入的 89.3%，旅游经济总量近年来一直保持高速稳定增长，发展前景十分乐观，但八个地(州、市)(贵阳、黔西南、黔南、遵义、铜仁、安顺、毕节、六盘水)之间旅游经济总量的差距也日趋明显(图 3-1)。2012—2017 年贵州旅游收入平均增速为56.5%，高于周边省区平均增长水平，八个地(州、市)旅游收入总量从大到小排名为贵阳、遵义、安顺、黔南、毕节、铜仁、黔西南、六盘水。

表3-5 贵州喀斯特地区2012—2017年各地(州、市)旅游收入 单位:亿元

年份	贵阳	安顺	遵义	黔南	六盘水	毕节	黔西南	铜仁
2012	602.70	195.04	311.95	129.34	32.88	162.96	67.99	158.80
2013	728.66	249.07	358.99	280.87	44.36	207.61	89.54	157.07
2014	874.39	306.26	444.43	344.98	57.27	255.57	112.01	194.48
2015	1040.00	378.00	547.00	422.00	73.00	312.60	140.00	240.00
2016	1389.51	545.96	792.73	603.04	124.65	444.46	226.21	347.30
2017	1871.95	1004.94	1151.80	862.35	200.49	641.71	266.00	517.93

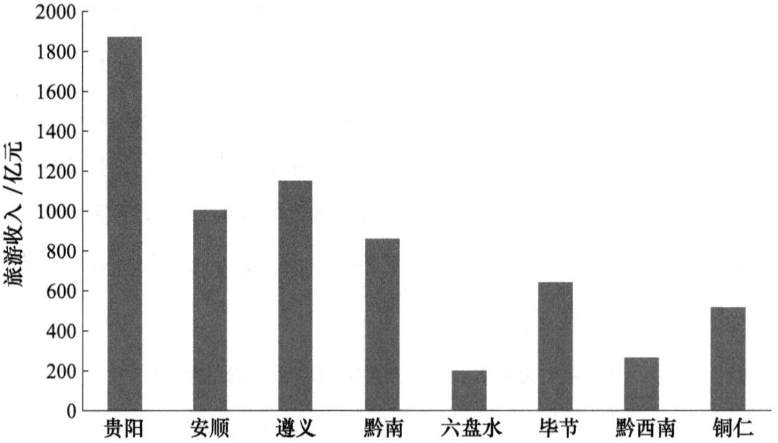

图3-1 2017年贵州喀斯特地区地(州、市)旅游经济总量对比

3.3.3 贵州旅游发展现状分析

贵州是世界知名山地旅游目的地和山地旅游大省，是全国首个国家级大数据综合试验区、国家生态文明试验区、内陆开放型经济试验区。2018年贵州旅游总收入9471.03亿元，增长33.08%；2019年贵州旅游总收入为12321.81亿元，增长30.1%，占地区生产总值的比重73.48%。

2018年全省旅游总人数9.69亿人次，比上年增长30.2%，数据显示，2012—2018年贵州省旅游业发展迅速。旅游人数从2012年的2.14亿人次增长至2018年的9.69亿人次，增长了7.55亿人，年均复合增长率为28.6%(表3-6)(吴晓秋，2019)。2019年中秋小长假全省旅游接待人数1395.97万人次、旅游收入92.3亿元，分别增长24.94%、

25.89%。2019 年国庆假日期间，全省接待入黔游客 2855.77 万人次，同比增长 23.91%；旅游收入 434.05 亿元，同比增长 30.69%，贵州旅游业发展在不断壮大，已经成为推动贵州 GDP 增长的支柱性产业，旅游总收入大幅度增加，已成为推动经济增长不可或缺的一部分（图 3-2）（韩淼，2019）。

表 3-6　贵州 2014—2019 年旅游人数和收入占比

年份	旅游总收入/亿元	增速/%	占生产总值比重/%	全省旅游总人数/亿人次
2014	2895.98	22.16	31.30	3.21
2015	3512.82	21.3	33.45	3.76
2016	5027.54	43.12	42.84	5.31
2017	7116.81	41.56	52.56	7.44
2018	9471.02	33.08	63.97	9.69
2019	12321.81	30.01	73.48	11.35

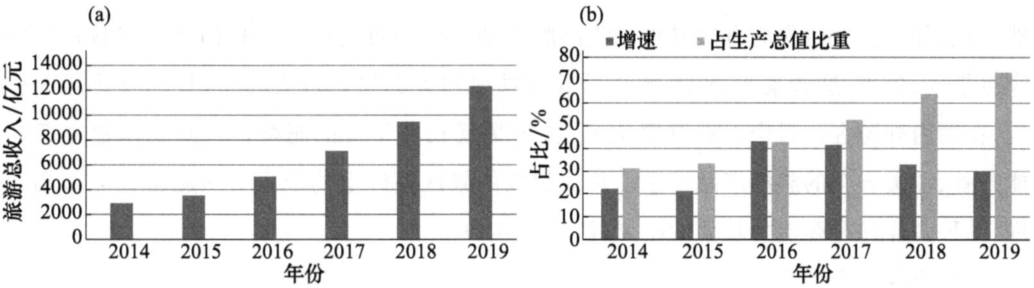

图 3-2　贵州 2014—2019 年旅游总收入(a)和增速占比(b)

3.4　贵州喀斯特旅游产业发展潜力

3.4.1　贵州喀斯特旅游发展优势

（1）区位优势

一是在宏观区位上，贵州处于大西南的东南部，属近海内陆省份，周边省（市、区）人口稠密，经济发展快，旅游消费能力强，客源充足。既便于接待东南沿海和中国港澳台地区游客观光旅游和休闲度假，又是内地游客赴沿海开发地区旅游的重要通道，有利于发展过境旅游。特别是贵州高速公路“六横七纵八联”交通骨架的形成和全国综合性铁路枢纽的定位，使贵州的区位优势大大提升（帅畅，2010）。

二是在旅游区位上，贵州处于广西桂林、云南石林、四川九寨沟、重庆三峡、湖南张家界等旅游热点的中心区，有利于加强横向联系，建立高端旅游网络系统。

(2)资源优势

贵州旅游资源具有数量多、类型齐的特点，如在世界上目前已开发的15种主要自然旅游资源中，贵州就占有山地、高原、洞穴、泉水、瀑布等10种，形态各异(唐明贵，2006)。目前世界已开发的历史遗址、名胜古迹、寺庙教堂等20种主要人文风情旅游资源中，贵州占了近80%。从贵州旅游资源的分布、构成、景观质量及特征、开发程度、社会状况等来看，旅游资源具有环境多样性、景观独特性、气候宜人性、资源丰富性、民族风情多彩性、地域分布广泛性、自然与人文融合性、同纬度上的原生态性、开发潜力巨大性等特征。其中喀斯特地貌等旅游资源在世界范围内具有代表性，如黄果树瀑布、织金洞、荔波大小七孔、梵净山等都是驰名中外的旅游胜地。

(3)产品优势

全省旅游资源产品具有质量较高的特点，主要表现在以下三个方面：一是世界级旅游品牌已初步形成。目前省内的荔波大小七孔、黄果树瀑布、龙宫、织金洞已成为世界自然景观而闻名于世，作为自然景观一流品牌的地位已不可动摇。二是拥有一定数量的国家级景区、景点，这些景区、景点涵盖了自然景观和人文景观两大类型，且具有叠加的作用，在国内外游客心目中占有重要位置，旅游呈现长盛不衰的态势。三是初步建立起功能齐备、种类齐全的旅游产品体系。目前建成的景区整体上构成了贵州旅游景点布局合理、品种多样和容客能力较强的格局(沈娅，2004)。

(4)资源整合优势

贵州旅游资源在空间上、类别上、开发方式上具有地域分布相对集中的特点，资源组合得体，便于高效开发；旅游资源具有多样性的特征，各具特色的自然景观、民族文化在不同类型上的组合、地域上的组合，很大程度上避免了景观的单一性和同质性；贵州气候宜人，生态环境质量较高，民风民俗古朴，具备发展以回归自然为主题的生态旅游、休闲度假和探险旅游的良好基础，多种旅游方式的组合，能够加深资源开发的深度，丰富旅游产品，提高品位(魏萍，2017)。

3.4.2 贵州喀斯特旅游产业潜力

①从产业基础来看，贵州旅游业经过多年发展，食、住、行、游、购、娱、康、教等产业链已基本形成，其规模经济效益已显现。

②从旅游业自身的产业特质来看，旅游业是一个关联作用强大的产业，能带动或促进其他相关部门、地区或市场的发展，从而有助于整体经济增长水平的提高。旅游业要完成食、住、行、游、购、娱、康、教一系列活动，直接需要交通、住宿、饮食、商业、娱乐、咨询

业等部门的支持，而这些部门本身的前后产业联系则构成了旅游业间接的产业联系（王玉邦，2019）。据世界旅游组织公布的资料显示，旅游业每增加直接收入 1 元，相关行业的间接收入就增加 4.3 元。旅游业自身强大的关联能力增强了它的产业优势。

③从旅游产业的发展态势来看，贵州旅游业正面临前所未有的发展机遇。目前，我国经济发展水平连年高速增长，城乡居民收入大幅度提升，文化休闲旅游作为新的消费热点，成为推动经济社会发展的新动力（周自丰，2013）。贵州旅游市场前景广阔，多样化和多层次性旅游产品的深度开发会被赋予更加丰富的内涵和更高的品位，更具有旅游吸引力和生命力。当前正是国内旅游急速扩张时期，这为贵州发展旅游业提供了强大的市场需求，而市场需求旺盛，会推动旅游产品价格的上升，从而进一步增强旅游业的产业优势。

参考文献

白海霞，2009. 西南喀斯特旅游景观开发的空间组织研究[D]. 昆明：云南师范大学.

柏瑾，2010. 广西的喀斯特旅游资源及其特色研究[D]. 南宁：广西师范学院.

陈安泽，2003. 中国喀斯特旅游资源类型划分及旅游价值初步研究[J]. 南方国土资源（11）：14-16，22.

董勇，2012. 贵州乌江下游喀斯特旅游资源的特色及其价值评价[D]. 南宁：广西师范学院.

杜芳娟，2003. 贵州喀斯特文化旅游资源的开发研究[D]. 贵阳：贵州师范大学.

韩淼，2019. 基于节点重要度的风景道路网布局[D]. 北京：北京交通大学.

胡绿俊，2013. 农业生态旅游资源分类及其开发经营评价体系研究[D]. 长沙：中南林业科技大学.

沈娅，2004. 大西南旅游圈旅游竞争与合作研究[D]. 昆明：云南师范大学.

帅畅，2010. 乡村旅游业：贵州统筹城乡发展的产业选择[J]. 凯里学院学报，28（1）：42-45.

唐明贵，2006. 旅游产业关联及其区域整合研究[D]. 贵阳：贵州师范大学.

王玉邦，2019. “一带一路”战略背景下格尔木市旅游业发展对策研究[J]. 青海师范大学民族师范学院学报，30（2）：20-23.

魏萍，2017. 贵州喀斯特旅游资源利用及产业发展的思考[J]. 生态经济评论（1）：137-145.

吴晓秋，2019. 基于地域特色视角的文旅地产规划设计研究[D]. 南京：东南大学.

徐燕，2008. 贵州喀斯特地区旅游竞争力研究[D]. 贵阳：贵州师范大学.

叶之强，2020. 全域旅游背景下遂昌县旅游景点开发与景观打造研究[D]. 杭州：浙江农林大学.

周自丰，2013. 云南旅游人才开发管理研究[D]. 昆明：云南大学.

第4章　贵州旅游资源的空间图谱格局

4.1　贵州旅游资源分类体系

贵州是一个隆起于四川盆地和广西丘陵之间的亚热带高原山地地区，地势总体由西北向东南倾斜。省域70%为喀斯特岩溶地貌，山高谷深，沟壑纵横，河流水系众多。境内气候温和，夏无酷暑，冬无严寒，生态环境优良。境内多民族杂居，人口调查显示，贵州有汉、苗、布依、侗、土家、彝、仡佬、水、白、回、壮、瑶、畲、蒙古、毛南、仫佬、满、羌等民族，少数民族人口占全省总人口的37.9%。大量的考古发掘表明，早在20多万年前，就有人类活动在贵州土地上，创造了悠久的史前文化(如“桐梓人”“水城人”“大洞人”“兴义人”“穿洞人”等)。在历史上多次人口迁徙活动中，中原文化、江南文化、巴蜀文化、荆楚文化、闽粤文化、湘文化、滇文化与当地文化互相融合渗透，形成了特色鲜明的历史文化资源(如夜郎文化、屯堡文化、阳明文化、沙滩文化等)。20世纪30年代，中国工农红军在贵州留下大量的革命历史遗迹，这些自然、社会条件在贵州形成丰富多样而又别树一帜的旅游资源(李小红 等，2018)。最新旅游资源大普查结果显示，贵州旅游资源单体82679处，入级旅游资源63852处，旅游资源众多。

旅游资源分类是系统管理、开发旅游资源的基础。根据不同的目的、要求，可以选择不同的标准进行分类，旅游资源分类体系众多，常见的分类标准有：按成因分类、按属性分类、按功能分类、按时间分类等。本书以国家质检总局发布的《旅游资源分类、调查与评价》(GB/T 18972—2017)、《旅游资源分类、调查与评价》(GB/T 18972—2003)、《贵州省旅游资源大普查技术要求》(2016年版)为标准，结合贵州实际将旅游资源分为地文景观、水域景观、生物景观、天象与气候景观、建筑与设施、历史遗迹、旅游购品、人文活动、红色旅游、乡村旅游、山地体育、康体养生12个大类。与《旅游资源分类、调查与评价》(GB/T 18972—2017)相比，按照贵州全域旅游的新理念新增红色旅游、乡村旅游、山地体育、康体养生四个类别，与《贵州省旅游资源大普查技术要求》(2016年版)相比，该分类根据《旅游资源分类、调查与评价》(GB/T 18972—2017)重新调整了《旅游资源分类、调查与评价》(GB/T 18972—2003)相应部分(马一帆，2019)。

4.2 贵州旅游资源空间分布格局

4.2.1 旅游资源总体分布格局

本研究旅游资源数据来源于贵州省旅游厅及其他各地区旅游相关网站，采集数据共计 7656 个作为典型旅游资源点，用以分析贵州旅游资源空间格局。按国家质检总局发布的《旅游资源分类、调查与评价》(GB/T 18972—2017)，《旅游资源分类、调查与评价》(GB/T 18972—2003)，《贵州省旅游资源大普查技术要求》(2016 年版)主类分类，其中地文景观类旅游资源最多，共计 1790 处，占比 23.38%；天象与气候景观类旅游资源最少，仅为 0.59%；地文景观、水域景观、历史遗迹及乡村旅游类旅游资源共计 5462 处，占比达 71.34%；天象与气候景观、建筑与设施、旅游购品、红色旅游、山地体育及康体养生类旅游资源占比均小于 5%，其中天象与气候景观、康体养生类旅游资源占比不足 1%(刘杰 等，2022；谢方 等，2023)。各类型旅游资源相差巨大，分布极不均匀。旅游资源在空间上基本遍布贵州全省，但空间分布差异较大，主要集中分布于黔中安顺、贵阳地区，遵义赤水、黔东南施秉、镇远等少部分地区，空间分布具有集中成片分布的趋势(表 4-1、图 4-1)。

表 4-1　贵州典型旅游资源统计

序号	旅游资源类型	资源数量/处	占比/%
1	地文景观	1790	23.38
2	水域景观	1264	16.51
3	生物景观	655	8.55
4	天象与气候景观	45	0.59
5	历史遗迹	1502	19.62
6	建筑与设施	326	4.26
7	旅游购品	222	2.90
8	人文活动	555	7.25
9	乡村旅游	906	11.83
10	红色旅游	226	2.95
11	山地体育	103	1.35
12	康体养生	62	0.81

从 12 个大类每个类别来看，除康体养生类旅游资源，黔中安顺、贵阳地区仍是主要分布区。地文景观、水域景观、生物景观三类分布特征与总体旅游资源分布特征趋

于一致；历史遗迹旅游资源分布较为均匀，黔中、黔东南、铜仁、毕节及黔西南等区域大面积分布；天象与气候景观旅游资源主要分布于毕节、赤水、习水、黔南罗甸、黔东南凯里等区域；建筑与设施、旅游购品、乡村旅游、人文活动旅游资源主要分布于黔中安顺区域，黔东南小部分区域有分布；红色旅游的旅游资源主要分布于贵阳、遵义城区、赤水等区域；山地体育旅游资源主要分布于黔中贵阳、黔西南晴隆、黔南荔波、黔东南凯里、遵义红花岗、凤岗等区域；康体养生旅游资源主要分布于遵义市遵义县、贵阳息烽、铜仁江口、岑巩等区域。整体而言，贵州旅游资源分布极不均匀。

4.2.2 按行政区旅游资源分布格局

贵州旅游主要集中分布在黔东南州，其次为遵义市和铜仁市（图 4-2、图 4-3、表 4-2）。黔东南地区分布主要旅游资源类型是历史遗迹、乡村旅游，黔东南州是贵州主要少数民族聚居区，旅游资源分布与少数民族关系密切。铜仁、遵义地区地文景观旅游资源丰富，与其地质背景复杂关系极为密切。同时遵义市是贵州最重要的红色旅游文化基地，红色旅游资源丰富。

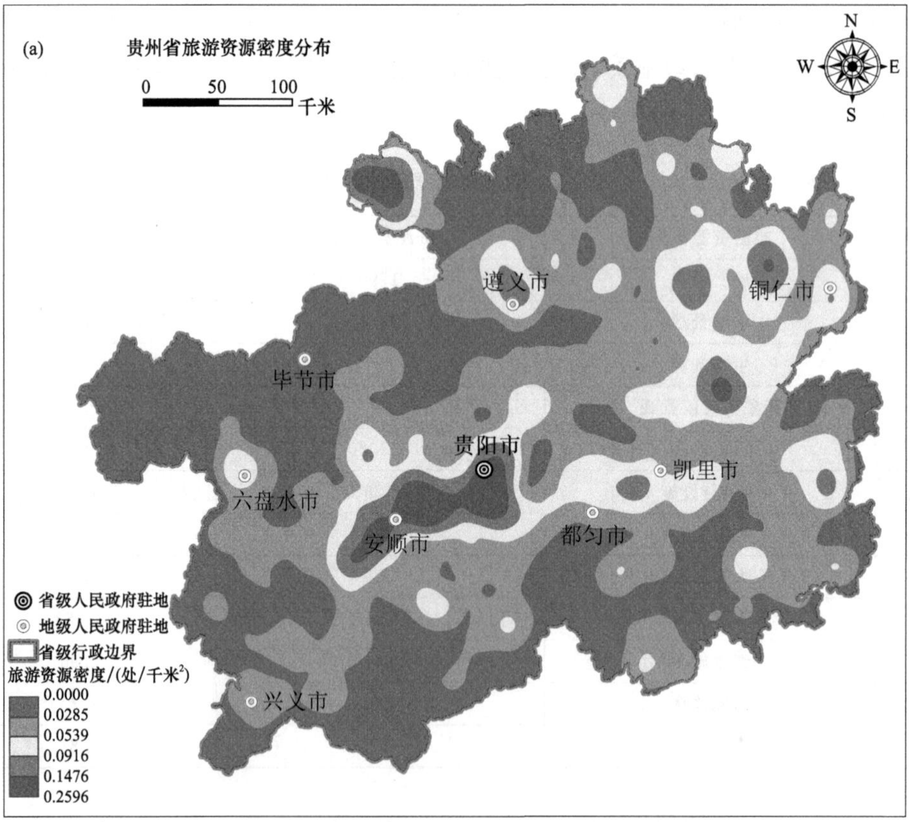

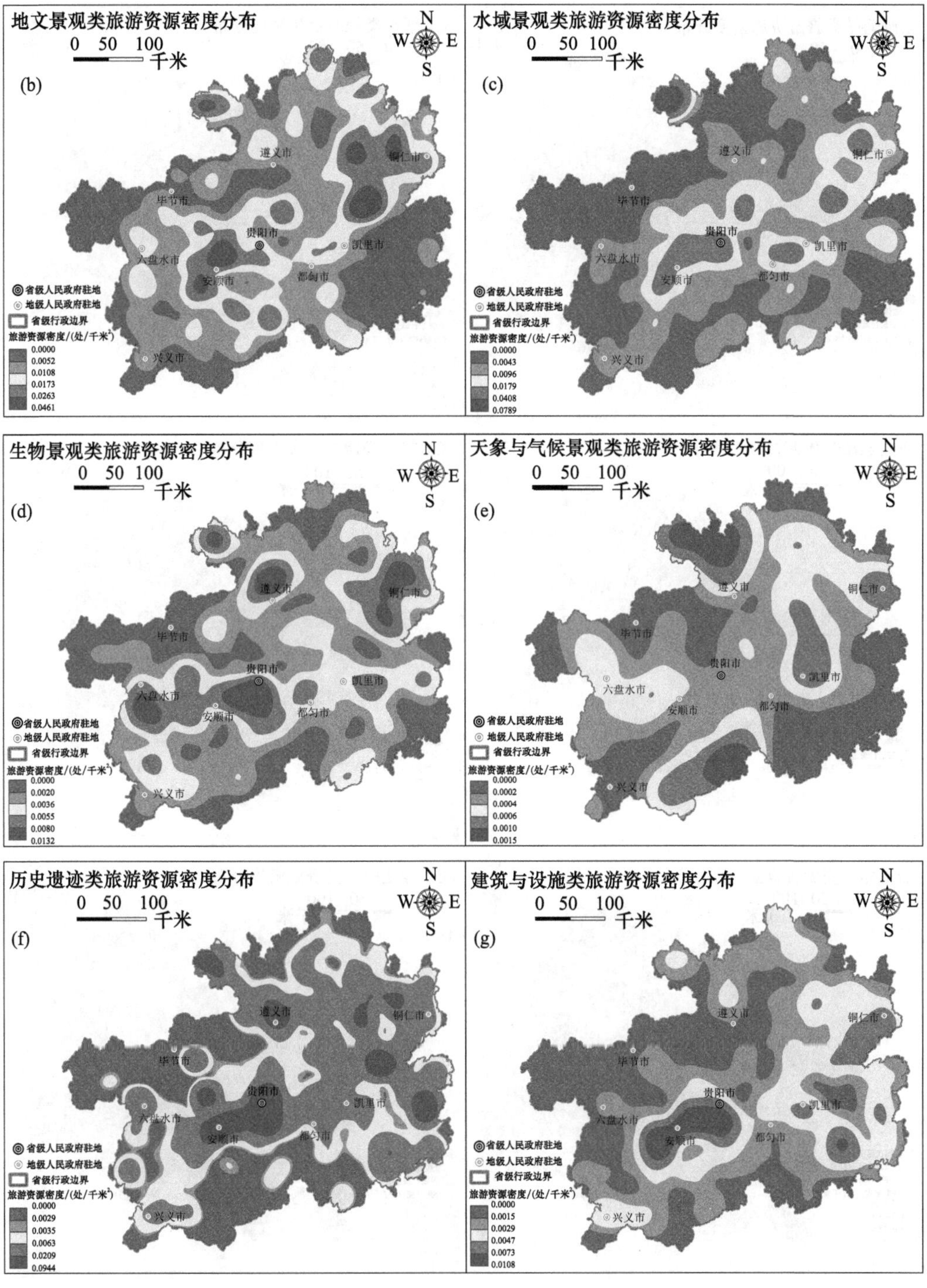
地文景观类旅游资源密度分布
0 50 100
千米
(b)
遵义市
铜仁市
毕节市
贵阳市
凯里市
六盘水市
安顺市
都匀市
兴义市
省级人民政府驻地
地级人民政府驻地
省级行政边界
旅游资源密度/(处/千米²)
0.0000
0.0052
0.0108
0.0173
0.0263
0.0461
水域景观类旅游资源密度分布
0 50 100
千米
(c)
0.0000
0.0043
0.0096
0.0179
0.0408
0.0789
生物景观类旅游资源密度分布
(d)
0.0000
0.0020
0.0036
0.0055
0.0080
0.0132
天象与气候景观类旅游资源密度分布
(e)
0.0000
0.0002
0.0004
0.0006
0.0010
0.0015
历史遗迹类旅游资源密度分布
(f)
0.0000
0.0029
0.0035
0.0063
0.0209
0.0944
建筑与设施类旅游资源密度分布
(g)
0.0000
0.0015
0.0029
0.0047
0.0073
0.0108
N
W
E
S

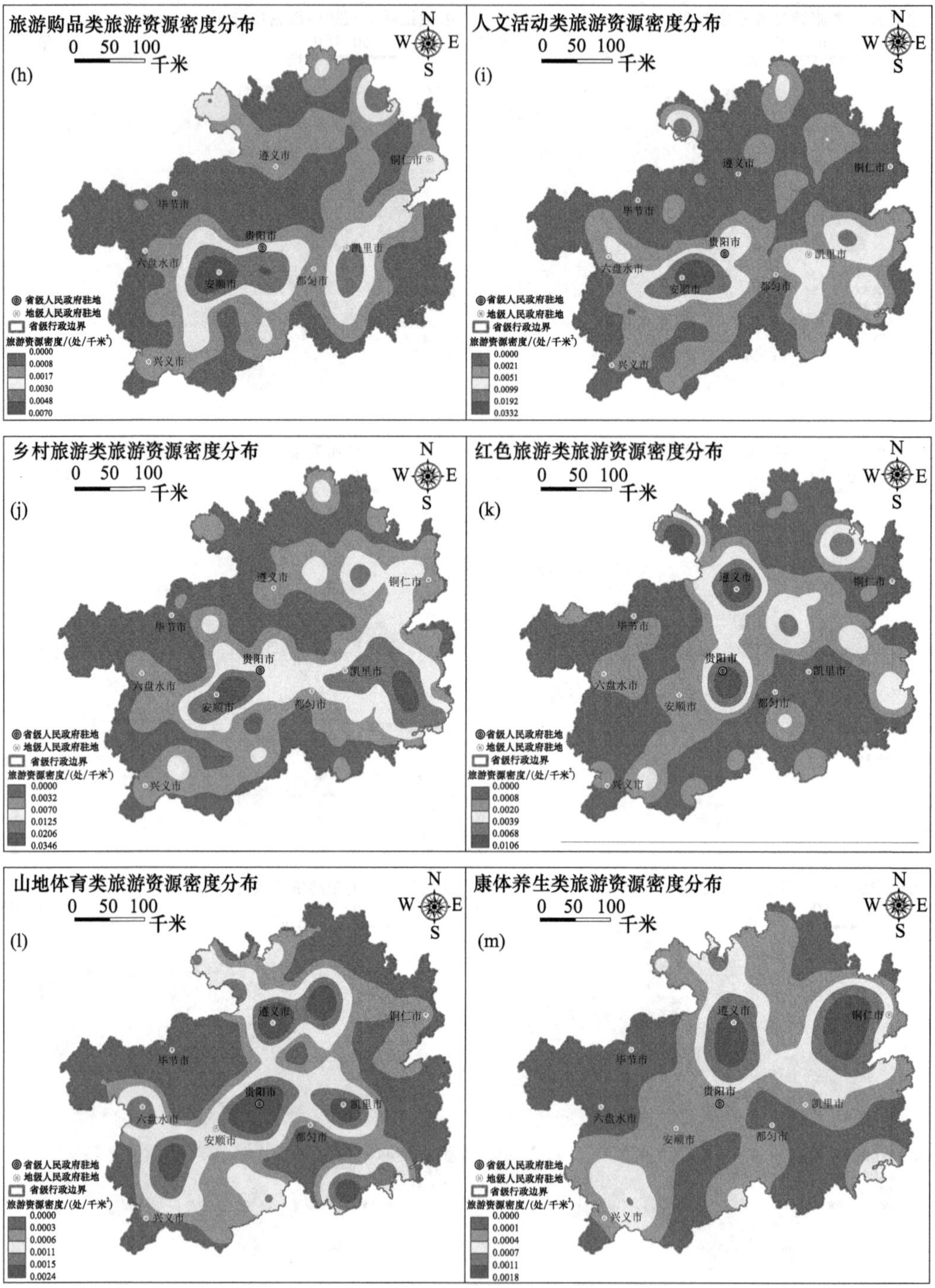

图 4-1 旅游资源点空间分布特征图(另见彩插)

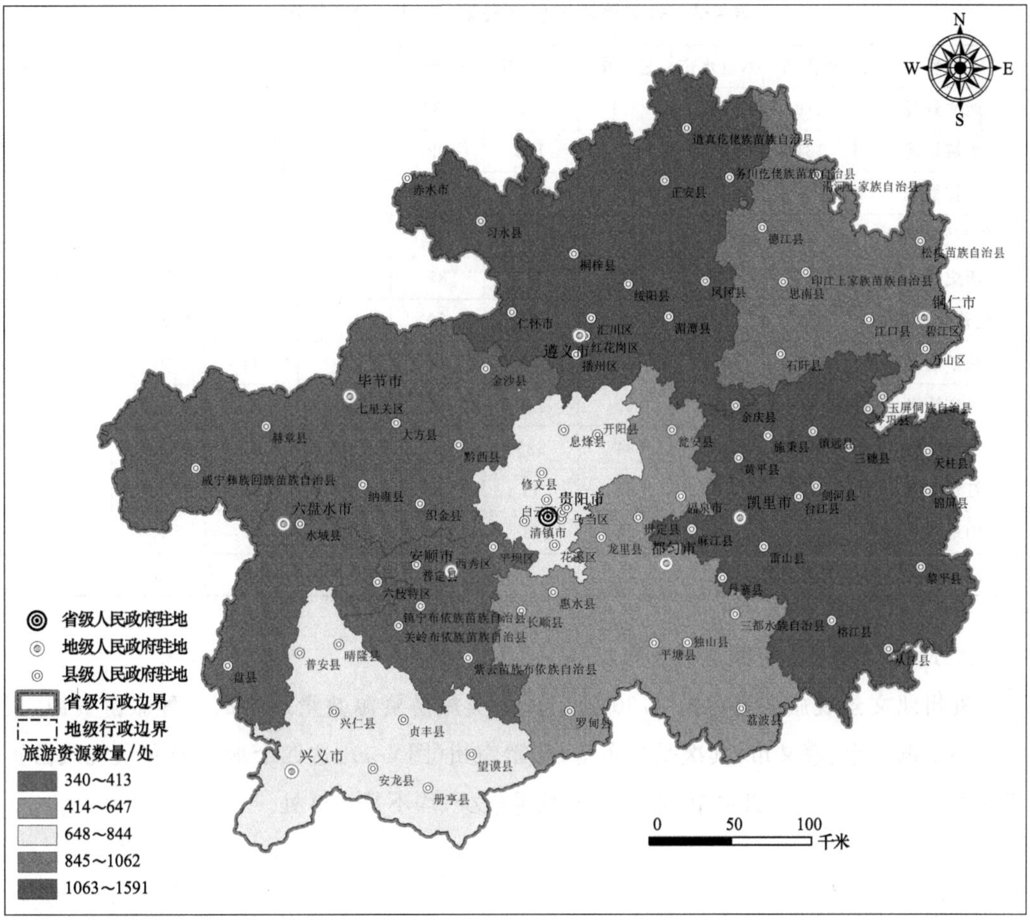

图 4-2　贵州典型旅游资源各地(州、市)空间分布(另见彩插)

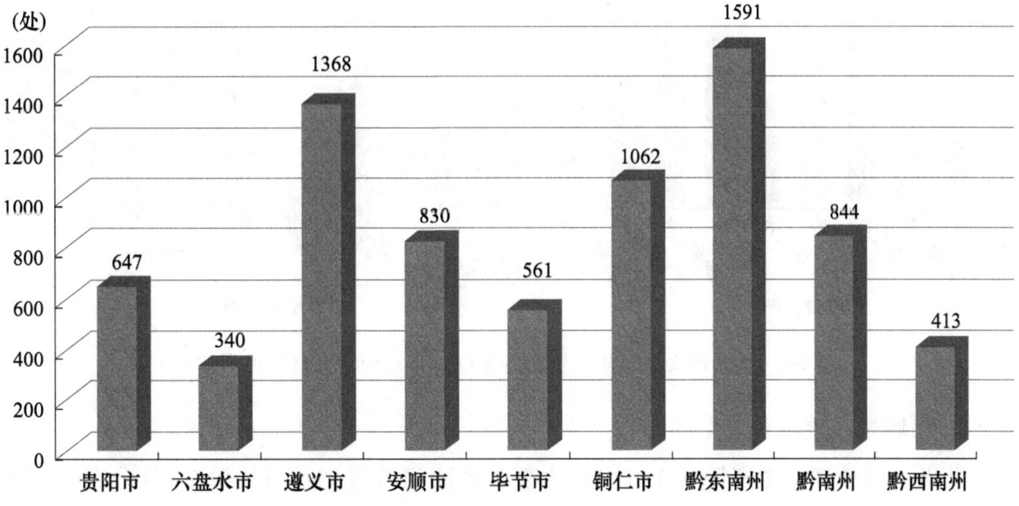

图 4-3　贵州典型旅游资源各地(州、市)分布情况

表 4-2　各类旅游资源在各地(州、市)分布情况　　单位:处

类型	贵阳市	六盘水市	遵义市	安顺市	毕节市	铜仁市	黔东南州	黔南州	黔西南州
地文景观	119	89	311	183	189	337	252	220	90
水域景观	131	27	254	116	99	168	254	151	64
生物景观	38	56	114	51	54	106	114	81	41
天象与气候景观	0	8	8	3	3	8	6	5	4
历史遗迹	204	65	307	137	81	180	366	110	52
建筑与设施	27	9	47	48	20	45	71	33	26
旅游购品	11	4	35	34	16	34	34	37	17
人文活动	32	30	69	110	34	35	126	82	37
乡村旅游	44	35	94	124	45	113	308	88	55
红色旅游	27	8	82	11	15	21	28	22	12
山地体育	7	8	32	11	3	4	17	12	9
康体养生	7	1	15	2	2	11	15	3	6

1. 地文景观旅游资源空间分布

贵州地文景观旅游资源共 1790 处,是 12 类旅游资源数量最多的一种旅游资源,集中分布于铜仁市、遵义市,其次是黔东南州、黔南州(图 4-4),这四个地区地文景观旅游资源占总数 62.57%。六盘水市、黔西南州数量较少,均不足 100 处。

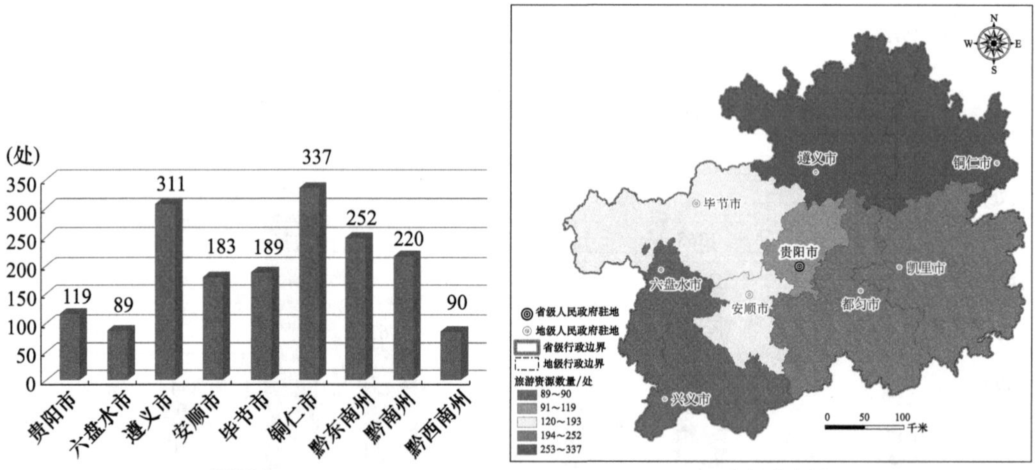

(a) 统计图　　(b) 空间分布图

图 4-4　贵州地文景观旅游资源各地(州、市)分布情况(另见彩插)

2. 水域景观旅游资源空间分布

贵州水域景观旅游资源共 1264 处,主要为秀丽河流风光及河流瀑布,其分布与河流分布关系密切。集中分布在遵义市、黔东南州,其次为铜仁市、黔南州,六盘水市分布数

量最少(图 4-5)。遵义市、黔东南州两个地区水域景观旅游资源占总数 40.19%。

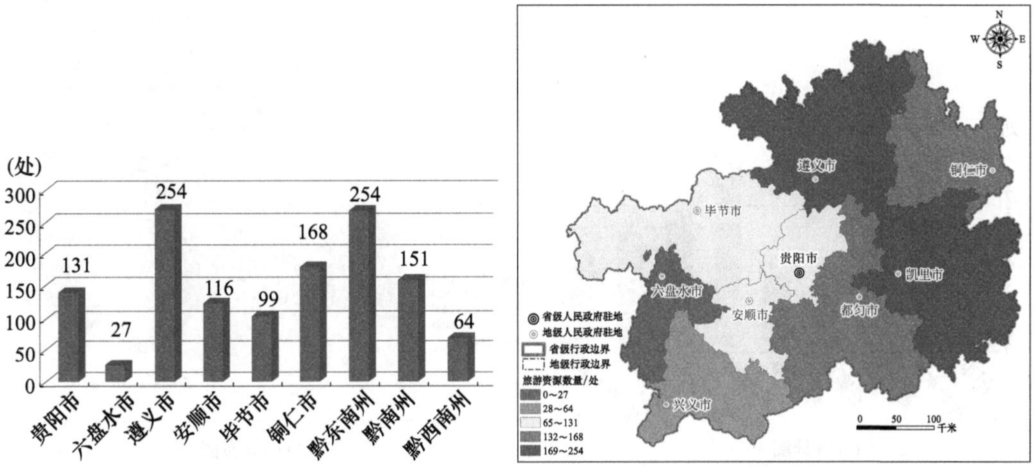

(a) 统计图　　(b) 空间分布图

图 4-5　贵州水域景观旅游资源各地(州、市)分布情况(另见彩插)

3. 生物景观旅游资源空间分布

贵州生物景观旅游资源共 655 处,主要以古树为主,其次是森林公园和原始森林。主要分布在遵义市、黔东南州和铜仁市(图 4-6)。这三个地区生物景观旅游资源占总数 50.99%。

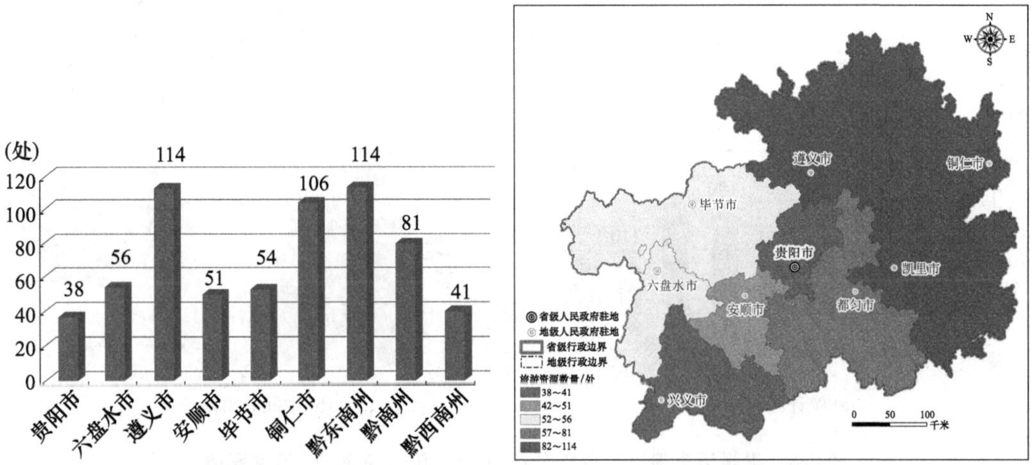

(a) 统计图　　(b) 空间分布图

图 4-6　贵州生物景观旅游资源各地(州、市)分布情况(另见彩插)

4. 天象与气候景观旅游资源空间分布

天象与气候景观旅游资源共 45 处,其形成条件苛刻,数量在 12 类旅游资源中最少,仅占 0.59%。主要分布在遵义市、铜仁、六盘水,占比 83.36%,总计 24 处(图 4-7)。

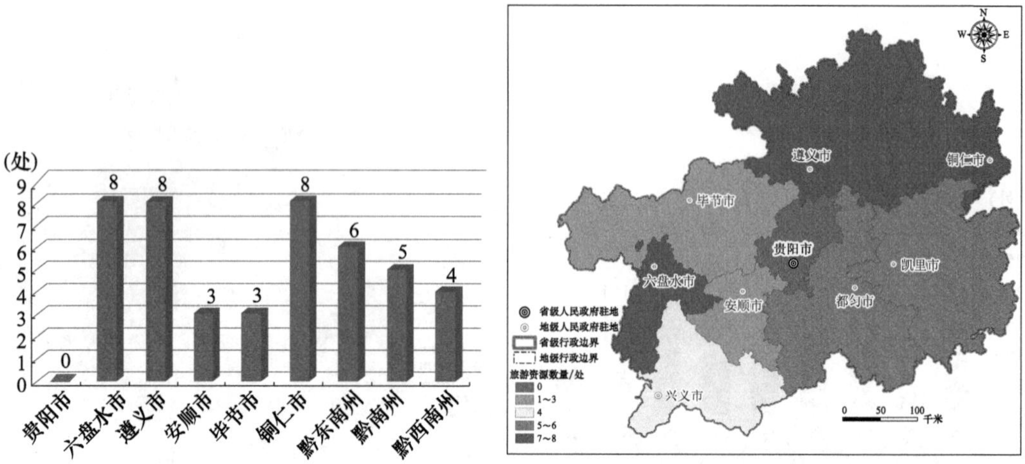

(a) 统计图　　(b) 空间分布图

图 4-7　贵州天象与气候景观旅游资源各地(州、市)分布情况(另见彩插)

5. 历史遗迹旅游资源空间分布

贵州历史遗迹旅游资源共 1502 处，主要为古建筑(如寺庙、庄园等)，集中分布在黔东南州、遵义市(图 4-8)，占全省历史遗迹旅游资源总数约 44.81%。

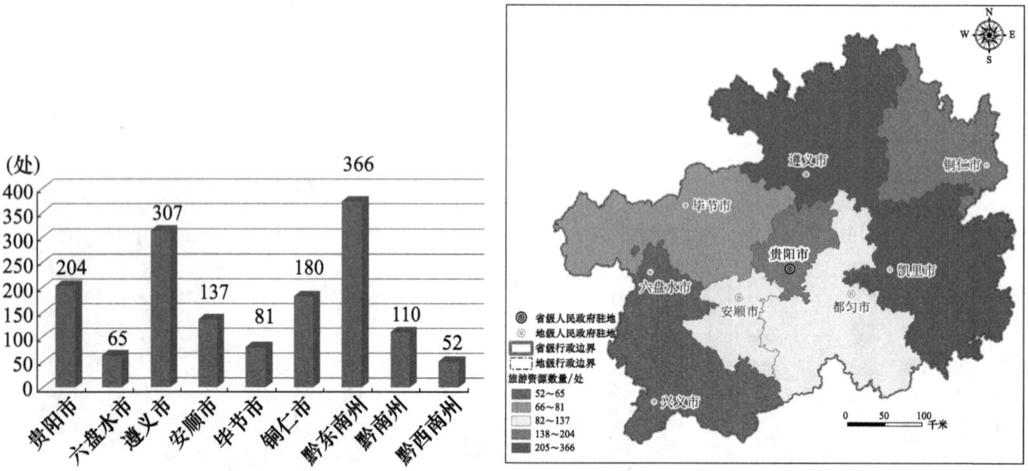

(a) 统计图　　(b) 空间分布图

图 4-8　贵州历史遗迹旅游资源各地(州、市)分布情况(另见彩插)

6. 建筑与设施旅游资源空间分布

建筑与设施旅游资源共 326 处，在黔东南州分布较多，其次为安顺、遵义市、铜仁(图 4-9)，以少数民族特色的建筑群为主，建筑与设施旅游资源分布与少数民族聚居分布关系密切。

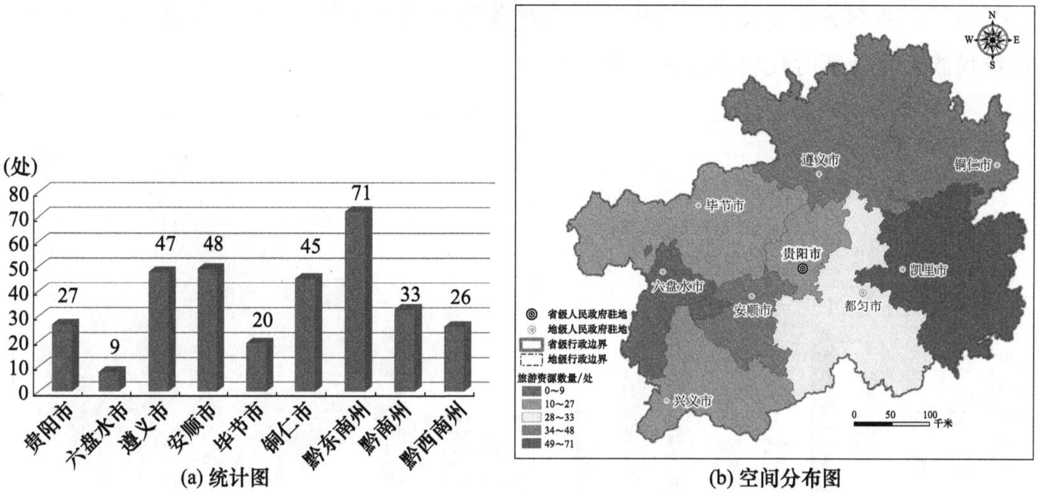

图 4-9　贵州建筑与设施旅游资源各地(州、市)分布情况(另见彩插)

7. 旅游购品旅游资源空间分布

贵州旅游购品旅游资源共 222 处,主要分布在遵义市、黔南州、黔东南州、铜仁、安顺(图 4-10),旅游购品类旅游资源主要为独具民族特色的制品(食品、装饰)以及适宜贵州生长的药材等。

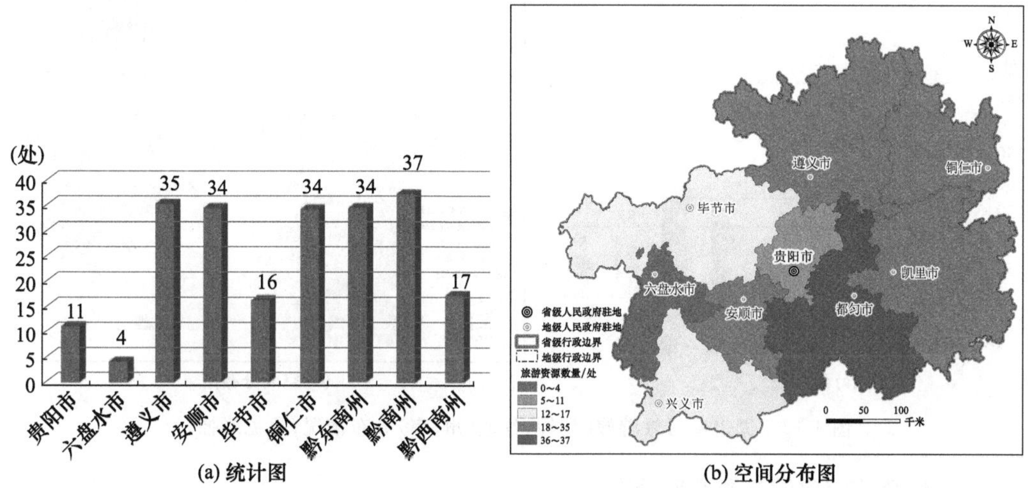

图 4-10　贵州旅游购品旅游资源各地(州、市)分布情况(另见彩插)

8. 人文活动旅游资源空间分布

贵州人文活动旅游资源共 555 处,主要分布在黔东南州和安顺市(图 4-11),主要为少数民族节庆,其分布与少数民族聚居和独特的文化关系密切。

9. 乡村旅游旅游资源空间分布

贵州乡村旅游旅游资源共 906 处,集中分布于黔东南州,其次为安顺市、铜仁市

(图 4-12)。乡村旅游主要为少数民族传统村落和田园农庄等,分布与少数民族聚居区、传统民族文化及新时代农业发展关系密切。

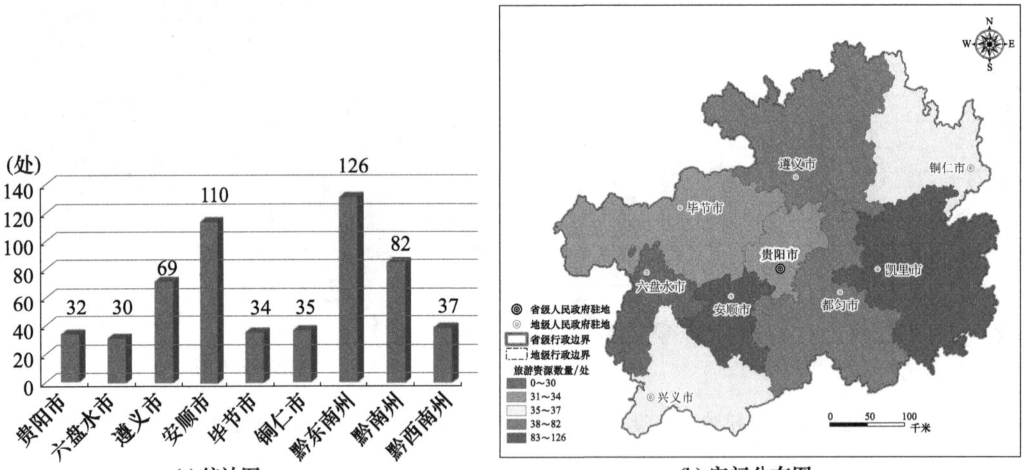

(a) 统计图　　(b) 空间分布图

图 4-11　贵州人文活动旅游资源各地(州、市)分布情况(另见彩插)

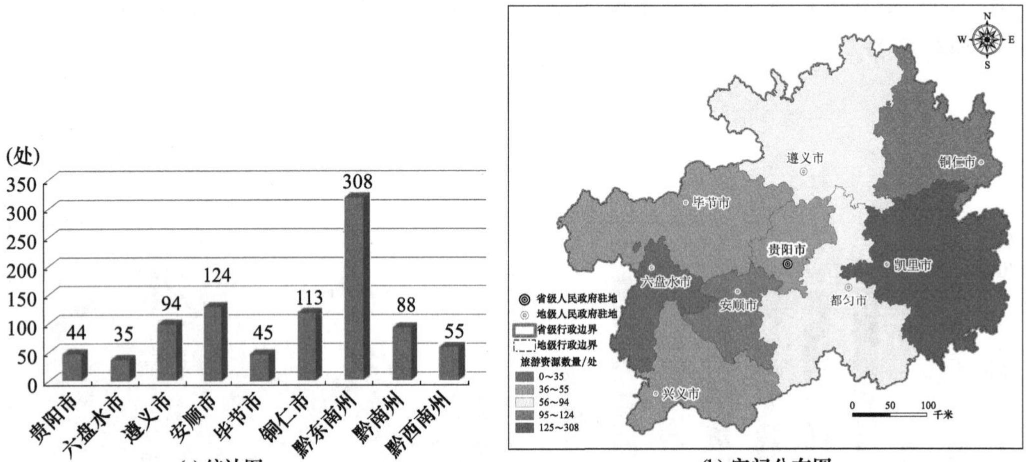

(a) 统计图　　(b) 空间分布图

图 4-12　贵州乡村旅游旅游资源各地(州、市)分布情况(另见彩插)

10. 红色旅游旅游资源空间分布

贵州红色旅游旅游资源共 226 处,主要分布在遵义市,其次为贵阳市、黔东南(图 4-13)。红色旅游与红军在贵州区域的活动关系密切,遵义会议、四渡赤水等重大历史事件均发生在遵义市,奠定了遵义的红色文化基础。

11. 山地体育旅游资源空间分布

贵州山地体育旅游资源共 103 处,主要分布在遵义市,其次为黔南州和黔东南州(图 4-14),其分布与自然环境、政府及企业活动关系密切。

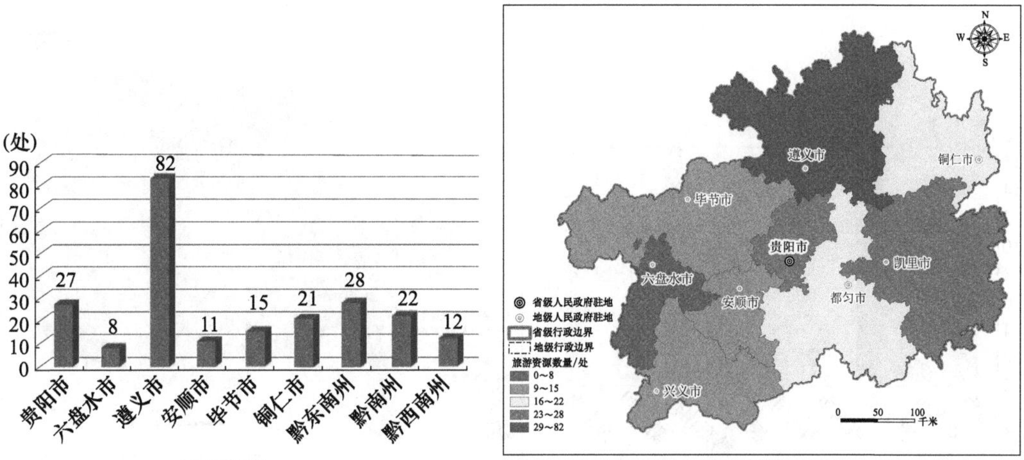

(a) 统计图　　(b) 空间分布图

图 4-13　贵州红色旅游旅游资源各地(州、市)分布情况(另见彩插)

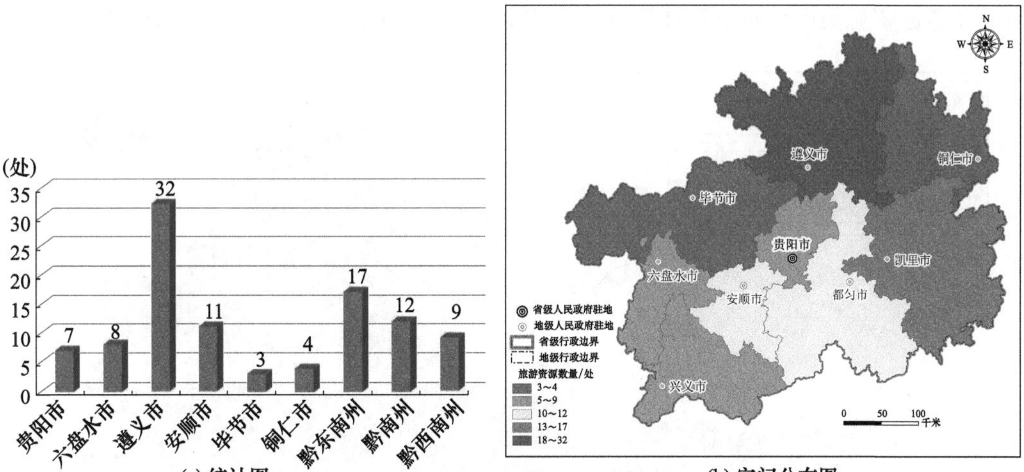

(a) 统计图　　(b) 空间分布图

图 4-14　贵州山地体育旅游资源各地(州、市)分布情况(另见彩插)

12. 康体养生旅游资源空间分布

贵州康体养生旅游资源较少,共 62 处,仅占旅游资源总数的 0.81%。集中分布在黔东南州、遵义市(图 4-15)。贵州康体养生旅游资源主要依托温泉发展,对环境要求严格。

4.2.3　以珠江—长江流域划分的旅游资源空间格局

流域是由流水侵蚀作用形成的,以分水岭为界限集水区,通常是流水长时间作用的结果,受人类活动影响较小。贵州整体可划分为长江、珠江流域,乌江水系、赤水河綦江水系、牛栏江横江水系、沅江水系、南盘江水系、北盘江水系、红水河水系、柳江水系八大水系。从流域角度来看,旅游资源集中分布于长江流域,长江流域旅游资源量占总数 72.62%。八大

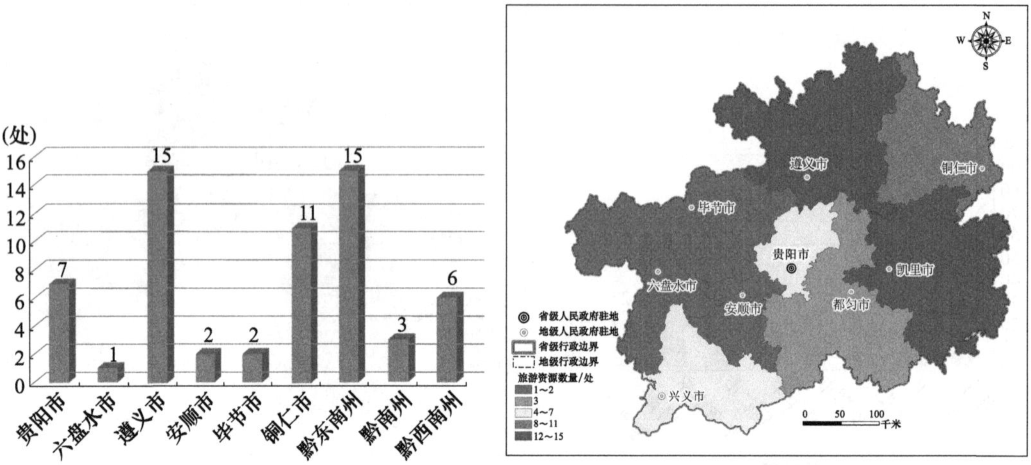

(a) 统计图　　(b) 空间分布图

图 4-15　贵州康体养生旅游资源各地(州、市)分布情况(另见彩插)

水系中旅游资源集中分布于长江流域乌江水系区域，其次为沅江水系(图 4-16、表 4-3)。

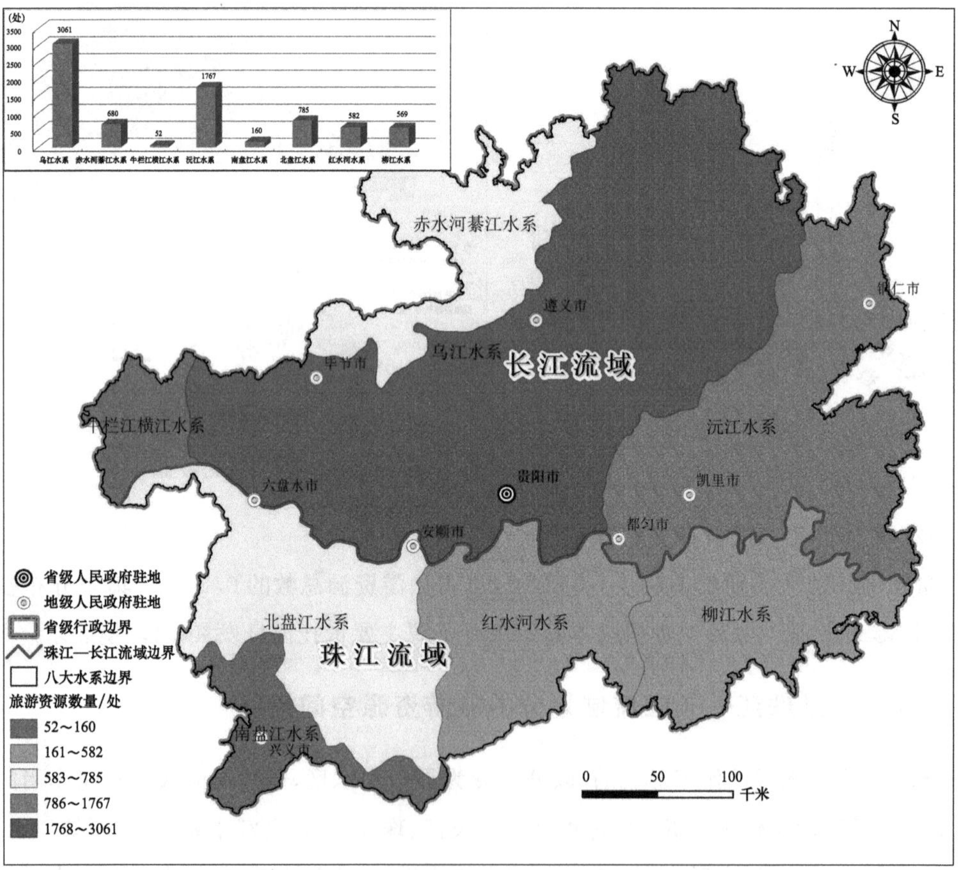

图 4-16　贵州各类旅游资源在各流域分布情况(另见彩插)

表 4-3　贵州各类旅游资源在各流域分布情况　　单位:处

类型	长江流域				珠江流域			
	乌江水系	赤水河綦江水系	牛栏江横江水系	沅江水系	南盘江水系	北盘江水系	红水河水系	柳江水系
地文景观	770	160	15	377	32	184	174	78
水域景观	473	174	6	332	24	101	76	78
生物景观	248	58	7	145	23	84	42	48
天象与气候景观	12	6	1	11	1	7	7	0
历史遗迹	657	133	8	361	25	120	89	109
建筑与设施	117	19	1	91	13	38	31	16
旅游购品	88	14	1	40	6	28	25	20
人文活动	218	31	4	101	12	75	48	66
乡村旅游	310	27	4	247	18	103	61	136
红色旅游	106	39	4	31	3	20	19	4
山地体育	37	12	1	15	1	19	7	11
康体养生	25	7	0	16	2	6	3	3

4.3　旅游资源空间格局与区域背景相关性

旅游资源的形成和发展总体而言受到自然和社会两大因素的影响。为研究旅游资源空间分布的内在机理，本书选取人均国内生产总值、区域民族构成等社会因素，海拔、河网密度等自然因素作为研究对象，以期对贵州旅游资源空间格局做出解释说明。

4.3.1　数据来源及方法

为研究旅游资源空间分布的内在机理，本书选取常住人口、人均国内生产总值等社会因素，地形(海拔、地形起伏度)、岩性、构造、河流水系、气候(平均气温、平均降水量)等自然因素作为研究对象。常住人口、地区生产总值、人均国内生产总值来源于历年《贵州统计年鉴》均值；行政中心来源于贵州省地图集中的行政专题图；地形图来源于地理空间数据云平台 30 米公开数据；岩性、构造来源于 1∶50 万贵州省地质图；河流水系图通过 ArcGIS 由 30 米地形图中提取；各县(区)年平均气温、年平均降水量来源于中国天气网。

采用地理探测器与地理空间分析方法对影响旅游资源空间分布的因素进行分析，地理探测器是基于某些自变量(探测因子)X 对因变量(探测要素)Y 影响强烈，其在空间分布上具有相似性的假设形成的(王劲峰 等，2017)。本书选取各县(区)旅游资源数量作为探测要素，采用地理探测器—分异及因子探测器探测旅游资源的空间分异性，因子 X 能在多大程度上解释旅游资源空间分异性，用 q 进行度量以期对贵州旅游资源空间格局做出解释说明。q 的表达式为：

$$q = 1 - \frac{\sum_{h=1}^{L} N_h \sigma_h^2}{N\sigma^2} \tag{4-1}$$

式中，$h=1,2,\cdots,L$，代表因变量 Y 或探测因子 X 的分区；N 代表全单元数，N_h 为 h 层单元数；σ^2 和 σ_h^2 分别代表全区 Y 总方差和 h 层 Y 方差；q 取值范围为[0,1]，q 值越大代表探测因子 X 对旅游资源密度的影响越大，解释力越强，联系越紧密，反之，q 值越小则表示影响越小。如果 $q=1$，则表示旅游资源分布完全受该因子控制；如果 $q=0$，则表示两者没有任何关系。常住人口（x_1）、地区生产总值（x_2）、人均国内生产总值（x_3）、海拔（x_4）、年平均气温（x_5）、年平均降水量（x_6）采用自然断点法分为 5 个等级；区位、河流水系等利用 ArcGIS 对各县（区）行政中心构建 5 级缓冲区，做缓冲区分析。

4.3.2 探测结果分析

根据地理探测器结果，所有探测因子均对旅游资源空间分布具有不同程度的控制作用。总体而言，人均国内生产总值（x_3）对旅游资源空间分布解释力最强，$q=0.64$；地区生产总值（x_2）次之，$q=0.58$；年平均降水量（x_6）解释力最弱，$q=0.03$（表 4-4）。

表 4-4 旅游资源县（区）分布 q 值探测结果

旅游资源类型	社会因素			自然因素		
	x_1	x_2	x_3	x_4	x_5	x_6
全部	0.08	0.58	0.64	0.11	0.09	0.03
地文景观	0.10	0.03	0.02	0.09	0.05	0.05
水域景观	0.02	0.03	0.02	0.01	0.05	0.02
生物景观	0.02	0.08	0.09	0.05	0.04	0.01
天象与气候景观	0.02	0.02	0.02	0.06	0.06	0.05
历史遗迹	0.03	0.06	0.09	0.02	0.03	0.06
建筑与设施	0.02	0.08	0.06	0.12	0.10	0.04
旅游购品	0.03	0.06	0.09	0.04	0.10	0.06
人文活动	0.03	0.05	0.07	0.04	0.02	0.18
乡村旅游	0.02	0.08	0.10	0.12	0.06	0.12
红色旅游	0.11	0.20	0.08	0.03	0.02	0.10
山地体育	0.02	0.11	0.06	0.04	0.12	0.07
康体养生	0.02	0.02	0.02	0.07	0.04	0.07

4.3.3　旅游资源空间格局与社会经济因素的关系

社会经济因素是以人类社会活动为基本条件的影响因素，其对旅游资源的分布主要包括人口、经济和文化组成三个重要方面。

(1)人口

人作为社会、文化的缔造者，伴随着人类活动范围的扩张、活动强度的增加以及思想创造力的迸发，人类作为一个群体在世界各地留下了各种各样值得考究与学习的资料，那些具有科学价值、美学价值、历史文化价值以及经济价值的产物是一种宝贵的旅游资源。探测结果显示，常住人口(x_1)对旅游资源整体及各类旅游资源均有不同程度的解释力。

人类活动创造旅游资源，地区常住人口的数量在一定程度上决定了人类活动的强度，也决定了创作并保留下来的具有旅游价值的资源分布，尤其是在少数民族聚居区保留下来的具有独特风韵的建筑设施，传承延续下来的别具特色的生活方式、文化传统等对于科学研究、旅游体验极具吸引力。贵州下辖 9 个市(州)、88 个县(区)，2021 年常住人口 3622.95 万，9 个市(州)人口分布极不均匀，毕节市人口数量最多，达 653.64 万人，安顺市人口数量最少，仅 229.73 万人。行政中心是人口高度聚集的地点，对各县(区)行政中心进行缓冲区分析。行政中心缓冲区旅游资源分布如图 4-17 所示，旅游资源总体呈现远离行政中心分布的趋势；历史遗迹、建筑与设施、旅游购品、山地体育类旅游资源随距离增加而减少；地文景观、水域景观、生物景观、天象与气候景观、人文活动、乡村旅游、康体养生类旅游资源随距离增加而增加，其中天象与气候景观类旅游资源增加比例最高，地文景观、水域景观、生物景观类旅游资源随距离增加表现出稳定增加的态势，人文活动类旅游资源主要分布在行政中心周边及远距离范围，而乡村旅游、康体养生类旅游资源在随距离增加过程中，在中远距离表现出明显减少的趋势。历史遗迹、建筑与设施、旅游购品、红色旅游、山地体育类旅游资源均为人类活动创造，一般而言，人口数量越多，这类旅游资源越丰富。地文景观、水域景观、生物景观、天象与气候景观主要为自然属性旅游资源，对自然环境的要求较高，而距离行政中心越近的地区，人类活动越强，自然景观保存越不完整；乡村旅游、康体养生类旅游资源，一方面受自然条件的影响，另一方面受交通可达性制约，因此表现出先增后减的趋势。

(2)经济

经济能够反映一个地区的生产力水平，它在一定程度上决定了区域范围内人类能够改造环境以供社会群体休闲娱乐生活的能力。地区生产总值(x_2)、人均国内生产总值(x_3)地理探测器q 值在旅游资源整体空间分布的解释力最强，分别为 0.58、0.64；对其他

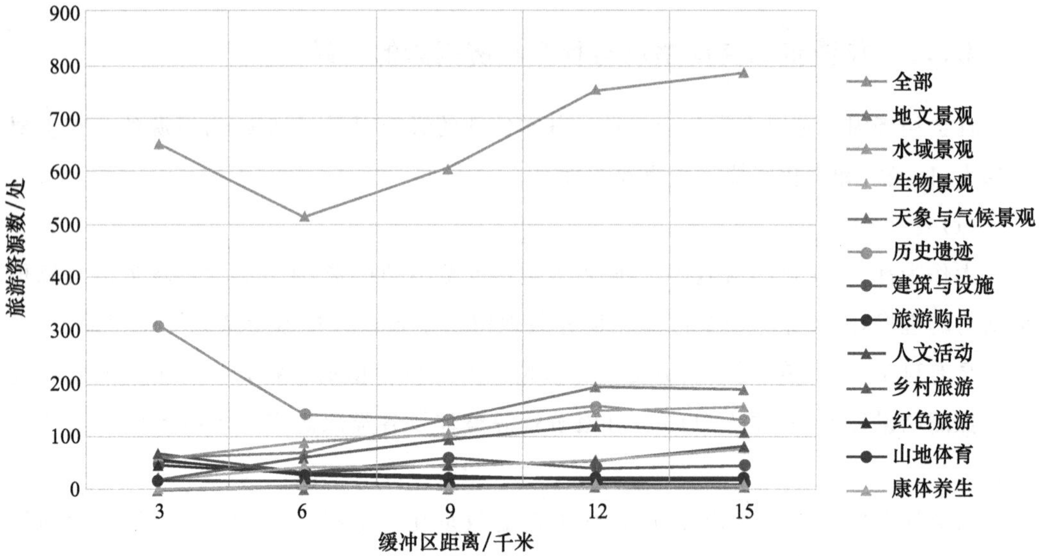

图 4-17 行政中心缓冲区旅游资源分布图(另见彩插)

各类旅游资源空间分布也表现出不同程度的解释力。截至 2020 年,贵州 GDP 保持高速增长,增速连续 10 年居全国前列。旅游产业迅速发展,旅游收入逐年提高,至 2019 年旅游收入达 12318.86 亿元,是贵州支柱性产业。随着经济条件改善,人民生活富足,人们对旅游的需求必然会增长。人既是旅游活动实施的主体,也是旅游资源的建设者。第一,随着人均国内生产总值的提高,居民出外旅游的意愿增强,对各类精神文化及体育活动的投入增多,产生的旅游消费增加。第二,经济实力增强,旅游市场扩大,旅游需求增加,政府部门、企业及个人对自然风光、民族精神、传统技艺及新型科技等具有旅游观光价值的资源加强发掘、建设投入,发掘更多旅游资源,建设更优质的旅游资源。经济发展水平促进旅游业发展,旅游产业发展带动贵州经济发展,两者相互作用,使得政府和社会加大对旅游资源发掘延伸,从而影响旅游资源的形成及分布。

(3)文化组成

贵州之名始于宋,建置至少可追溯至春秋战国时期。春秋战国时期,西南地区部落林立,牂柯、夜郎两国最大;秦、汉设郡县;元推行土司制度;明立卫、所、屯、堡,建布政司,自此贵州成省。多民族大杂居小聚居,既保留了各民族特有的风貌,也在民族迁徙过程中保留了大量珍贵历史资料,同时民族交流也迸发出了新的火花。

①贵州是一个多民族共居的省份。华夏族系、氐羌族系、苗瑶族系、百越族系的诸民族及蒙古、回、满等民族于不同时期、不同方向进入贵州,与原住贵州之濮人相交汇,逐渐形成多民族大杂居小聚居的局面(陈波 等,2012)。世居民族 18 个,少数民族占全省总人口的 37.9%。

②多数少数民族依旧维持民俗。多民族交汇碰撞，古史传说至今仍然保存下来许多可以辨识的痕迹。贵州第五批少数民族特色村寨名单显示，贵州共有 320 个民族村寨，这些民族村寨依然原生态地保留着本民族来自远古的神话、传说、歌舞、习俗、服饰、节庆、礼仪。这是文化传承的瑰宝，是一笔宝贵的财富。据不完全统计，全省少数民族的传统节日超过 1000 个，集会地点超过 1000 处，如苗族的“姊妹节”“四月八”“龙舟节”“芦笙节”；布依族的“查白歌节”；侗族的“歌酒节”；彝族的“火把节”；仡佬族的“吃新节”；水族的“端节”“卯节”等。苗族银饰、侗族大歌、水族双歌、彝族口弦、安顺地戏、傩戏、蜡染、苗绣、大方漆器、芦笙舞、木鼓舞、踩鼓舞、铜鼓文化、“笙文化”等少数民族传统工艺和文化活动无不具有极高的美学价值、历史文化价值和经济价值。

③淳朴的少数民族特色建筑。贵州民居建筑各具特色，有苗族的吊脚楼，侗族的鼓楼、风雨桥，布依族的石板房，彝族的“土司庄园”。其中民族建筑最具特色的是侗族的鼓楼、风雨桥，它是民族建筑的瑰宝，主要分布在黎平、从江、榕江三县。据统计，现存鼓楼有 300 多座，风雨桥近 300 座，从江增冲鼓楼和黎平地坪风雨桥先后被列为全国重点文物保护单位，黎平纪堂鼓楼、从江信地鼓楼（1988 年已被焚毁）、高阡鼓楼等被列为省级文物保护单位。鼓楼和风雨桥都是侗族建筑文化的代表。镇远历史悠久，既是军事重镇，又是商贾集散之地，历史遗存丰富，古城依山傍水，青龙洞古建筑群、四官殿、天后宫、传统民居、古城垣和近现代史迹则成为镇远的历史标记。

④贵州是全国旧石器文化考古的重要省区。早在 20 多万年前贵州就有人类在此生息、繁衍、劳动，创造了丰富的物质文化和精神文化。1964 年黔西观音洞遗址的发掘，拉开了贵州旧石器时代考古的序幕，将贵州人类的历史提前到 20 多万年前。在以后又相继发现旧石器时代早、中、晚三个时期的古人类文化遗址数十处，建立了三个文化类型，即黔西“观音洞文化”、兴义“猫猫洞文化”和普定“穿洞文化综合体”。贵州的旧石器以洞穴遗址为特色，文化发展时代序列齐全，文化内涵丰富多彩，成为我国旧石器时代考古名列前茅的地区。黔西观音洞遗址经过四次发掘，获得石制品 3000 余件，与之相伴的哺乳动物化石 20 多种，是我国南方旧石器时代早期最有代表性的遗址。

4.3.4 旅游资源空间格局与自然因素的关系

(1)地形地貌

贵州地处云贵高原，是中国地势第二级阶梯东部边缘的一部分，其基本轮廓由西向东呈三级阶梯状与向北、向南两面倾斜。贵州地势崎岖，自古就有“八山一水一分田”“地无三尺平”的说法。全省最高海拔 2900 米，最低海拔 147 米，高差 2763 米，平均海拔 1100 米，平均坡度 17.78°，地形起伏较大。由旅游资源点海拔统计得知，旅游资源海拔平均值为 943 米，1/4 分位数为 616 米，中位数为 900 米，3/4 分位数为 1218 米，旅游资源主要分布在中低海拔地区。

地貌类型复杂多样，包括高原、山地、丘陵、河谷等，其中山地遍布全境，山地区占全省面积比重达到61.7%，丘陵区达到30.8%（贵州师范大学地理研究所 等，2000）。岩溶地貌发育分布广泛，岩溶地貌类型齐全，形态多样。地表有石芽、溶沟、漏斗、落水洞、竖井、洼地、溶盆、槽谷、峰林、峰丛、溶丘、岩溶湖、潭、多湖泉等。地下有溶洞、地下河、伏流、暗湖及各种钙质沉积形态，如石钟乳、石笋、石柱、石幔等（贾敏 等，2019）。旅游资源分布主要集中于黔中丘原盆地区，旅游资源占比达39.0%；其次为黔东低山丘陵区，旅游资源占比达24.5%，旅游资源主要分布在地形相对较平整的区域。

(2)地质背景

贵州位于扬子板块南缘，自新元古代以来受东亚中生代造山带和新生代阿尔卑斯—特提斯造山带控制和影响，整体处于上升运动阶段，经历了大洋地壳到大陆地壳的转换。构造运动经历了武陵、雪峰、加里东、华力西-印支和燕山-喜马拉雅五个运动阶段，褶皱和升降运动并举，形成了贵州地层发育齐全、生物化石丰富、碳酸盐岩分布广泛的地质背景条件（韩至钧 等，1996；贵州省地质矿产局，1987）。贵州面积17.62万平方千米，其中喀斯特区10.91万平方千米，占比61.9%，非喀斯特区6.71万平方千米，占比38.1%。旅游资源在碳酸盐岩区域总计3442处，占比45.0%；碳酸盐岩夹非碳酸盐岩区域总计1508处，占比19.7%；非碳酸盐岩区域总计2706处，占比35.3%（图4-18、表4-5）。

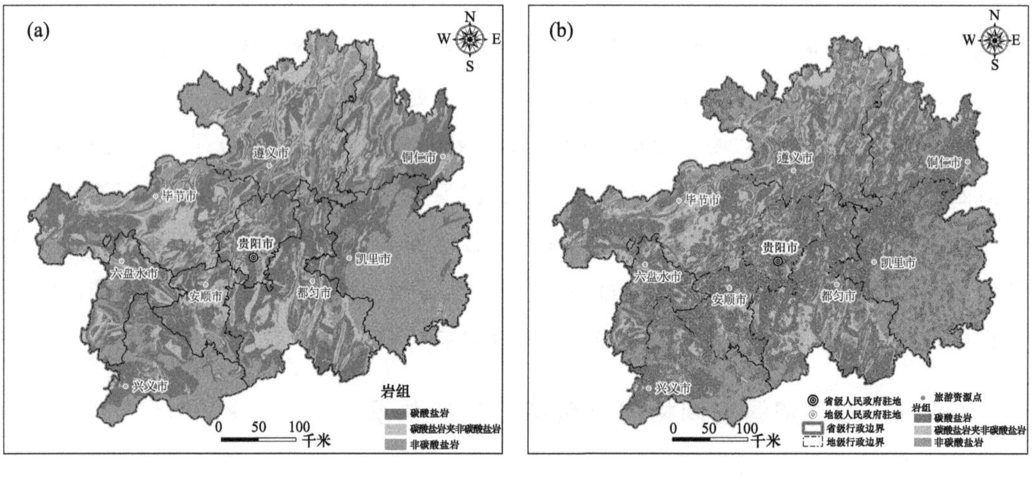

图4-18 贵州碳酸盐岩分布图（另见彩插）

表4-5 不同岩组旅游资源分布

旅游资源类型	非碳酸盐岩		碳酸盐岩		碳酸盐岩夹非碳酸盐岩	
	数量/处	占比/%	数量/处	占比/%	数量/处	占比/%
全部	2706	35.3	3442	45.0	1508	19.7

续表

旅游资源类型	非碳酸盐岩		碳酸盐岩		碳酸盐岩夹非碳酸盐岩	
	数量/处	占比/%	数量/处	占比/%	数量/处	占比/%
地文景观	436	24.4	1003	56.0	351	19.6
水域景观	500	39.6	529	41.8	235	18.6
生物景观	271	41.4	251	38.3	133	20.3
天象与气候景观	27	60.0	8	17.8	10	22.2
历史遗迹	529	35.2	688	45.8	285	19.0
建筑与设施	95	29.1	159	48.8	72	22.1
旅游购品	65	29.3	94	42.3	63	28.4
人文活动	222	40.0	223	40.2	110	19.8
乡村旅游	404	44.6	324	35.8	178	19.6
红色旅游	86	38.1	100	44.2	40	17.7
山地体育	36	35.0	48	46.6	19	18.4
康体养生	35	56.4	15	24.2	12	19.4

基于贵州断层分布，对断层做缓冲区分析。0.5 千米缓冲区范围内旅游资源最多达 1855 处，占比 24.2%；5 千米缓冲区以外旅游资源仅 936 处，占比 12.2%；1.5 千米缓冲区内旅游资源占比达到 53.1%。旅游资源总体分布表现随距断层距离增加而逐步减少的趋势(图 4-19、图 4-20、表 4-6)。

(3)河流水系

贵州河流主要发源于西部高原，受地势和构造条件控制，由西北部、中部向东、南及北方向三面呈扇形展布。贵州省内长江流域面积 115747 平方千米，占全省国土总面积的 65.7%，分为乌江水系、金沙江支流上源横江牛栏江水系、长江上游支流赤水河綦江水系及沅江水系四个水系。贵州省内珠江流域面积 60381 平方千米，占全省国土总面积的 34.3%，分为南盘江水系、北盘江水系、红水河水系及柳江水系四个水系。省内河网密布，全省平均河网密度 0.5629 千米/千米^2，长江流域平均河网密度 0.5658 千米/千米^2，珠江流域平均河网密度 0.5573 千米/千米^2。省内流程 10～50 千米的河流 902 条，50～100 千米的河流 49 条，100～500 千米的河流 32 条，500～1000 千米的河流 1 条(即乌江)。全省流域面积大于 10000 平方千米的河流总计 7 条，包括乌江、六冲河、清水江、赤水河、北盘江、红水河、都柳江。全省有天然湖泊 42 个，截至 2018 年 3 月，已建成水库 2407 个，其中大型水库 24 座，中型水库 116 座，小型水库 2267 座，另有山塘 17150 个(贵州省水利厅 等，2018)。多数河流上游河谷开阔，坡降平缓；中游河谷宽窄相间，水流湍急；下游河谷深切、狭窄，流速快。贵州境内碳酸盐岩分布广泛，喀斯特发育，穿行其间的河流在中游常见明流暗流交替出现的现象(万伟,2015)。

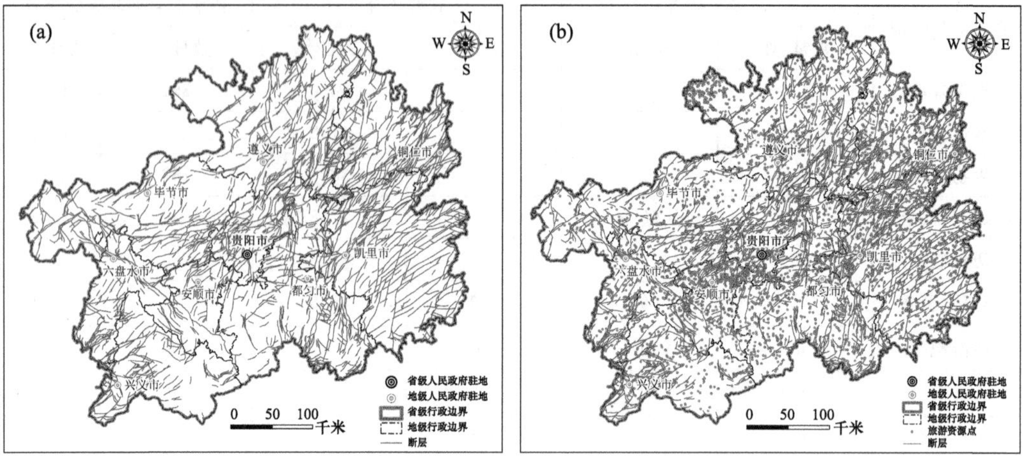

图 4-19　贵州断层分布图(另见彩插)

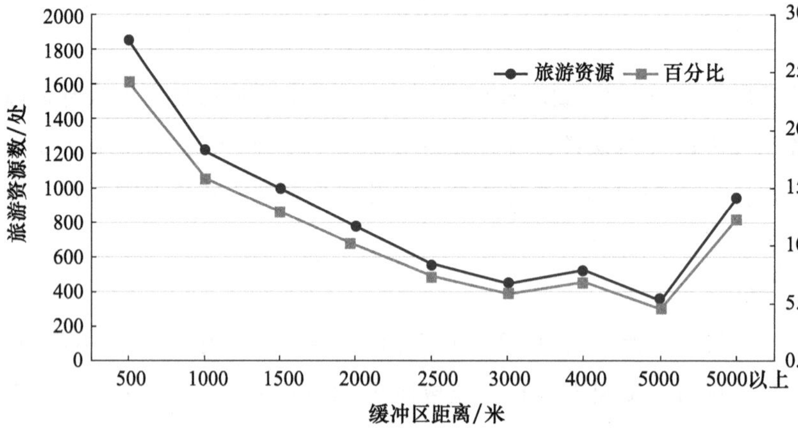

图 4-20　断层缓冲区旅游资源分布图

表 4-6　断层缓冲区旅游资源统计表

缓冲区距离/千米	0.5	1	1.5	2	2.5	3	4	5	5 以上
旅游资源/处	1855	1214	994	778	559	452	526	342	936
旅游资源占比/%	24.2	15.8	13.0	10.2	7.3	5.9	6.9	4.5	12.2

对贵州主要河流湖泊做缓冲区分析,构建 5 级缓冲区,每级缓冲区 3 千米。由旅游资源在各级缓冲区上的资源数量可以看出,旅游资源数量呈现出距离河流湖泊越远,旅游资源数量越少的趋势(图 4-21)。

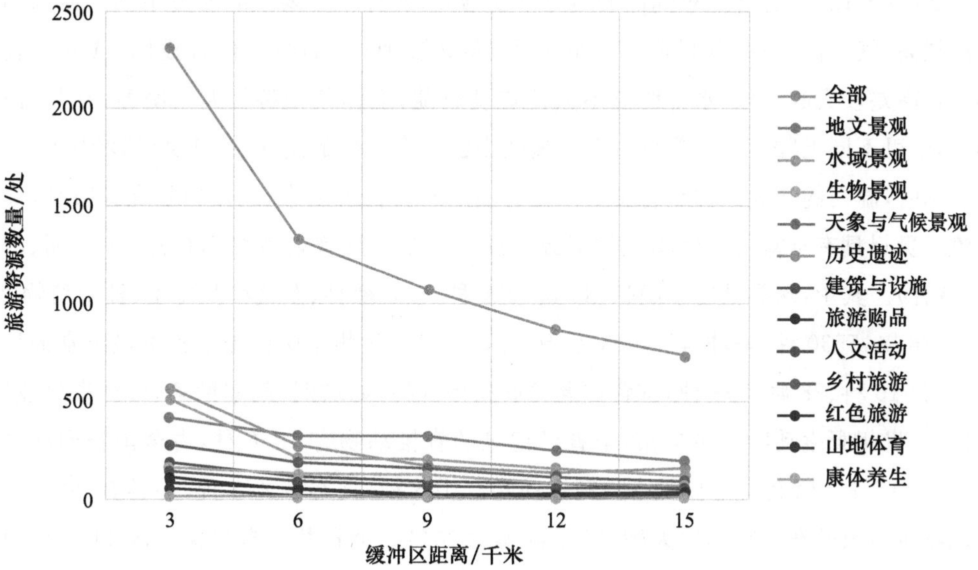

图 4-21　主要河流湖泊缓冲区分析图(另见彩插)

河流水系是人类文明的发源地,它为人类生产、生活提供必要的物质保障。人类在河流周边繁衍生息,孕育文明。河流水系寄托了人们的情思,水光山色本身也是一种绝美的风景。乌江是贵州第一大河,也被称为贵州的"母亲河",是贵州最重要的水上通道之一。乌江沿岸风景美不胜收,百里画廊"山似斧劈、水似碧玉、虬枝盘旋、水鸟嬉翔",以"奇山、怪石、碧水、险滩、古镇、廊桥、纤道、悬葬"为特色;遵义余庆金城峡谷,峡谷幽深,两岸笔直陡立;老林河景区以"奇"为特征,奇峰怪石,溶洞天成;构皮滩水电站是贵州"西电东输"的标志工程。还有罗甸千岛湖、兴义万峰湖、荔波 68 级跌水、紫云格凸河等风景秀丽的旅游资源。

(4)气候

气候是指区域大气多年平均的状况。地理探测器年平均气温(x_5)、年平均降水量(x_6)探测结果 q 值显示,年平均气温(x_5)、年平均降水量(x_6)对旅游资源空间分布解释力整体较弱。年平均气温(x_5)因子 q 值对建筑与设施、旅游购品、山地体育等旅游资源空间分布具有较高的解释力;年平均降水量(x_6) 因子 q 值对人文活动、乡村旅游、红色旅游等旅游资源空间分布具有较高的解释力。

贵州属亚热带湿润季风气候区,气候温暖湿润,年平均气温 15 ℃左右,7 月最高(22～25 ℃),1 月最低(3～6 ℃),冬无严寒,夏无酷暑。年降水量在 1000～1400 毫米,降水空间分布不均匀,由东向西,由南向北逐渐减少;在时间上降水集中于夏半年,冬半年降水显著减少。年无霜期在 250～300 天,常年相对湿度在 70%以上,四季分明。贵州多为山地,地势高低悬殊,在垂直方向上气候变化较大,立体气候明显。东、西部之间的海拔高差在2500米以上，随着从东到西的地势不断增高，各种气象要素有明显不同。西部的威宁海拔高，气候高寒；中部贵阳则气候温和，冬暖夏凉；东部的铜仁海拔低，气候冬暖夏热。在高差较大的山区，水平距离不大但坡度较陡，立体气候特征尤为明显，有“一山有四季，十里不同天”的说法，充分说明了贵州山区垂直气候的差异性（汪义洋，2010）。

同时，温润的气候条件孕育了贵州的青山绿水。自古以来，贵州到处森林蔽日，绿水长流。贵州具有丰富的野生动植物资源。贵州分布有维管束植物250科、1551属、5591种（变种）。其中，蕨类植物53科、147属、808种，包含变种、杂交种及变型；种子植物200科，1276属，5530种（毕坤 等，2003；张凡 等，2011）。贵州是中国被子植物最丰富的地区之一，共10科、28属、193种，富含古老类群和特有种，如珙桐、鹅掌楸等（贵州省林业厅，2000）。贵州野生动物资源丰富，全省已记录的脊椎动物有1056种，占全国脊椎动物总数的32.15%。两栖动物有63种，爬行动物有105种，鸟类有478种，兽类有209种，珍稀动物包括黑叶猴、黑颈鹤、大鲵等（容丽 等，2004）。全省共有自然保护区116个，面积87.96万公顷，约占全省面积的5%。现有自然保护区中，属森林生态系统、野生动植物类型的106个，内陆湿地类型的8个，古生物遗迹类型的1个，地质地貌类型的1个。独特的气候条件使贵州拥有丰富优质的自然旅游资源，是理想的休闲旅游和避暑胜地。

参考文献

毕坤，王尚彦，李跃荣，等，2003. 农业生态地质环境与贵州优质农产品[M]. 北京：地质出版社.

陈波，姚鑫，2012. 贵州少数民族地区开展原生态体育旅游的优势研究[J]. 甘肃科技，28(14)：44-45.

贵州省地质矿产局，1987. 贵州省区域地质志[M]. 北京：地质出版社.

贵州省林业厅，2000. 贵州野生珍贵植物资源[M]. 北京：中国林业出版社.

贵州省水利厅，贵州省河长制办公室，贵州省水利科学研究院，2018. 贵州省河湖名录[M]. 北京：中国标准出版社.

贵州师范大学地理研究所，贵州省农业资源区划办公室，2000. 贵州省地表自然形态信息数据量测研究[M]. 贵阳：贵州科技出版社.

国家旅游局规划财务司，中国科学院地理科学与资源研究所. 旅游资源分类、调查与评价：GB/T 18972—2017[S].

韩至钧，金占省，1996. 贵州省水文地质志[M]. 北京：地震出版社.

贾敏，雷显兵，罗时琴，等，2019. 旅游资源视角下的贵州研学旅游发展前景研究[J]. 绿色科技(5)：191-194.

李小红，韦艳，2018.《贵州省旅游资源地图册》主题旅游地图内容表示和设计[J]. 建材与装饰(17)：122-123.

刘杰，唐荣，李萍，2022. 南极旅游资源分类及空间分布特征[J]. 自然资源学报，37(1)：83-95.

马一帆，2019. 西宁市旅游资源空间格局研究[D]. 西宁：青海师范大学.

容丽，杨龙，2004. 贵州的生物多样性与喀斯特环境[J]. 贵州师范大学学报(自然科学版)，22(4)：1-6.

万伟，2015. 多元协同视角下贵州坡地经济发展中的公共服务供给模式研究[D]. 贵阳：贵州大学.

王劲峰，徐成东，2017. 地理探测器：原理与展望[J]. 地理学报，72(1)：116-134.

汪义洋，2010. 贵州主要气象灾害对旅游的影响及防治对策[J]. 贵州气象，34(3)：27-29.

谢方，颜麟蕴，张楠，2023. 国内首次吉林省摸清冰雪资源家底[J]. 东北之窗(4)：39-41.

张凡，吴克华，苏维词，等，2011. 贵州省生物多样性重要性空间分异特征[J]. 安徽农业科学，39(19)：11728-11732.

第5章　主要旅游产业发展的空间格局

5.1　文化旅游产业发展的空间格局

当前文化旅游是国内外旅游的热点之一，文化旅游产业的融合发展是顺应当前贵州文化产业和旅游产业共同发展进步的客观趋势，贵州民族文化旅游产业资源丰富、内容多样，特点明显。贵州是全国少数的多民族聚集区，由于地形、地貌的空间差异，造就了复杂多样的多民族混合居住，文化底蕴深厚，种类繁多，发展多样化的文化旅游产业，不仅能够增加经济收入，而且还能满足人们日益增长的对休闲娱乐的多样化需要，如在20世纪70年代后期，改革开放的号角吹拂贵州大地，以黔东南苗族侗族自治州雷山县的八个村寨为试点，开展先行文化旅游示范点，标志着贵州正式成为开展乡村文化旅游的省份之一；喀斯特是贵州"独特文化资源"，省域内各族文化与生活的形成和传播与喀斯特地质地貌环境密不可分，丰富的喀斯特地上地下形态，造成文化类型在空间上的交叉与并存，出现多个相对独立"文化王国"，多种民族与多种文化相互融合共存的文化，构成了贵州喀斯特地区与其他地区及其内部的文化异质性(杜芳娟 等，2008)。

贵州区域文化纷繁多样，文化习俗多彩，具有较为多样丰富的文化旅游资源，如民俗服饰、民俗村寨、红色文化、民族工艺品、少数民族歌舞、芦笙节民族节日、民族蜡染、民族刺绣等，这些资源如果能够转化为文化旅游产业，对促进贵州经济社会发展具有重要而深远的特殊意义，因此，发展文化旅游产业具有很好的发展前景。

贵州文化遗产丰富，至今列入国家级名录的有300多项。这些非遗既是历史发展的见证，又是珍贵的、具有重要价值的文化旅游资源。从表5-1可以看出，贵州文化旅游资源底蕴深厚，全省各个区域均有分布，但文化旅游产业发展薄弱，大片文化资源处于未开发或浅层次开发状态，目前发展文化旅游产业主要与红军长征经过贵州的路线关系密切，特别是遵义会议奠定了遵义是贵州红色文化的基地。红色旅游产业是将红色文化景观与绿色自然景观相结合，将革命传统教育与促进旅游产业发展相结合的新型主题旅游形式，打造的红色旅游线路和经典景区，既能享受观光，又能了解革命历史，增长革命斗争知识，学习革命斗争精神，培育新的时代精神，使之成为一种文化(姜廷辉 等，2011)。

表 5-1　贵州文化旅游种类及代表

文化种类	历史时期	文化代表	文化精髓
古人类文明	20 万年前黔西观音洞	文化遗址;盘县大洞	“人类起源的摇篮”之一;南方旧石器时代文化的代表
	30 万～13 万年前	平坝飞虎山	新、旧石器文化更替代表
古夜郎文化	战国、秦汉时期	贵州桐梓、毕节、六枝境内	“一部浩瀚的历史”;国际学术界的典型民俗
土司文化	魏晋以后至唐、宋、元	贵州宣慰司、播州宣慰司、思州宣慰司、思南宣慰司	“民族瑰宝”;封建王朝羁縻制度“土官治土民”代表
阳明文化	明清时期	阳明祠、阳明洞	“格物致知”“圣人之道”
屯堡文化	明代	安顺市云峰屯堡、天龙屯堡	汉族文化的“活化石”
红色文化	土地革命战争时期	遵义会议、黎平会议、猴场会议、四渡赤水、娄山关、强渡乌江	东方曙光、革命摇篮
民族文化		民族传统节日 400 余个、民族歌舞、民族建筑、民族服饰、民间工艺、戏剧	中国民族文化百花园中的瑰宝
黔菜饮食	历史形成	民族菜,民俗菜,土司菜	尽享高原自然精华
国酒文化		“茅台酒”、“青酒”、“贵州醇”、天麻酒、杜仲酒、刺梨糯米酒等代表	“酒乡”美誉:贵州美酒令人醉,苗岭酒俗更醉人
茶文化	历史形成	都匀毛尖、贵定雪芽、遵义毛峰、湄江翠片、湄潭翠芽、羊艾毛峰、雀舌报春、绿宝石等	“中国富锌富硒有机茶之乡”凤冈

注:数据来源于彭丽《贵州省文化旅游创意发展态势评价》

贵州文化旅游产业主要分布在遵义市、黔东南州和铜仁市,其余各地均有少量分布。2010 年之前,贵州文化旅游产业发展相对较为缓慢,聚集性程度低,基础设施差,还处于初始发展阶段,星级饭店和文化产业单位进入了平均分布阶段,而旅行社和文化事业机构均未形成集聚,尚处于较为分散的阶段。从 2010 年开始,贵州文化旅游产业发展迅速,抱团式及汇聚性程度逐年上升,全省文化旅游产业发展成果显著。其中,贵阳市文化旅游产业发展高居全省第一位,其次是遵义市、安顺市,然后是黔西南布依族苗族自治州、黔东南苗族侗族自治州和黔南布依族苗族自治州,最后是毕节市、六盘水市以及铜仁市。近年来,贵州旅游为了拓展市场、扩大影响力,实施精准营销,针对不同客源地多次展开推广措施,举办“山地公园省·多彩贵州风”旅游推介及展示活动,精准定位的文化旅游品牌影响力覆盖海内外,推动了文化旅游“井喷式”发展,使得文化旅游产业集聚程度上升趋势明显,充分说明了全省文化产业大发展的成果。贵阳市无论是政策、经济、人才素质以及交通等方面均处于全省领先地位,增长趋势明显,从 2010 年开始,就已经处于文化旅游产业集聚状态，十几年间的增幅较大，作为贵州全省文化旅游产业支柱的地位依然不可动摇。

5.2 康养旅游产业发展的空间格局

贵州地处中亚热带，属于温润季风气候，四季分明，冬无严寒，夏无酷暑，平均气温约15℃，宜人居住；贵州植被类型复杂，生态系统多样，蕴藏了丰富的适合开展康体养生活动区域；同时在长期的生活实践中，贵州人民创造了多种独具特色的有关养护身体、生命的物质文化和精神文化。康体养生类旅游资源单体共计257处，各类型如表5-2所示。

表5-2 贵州康养旅游资源

康养资源类型	数量
自然生态养生地	101
特殊生态养生地	43
人文养生地	32
传统养生文化	29
中医养生文化	36
宗教养生文化	4
饮食养生文化	6
科学养生文化	6
总计	257

近年来，贵州坚持西南山地旅游的战略定位，因地制宜发展全域旅游，打造国际一流山地旅游目的地、国内一流度假康养目的地。贵州目前康养旅游处于发展初期，正在快速向前发展，瞄准老龄化社会加速到来和高温高湿气候变化的需求，发展康养旅游优势明显。贵州平均海拔高度在1100米左右，夏季多年平均气温在20℃，2020年全省森林覆盖率在60%，贵州区域在中国所处的经纬度、地形、多年平均气温、负氧离子等方面具有独特的区位优势，“中国避暑之都贵阳”“中国凉都六盘水”已经成为众多游客避暑度假目的地。

从空间上分析，安顺、贵阳等地有较大的发展空间，处在黔中城市的核心区域，基础设施发展相对较为完善，是当前贵州省内康养旅游的最佳目的地和辐射带动地，发展的政策优势和经济优势大，是当前贵州康养旅游发展的高度集聚区。安顺市康养旅游资源与旅游业发展迅速，有着黄果树瀑布、织金洞等世界知名景点，瀑布周边和织金洞内负氧离子浓度高，发展康养旅游业优势较为明显。黔西南布依族苗族自治州、黔南布依族苗族自治州和遵义市是康养旅游发展的高潜力区，这些区域都有非常良好的生态康养旅游资源，且品质较好，发展潜力巨大，如黔西南布依族苗族自治州万峰林，遵义市赤水瀑布、竹海以及黔南布依族苗族自治州的大小七孔景区等。黔西南州南盘江、北盘江交汇，气候与水资源丰富，可以依据独特的喀斯特山地地形和河流水体资源优势以攀登和漂流运动康体服务为重点，每年在南、北盘江河流举行水上运动，如龙舟、皮划艇比赛等，可以根据此优势打造在全国具有较大影响力的户外运动基地和水上运动基地，发展陶冶情操、促进新陈代谢、提高抵抗力的康养旅游胜地等。黔东南苗族侗族自治州康养旅游资源品质较高，但是数量较少，基础设置比较薄弱，可利用区域少数民族特色以及气候条件发展区域的康养旅游。

5.3　生态旅游产业发展的空间格局

贵州部分生态旅游资源见表 5-3。

表 5-3　贵州部分生态旅游资源

序号	类型	数量	种类
1	国家级自然遗产	3	织金洞风景名胜区；马岭河峡谷风景名胜区；平塘省级风景名胜区
2	国家级文化与自然双重遗产	1	黄果树风景名胜区与屯堡文化
3	国家级非物质文化遗产	31	苗族古歌；刻道；侗族大歌；侗族琵琶歌；侗鼓十二调；苗族芦笙舞；木鼓舞；花灯戏；侗戏；布依戏；彝族撮泰吉；德江傩堂戏；安顺地戏；石阡木偶戏；布依族八音坐唱；苗绣；水族马尾绣；苗族蜡染技艺；苗寨吊脚楼营造技艺；苗族芦笙制作技艺；茅台酒酿制技艺；皮纸制作技艺；苗族鼓藏节；水族端节；布依族查白歌节；苗族姊妹节；侗族萨玛节；仡佬毛龙节；水书习俗等
4	工农业旅游示范点	25	贵州醇酒厂；贵州乌江发电厂；贵州海尔电器厂；贵州茅台酒厂；安顺华泰绿色食品工业园；兴义下五屯万峰林；巴拉河流域农业旅游区；修文县谷堡乡；黔西南共青林场怡心园；丹寨县金种农场；麻江县下司镇农业观光园；从江芭莎景点；从江小黄；黄平县阳河景区；施秉县牛场中药材基地；江口县梵净山景区；福泉金谷梨园观光园；贵定县盘江镇音寨村；遵义市新蒲镇农业观光园；遵义市董公寺镇生态农业园；花溪生态农业示范园；乌当区情人谷一号营村；平坝县天台山天龙屯堡等
5	国家级历史文化名城(镇)	4	遵义；镇远；青岩镇；习水县土城镇
6	省级历史文化名城(镇)	17	织金；黎平；福泉；石阡；安龙；黄平旧州；大方；雷山西江；安顺；赤水市丙安镇；雷山县郎德镇；六枝特区郎岱镇；锦屏县隆里乡；安顺市旧州镇；锦屏县茅坪镇；印江县黄镇；湄潭县永兴镇
7	国家级历史文化名村	1	安顺市西秀区七眼桥镇云山屯村

续表

序号	类型	数量	种类
8	省级历史文化街区	2	铜仁市中南门片区;贞丰县城旧城区
9	生态示范区	12	赤水市;余庆县;凤冈县;荔波县;湄潭县;花溪区;金沙县;毕节;绥阳;黎平县;从江县;榕江县
10	名人故居(高知名度)	3	王若飞故居;何应钦故居;王伯群故居
11	重点红色旅游区	1	以遵义为中心的"黔北黔西红色旅游区",主题形象是"历史转折,出奇制胜"
12	红色旅游精品线	3	贵阳—凯里—镇远—黎平—通道—桂林线 贵阳—遵义—仁怀—赤水—泸州线 张家界—桑植—永顺—吉首—铜仁线
13	已开发乡村旅游点	12	巴拉河苗族村寨群;安顺云山屯、本寨、九溪、天龙屯堡村寨群;贵定音寨布依族村寨群;兴义下五屯布依族村寨群;江口云舍土家族村寨群;黎平肇兴侗族村寨群;毕节大屯及三关彝族村寨群;乌当香纸沟布依族村寨群;六枝月亮河布依族村寨群;赤水丙安村寨群;西江千户苗寨村寨群;荔波下白岩布依族村寨群

注:数据来源于张静《西南地区生态旅游资源的法律保护》

贵州生态旅游资源丰富,自然风光神奇独特,地域景色千姿百态,与古朴浓郁的少数民族风情相互串联,生态旅游资源密度与资源品质出类拔萃,生态资源特色鲜明。旅游资源呈多样性、异质性、全域性特征。贵州省内国家级自然保护区 9 处(梵净山、雷公山、习水中亚热带常绿阔叶林、赤水桫椤、威宁草海、荔波茂兰、麻阳河、宽阔水以及长江上游珍稀和特有鱼类自然保护区),还有省级自然保护区 3 处,市级自然保护区 22 处,县级自然保护区 96 处。贵州由于城市环境污染相对较少,加之丰富的森林旅游资源和良好的原生态环境,近年来,随着贵州交通、酒店接待等基础设施的日趋完善,生态旅游业取得长足的发展,增大贵州森林生态旅游的客源,2000 年以来,贵州生态旅游业已经成为全省发展势头最强、产业带动最大及与各行业关联度最多的大产业。从 2000 年开始的起步阶段,贵州省内生态旅游业从无到有,从小到大,逐步得到发展壮大。生态旅游资源挖掘开发质量越高,对生态旅游业发展越好。生态旅游资源质量越好,对游客的吸引力越高,生态旅游市场就越广阔,旅游业也就得到快速发展。

从空间上看,贵州生态旅游产业主要集中在贵阳市、安顺市、黔东南州等区域,除毕节、铜仁市外,主要集中在遵义市、六盘水市、黔西南州、黔南州周边地区。铜仁市行政中心周边生态旅游产业发展处于中等水平,毕节市生态旅游产业发展处于低水平。不难发现,贵阳市不仅是贵州的政治、经济、文化中心,也是物流、游客流、信息流、文化流和经济流的聚集地。同时,安顺距离贵阳较近,会相应受到贵阳市旅游业辐射效应的影响。因此,贵阳和安顺的生态旅游产业发展最好。此外,贵州生态旅游产业的空间分布与交通分布具有明显的一致性，主要集聚区域为高速公路、国道，特别是省道周边(朱殊慧 等，2018)。

5.4　乡村旅游产业发展的空间格局

贵州紧紧围绕实现创建全国优秀乡村旅游为目标，依托贵州省内乡村旅游的独特优势，发展乡村旅游特色经济，注重乡村旅游生态建设与经济发展，开展区域乡村旅游与乡村振兴相结合，有力地加快了区域经济发展。贵州乡村文化资源十分富有，区域内不仅保存着农耕等古老的生产、生活方式，各种信仰、习俗、少数民族歌舞、民族语言和文字、经典农村建筑、各类民俗雕塑、手工技艺更是多年地保存下来。贵州的乡村自然环境和山地农业资源也非常丰富，这也是乡村旅游可以依赖的资源类型，如山脉、森林、河谷、湖泊、草原以及供游客体验观光的牧场、梯田、果园。因此，贵州乡村旅游资源可分为乡村、古镇、乡村自然环境、乡村民族文化资源和山地农耕文化五种类型(贵州省旅游局，2007)。

贵州是最早在全国发展乡村旅游的省份之一，从 20 世纪 80 年代开始，贵州省政府旅游部门便提出乡村旅游扶贫的发展思路并开始实施，安顺的布依石头寨、黔东南的上南花、青曼、西江苗寨等八个民族村寨进行旅游扶贫试点，取得了一定的成效。乡村旅游产业快速发展于 2000 年左右，2004—2010 年发展迅速，随着网络技术和交通的快速发展，贵州乡村旅游业的产值增速出现了明显的提高。贵州乡村旅游通过多年的发展，开发出一大批独具特色的乡村旅游景点，形成了以贵阳—遵义—安顺为中心，覆盖贵州九个地(州、市)的多个乡村旅游区，基本囊括贵州美丽乡村旅游资源，形成了全省乡村旅游的布局。贵州乡村旅游具有典型的普适性和多样性(王静，2008)。

根据统计显示，2422 个村被列入国家重点乡村旅游村，全省已建成 100 多个乡村旅游转型升级示范村。贵州省内的乡村旅游产业可以概括为民族村寨旅游产业和民族文化旅游产业两种，现有少数民族村寨，就其单体村寨而言，除个别(西江苗寨)外，规模相对较小，空间容量有限。

“乡村游＋少数民族村寨游”是贵州省内乡村旅游的普遍模式，在贵州乡村旅游发展中地位十分重要。贵州全省遍布着 5 万多个自然村寨，黔东南占全省传统村落总数的 50%以上，主要为苗族和侗族村落，其次为铜仁市的土家族村落，其中大约有一半以上具备发展乡村旅游的优势和基础条件，奇特优美的自然风光环境，恬静的田园环境与古朴多样、绚丽多姿的少数民族文化融为一体，截至 2018 年年末，贵州省内已经有 800 多个少数民族村开展了以民族文化为载体的民族村寨游，集少数民族歌舞表演、农家乐、民族节日、农业观光等多样的乡村旅游项目，发展当地的乡村产业，这些产品多以观光为主，是乡村旅游的初级产品。

贵州省内的乡村旅游在内的国内乡村旅游消费尚处在初级阶段，大多数乡村旅游产业发展受限制，主要是消费水平仅仅停在观赏风光的基本层次，相对而言，民族文化体验、修身养性的感受较少，文化体验、康养疗养的比例更低，且乡村旅游从业者主要是以当地的村民为主，旅游业的发展受到限制，创新意识和创新服务能力不够。

参考文献

杜芳娟，熊康宁，高红艳，2008. 喀斯特文化旅游资源与开发研究——以贵州为例[J]. 中国岩溶，27(1)：86-90.

贵州省旅游局，2007. 贵州乡村旅游规划[M]. 贵阳：贵州人民出版社.

姜廷辉，邓宏，2011. 革命老区红色旅游开发基本问题研究——以贵州黎平为例[J]. 贵州师范大学学报(自然科学版)，29(3)：55-58.

彭丽，2016. 贵州省文化旅游创意发展态势评价[J]. 合作经济与科技(24)：22-24.

王静，2008. 贵州省乡村旅游发展研究[D]. 太原：山西财经大学.

张静，2013. 西南地区生态旅游资源的法律保护[D]. 西安：长安大学.

朱殊慧，梅再美，吴克华，等，2018. 贵州省旅游景区空间分布格局及影响因素分析[J]. 贵州科学，36(6)：49-54.

第6章　喀斯特相对贫困区与旅游产业发展的空间图谱耦合

6.1　喀斯特相对贫困区旅游产业与旅游资源的空间耦合

喀斯特相对贫困区旅游业与旅游资源的空间耦合关系可以从贵州旅游产业是否与旅游资源一样存在集群现象来分析。

为了更加科学地判断旅游产业是否存在集群现象，本书采用区位熵指数（Location quotient index，LQ）作量化分析。区位熵指数的公式如下（周美伶，2008）：

$$LQ=\frac{X_{ij}}{X_j}/\frac{X_i}{X} \tag{6-1}$$

式中，针对某个特定的区域 j，其旅游产业 i 的产值使用 X_{ij} 表示，区域 j 的生产总值则使用 X_j 表示；针对全部区域，旅游产业 i 的产值则使用 X_i 表示；全部区域内生产总值使用 X 表示。当 $LQ>1$，这就意味着该区域具有较高程度的产业集聚水平，或者说旅游产业是当地的优势产业之一；相反，当 $0<LQ<1$，这就意味着该区域的产业集聚程度较低，产业优势尚未形成。

从表6-1～表6-3中可以看出，根据区位熵指数判断是否存在产业集群的标准看，贵州省内旅游产业仍然存在集群现象。如贵阳市、铜仁市、安顺市、黔东南自治州和黔南自治州2014—2018年区位熵指数全部大于1，在全省范围内存在相对稳定的产业集群。

表6-1　2014—2018年贵州各市（州）地区生产总值　　单位：亿元

地区	2014年	2015年	2016年	2017年	2018年
贵阳	2497.27	2891.16	3157.70	3537.96	3798.45
六盘水	1042.73	1201.16	1313.70	1461.71	1525.69
遵义	1874.36	2168.34	2403.94	2748.59	3000.23
安顺	520.06	625.41	701.35	802.46	849.40
毕节	1266.70	1461.35	1625.79	1841.61	1921.43

续表

地区	2014 年	2015 年	2016 年	2017 年	2018 年
铜仁	647.73	770.89	856.97	969.86	1066.52
黔西南	670.96	801.65	929.14	1067.60	1163.77
黔东南	701.71	811.55	939.05	972.18	1036.62
黔南	801.75	920.91	1023.39	1160.59	1313.46
全省	10023.27	11652.42	12951.03	14562.56	15675.57

注:数据来源于贵州省统计年鉴

表 6-2　2014—2018 年贵州各市(州)旅游收入　　单位:亿元

地区	2014 年	2015 年	2016 年	2017 年	2018 年
贵阳	874.39	1040.00	1389.51	1871.95	2456.56
六盘水	57.27	73.82	124.65	200.49	301.06
遵义	444.43	547.09	792.73	1151.8	1557.2
安顺	306.26	378.00	545.96	764.67	1035.41
毕节	255.57	312.60	444.46	641.71	937.00
铜仁	194.48	240.18	347.30	517.93	743.97
黔西南	112.01	140.12	226.21	342.50	509.01
黔东南	314.79	387.19	553.68	777.75	937.23
黔南	344.98	422.59	603.04	862.35	993.59
全省	2904.18	3541.59	5027.54	7131.15	9471.03

注:数据来源于各地(州、市)国民经济和社会发展统计公报

表 6-3　2014—2018 年贵州各市(州)旅游产业区位熵指数

地区	2014 年	2015 年	2016 年	2017 年	2018 年
贵阳	1.208441	1.182183	1.133547	1.080486	1.070403
六盘水	0.189558	0.201858	0.244425	0.280098	0.326598
遵义	0.818345	0.828713	0.849475	0.855746	0.859046
安顺	2.032463	1.985180	2.005279	1.945936	2.01756
毕节	0.696341	0.702599	0.704234	0.711572	0.807126
铜仁	1.036255	1.023334	1.043970	1.090536	1.15455
黔西南	0.576164	0.574101	0.627162	0.655134	0.723912
黔东南	1.548279	1.567046	1.518864	1.633696	1.496418
黔南	1.485049	1.537261	1.517937	1.517339	1.252036

贵州目前已经具备旅游产业集群的本底条件，省内已形成以贵阳市、安顺市、铜仁市、黔东南州、黔南州为代表的旅游中心，区域自然资源、景观、民族文化方面具有先天的巨大优势。作为贵州省会驻地和社会经济中心，贵阳市周边旅游资源丰富，自然风光和人文景观独特，交通便利，近年来在政府的大力宣传和推动下，贵阳市旅游市场竞争力、综合贡献度等实现全面提升，“爽爽的贵阳”品牌美誉度得到提高。安顺市内有很多著名的景点，其中最为知名的有黄果树瀑布、龙宫，区域拥有丰富的文化遗产和民俗文化，如苗族龙舟比赛、苗族黎族火把节，黄果树瀑布是国家首批 5A 级景区之一，旅游人次多、周围景区密集、旅游配套设施完善，发展潜力巨大，同时政府高度重视旅游业发展，出台了一系列的政策和措施，如鼓励投资、加大宣传力度等，为安顺旅游业的稳定发展提供强有力保障。铜仁市形成以梵净山为中心，以石阡温泉群、仡佬族民族村寨、楼上古寨文化村、松桃苗王城等为典型代表的旅游聚集地的旅游产业；黔南州拥有丰富的少数民族文化资源和独特的地貌景观，并聚居着彝族、苗族、土家族等多个少数民族，民俗风情、魅力独特，此外，黔南州还是中国著名的喀斯特地貌典型区域之一，具有奇峰怪石、地下河、溶洞等自然景观，最为著名的为荔波县小七孔风景区，旅游业发展迅速。黔东南州以少数民族文化为代表，苗族、侗族、仡佬族等众多少数民族，都有着独特的文化和传统艺术，代表苗族的芦笙舞、大歌；侗族的“跳花灯”和“木偶戏”等。此外，黔东南还有大量保存完好的古建筑、村落和寺庙，形成了以西江千户苗寨等风景园区为核心的旅游产业集群。综上所述，贵州省旅游产业与旅游资源在空间上是存在耦合集群现象(周美伶，2018)。

6.2　喀斯特相对贫困区旅游产业与旅游收入的空间耦合

2019 年贵州全省各区(县)旅游收入和旅游人数统计见表 6-4。

表 6-4　2019 年贵州全省各区(县)旅游收入和旅游人数统计

区(县)	旅游收入/亿元	接待游客/万人次	备注
南明区	763.65	2673.64	
云岩区	845.3	2983.66	
花溪区	470.15	4363.38	
乌当区	138.34	2256	
白云区	127.5	1469.8	
观山湖区	134.5	1000	
开阳县	185.69	2350.49	
息烽县	96.93	1015.03	接待游客次数，根据整个贵阳市 2.29 亿人次，减去其他区(县)推算而得

续表

区(县)	旅游收入/亿元	接待游客/万人次	备注
修文县	181.73	2188	
清镇市	136.17	2600	以2018年推算,旅游收入115.4亿元,增长18%
钟山区	400	5000	
六枝特区	83.54	1151.11	
水城县	58.47	924.93	
盘州市	117.36	1308.1	以2018年推算,接待游客1000万人次,总收入86.73亿元,分别增长30.81%、35.32%
红花岗区	383.9	3077.2	
汇川区	356.1	2391.7	
播州区	193.5	2154.3	
桐梓县	170	2190	
绥阳县	102.61	1270	以2018年推算,接待游客1000万人次,总收入82.09亿元,分别增长27%、25%
正安县	23.05	268.32	
道真县	39.08	403.65	以2018年推算,旅游收入30亿元,接待游客300万人次,人数增长34.55%,收入增长30.27%
务川县	40	450	
凤冈县	暂无公布数据	暂无公布数据	暂无公布数据
湄潭县	48.1	543.9	
余庆县	38	500	
习水县	34.43	309.4	以2018年推算,旅游收入25.5亿元,接待游客260万人次,人数增长19%,收入增长35%
赤水市	231.67	1925.7	
仁怀市	141.57	1107.78	以2018年推算,旅游收入128.7亿元,接待游客988万人次,人数增长12%,收入增长10%
西秀区	382.47	3423.9	
平坝区	126.28	1219.55	
普定县	暂无公布数据	暂无公布数据	暂无公布数据
镇宁县	102.46	1011	
关岭县	69.5	668	
紫云县	123.51	1235.33	
七星关区	220.59	2181.62	
大方县	114.68	1376	
黔西县	155.04	1506.75	以2018年推算,旅游收入117.1亿元,接待游客1230万人次,人数增长22.5%、收入增长32.4%

续表

区(县)	旅游收入/亿元	接待游客/万人次	备注
金沙县	94.94	1010	
织金县	164.84	1827.75	
纳雍县	102.03	943.36	
威宁县	暂无公布数据	暂无公布数据	暂无公布数据
赫章县	103.88	1225.97	
碧江区	192	1980	
江口县	暂无公布数据	64.24	暂无公布数据
玉屏县	61.25	824.67	
石阡县	88.52	893.88	
思南县	83.92	943.58	
印江县	73.13	884.04	
德江县	79.02	902.5	
沿河县	78.1	904.4	
松桃县	79.42	933.06	
万山区	17.4	80.19	以2018年推算,接待游客46.3万人次,增长73.2%
兴义市	355	4377	
兴仁市	50	600	
普安县	19.45	200	
晴隆县	26.4	29.64	
贞丰县	30	394	
望谟县	8.81	暂无公布数据	暂无公布数据
册亨县	22.9	291.24	以2018年推算,旅游收入17.34亿元,接待游客218.81万人次,人数增长33.1%、收入增长32.06%
安龙县	38.97	633.2	
凯里市	510.62	1776.31	
黄平县	29.74	423.55	
施秉县	51.25	672.28	
三穗县	15.5	231.3	
镇远县	暂无公布数据	暂无公布数据	暂无公布数据
岑巩县	暂无公布数据	暂无公布数据	暂无公布数据
天柱县	暂无公布数据	286.28	暂无公布数据
锦屏县	暂无公布数据	暂无公布数据	暂无公布数据

续表

区(县)	旅游收入/亿元	接待游客/万人次	备注
剑河县	25.68	337	
台江县	18.8	269.2	
黎平县	52.3	574	
榕江县	23.96	330.22	
从江县	32	426	
雷山县	118.97	1321.95	
麻江县	21.69	326.94	
丹寨县	17.99	228.23	
都匀市	295.16	247.42	
福泉市	85.85	55.87	
荔波县	184.5	2195.8	
贵定县	暂无公布数据	暂无公布数据	暂无公布数据
瓮安县	暂无公布数据	57.74	暂无公布数据
独山县	115.53	1335.99	
平塘县	暂无公布数据	50.02	暂无公布数据
罗甸县	暂无公布数据	28.24	暂无公布数据
长顺县	暂无公布数据	22.68	暂无公布数据
龙里县	73.97	810.67	
惠水县	48.76	暂无公布数据	暂无公布数据
三都县	暂无公布数据	32.88	暂无公布数据

全省旅游收入和旅游人数在贵阳市、遵义市、黔南州，六盘水、黔西南州增速加快。从旅游收入分布来看，旅游收入总量较大的市(州)依次是贵阳市、遵义市、黔南州，合计贡献了全省一半的旅游收入；接待游客人数较多的市(州)依次是贵阳市、遵义市、黔南州、黔东南州；六盘水、黔西南州接待游客人数总量较小。在各个区(县)中，旅游收入超过 300 亿元的区(县)有 9 个，其中超过 500 亿元的区(县)有 3 个，分别是云岩区、南明区和凯里市。旅游接待人数均超过 2300 万人次。

旅游收入是衡量旅游产业对地区经济贡献的一个重要指标之一，主要体现在以下几个方面：一是旅游发展为当地及周边提供了大量就业机会，推动地方经济的发展。二是吸引投资者和企业家前来开发和经营旅游相关业务，促进当地的经济增长和活力。三是旅游景点和城市的知名度、美誉度不断提升，有利于当地品牌的塑造和推广，进而提高当地的旅游竞争力和吸引力，还能催生其他相关产业的发展，如文化创意、物流、广告等，形成良性循环。同时，旅游业也能够提供更多商业机会，为当地企业和个人带来更多财富。四是通过旅游业的发展，人们对当地的历史、文化、民俗等有更多机会了解、体验，从而促进这些文化传统的传承(袁斯玮，2014)。

6.3　喀斯特相对贫困区旅游产业与旅游从业规模耦合

贵州2018年全年旅游总收入为9471.03亿元，旅游总人数达到96858.12万人，同比2017年增长33.08%和30.16%；2019年旅游总收入为12321.81亿元，旅游总人数突破100000万人，旅游收入和旅游人数分别增长30.1%和17.2%，其中中秋小长假全省旅游接待人数1395.97万人次、旅游收入92.3亿元，同比增长24.94%、25.89%。2019年国庆假日期间，全省接待入省游客2855.77万人次，同比增长23.91%；旅游收入434.05亿元，同比增长30.69%。近年来，全省旅游收入和旅游人数一直呈现"井喷式"上涨，全省旅游总收入跃居全国第3位，旅游产业增加值占全省GDP的比重增至11.6%，初步实现了做大旅游业的要求(杜正静 等，2021)。

贵州5A级景区目前总计有6个，分别是铜仁市梵净山旅游景区、青岩古镇景区、黄果树风景名胜区、龙宫风景名胜区、百里杜鹃景区、荔波樟江景区。4A级景区更是多达111个，世界自然遗产3处、世界文化遗产1处；五星级饭店6家、四星级饭店66家；国内旅行社343家，出境组团旅行社26家；旅游产业发展的潜力巨大。贵州旅游市场需求比较旺盛，短期内难以达到供需平衡，近年来，互联网的兴起为贵州旅游发展带来了广阔的发展和上升空间，贵州旅游市场潜力巨大，但是旅游从业规模相对较为狭小，快速发展的旅游市场对目前的旅游从业规模提出了更高的要求和服务，传统的旅游从业人员由于服务性相对较低和服务人员的素质不一，造成当前贵州旅游发展质量不高，同类型旅游较多(施云燕，2013；郭睿，2008)。

当前贵州旅游规模相对发展缓慢，其中旅行社规划占据最大，花费占最大比例，达到24.1%；其次是旅游购物和长途交通费用，然后是餐饮、住宿以及其他消费，截至2016年，贵州省内的星级酒店仅有不到337家，不到云南星级酒店的一半，客房数仅为云南客房数一半不到；从事旅游的相关从业人员只有47175人，相比云南和四川的旅游从业人员而言，数量上远远不够，省内开设旅游相关专业的院校仅有57所，云南和四川开设旅游相关专业的院校为169所和119所，人才培养差距相对较大，也从一定程度上反映出贵州旅游从业规模小，发展后劲不足。因此，应该调整贵州旅游消费的结构组成，提升省内旅游产业的吸引力，提高旅游产业的附加产值。当前贵州旅游人才欠缺，旅游产业发展和旅游从业规划未能达到供需平衡，旅游产业数量应当由扩张型向质量效益型转变，旅游从业规模应和旅游产业深度融合发展。

参考文献

杜正静,帅士章,陈静怡,等,2021. 贵州省旅游气象服务的现状与发展思考[J]. 中低纬山地气象,45(5):1-3.

郭睿,2008. 贵州旅游业的发展现状分析及对策[J]. 商情(教育经济研究)(6):105,140.

施云燕,2013. 对贵州旅游市场现状与对策研究[J]. 旅游纵览(10):133.

袁斯玮,2014. 江西旅游收入影响因素分析与预测方法比较[D]. 南昌:江西财经大学.

周美伶,2008. 贵州省旅游产业集群与旅游产业结构优化研究[D]. 贵阳:贵州财经大学.

第7章　旅游资源开发与扶贫潜力研究

7.1　旅游资源开发与扶贫潜力内涵

7.1.1　旅游资源开发潜力界定

开发潜力评价最早由 Gunn 等(1979)在分析美国得克萨斯州的旅游资源时提出。旅游资源开发潜力评价是评价区域是否具备发展旅游业的条件以及潜能。

旅游资源开发潜力主要从海洋旅游资源、人文旅游资源、湿地资源、古村落古建筑资源、生态资源、温泉资源、乡村旅游资源等进行旅游资源开发潜力评价。例如,朱宇等(2020)对海洋资源开发潜力的评价主要从海洋环境生态现状、资源现状、开发现状和社会经济需求四方面综合评价。吴继华(2020)通过对国外、国内民俗旅游资源开发背景分析,阐述新疆民俗旅游资源开发的特色、优势、趋势,深挖新疆民俗旅游资源开发潜力。姚志强等(2012)对旅游资源开发潜力的评价主要通过对旅游资源的规模度、优越度和聚集度等要素叠加,进而对区域旅游资源的可持续开发利用能力进行评价。闰记影等(2019)从生态旅游资源规模指数和生态旅游资源质量指数两方面对重庆市生态旅游资源潜力和开发利用条件进行评价,具体指标包括自然山水类生态旅游资源数量指数、文化遗产类生态旅游资源数量指数、田园风光类生态旅游资源数量指数、保护类生态旅游资源面积指数、避暑气候资源面积指数5个二级指标。赵希勇等(2019)基于乡村旅游资源类型、质量和开发条件3个方面,采用 AHP 法确定哈尔滨市乡村旅游资源评价指标及权重,进行哈尔滨市不同区、县乡村旅游资源的等级和开发潜力研究。

目前,关于旅游资源开发潜力尚无统一的定义,本书通过文献阅读和资料查询发现,各旅游资源类型开发潜力评价指标均以旅游资源现状为基础,开发条件及规模效益为评估内容。综上分析,本书认为旅游资源开发潜力是指以旅游资源现状为基础,从旅游资源规模度、旅游资源价值(即优势度)、社会需求和开发条件及效益四方面分析区域旅游资源开发利用的潜能。

7.1.2 旅游扶贫潜力概述

1999年国际负责任旅游研究中心(ICRT)提出了“旅游扶贫参与”(Pro-poor Tourism Partnership)的概念(赵彦,2018)。在此基础上,2002年的约翰内斯堡峰会(可持续发展全球峰会)提出了“消除贫困的可持续旅游”(ST-EP)。Agyeiwaah等(2013)更是通过对旅游扶贫的伦理问题反思,进一步指出旅游扶贫应以改善社区的生活质量为目的。

据统计,20多年来,通过发展旅游业直接获益的贫困人口占全部贫困人口1/3左右(李佳 等,2009;丁运超,2013)。2016年,国务院印发了《“十三五”脱贫攻坚规划》将旅游扶贫视为脱贫攻坚的一项重要的扶贫措施。《“十三五”脱贫攻坚规划》中指出:必须因地制宜地发展乡村旅游,重点发展具备了乡村旅游条件的贫困村。可见进行旅游扶贫必须尊重贫困地区的客观条件,然而在旅游扶贫的实践中却出现了盲目开发、忽视规律导致旅游扶贫失败的案例(王新越 等,2018)。2018年国家旅游局、国务院扶贫办印发《关于支持深度贫困地区旅游扶贫行动方案》的发布更是明确深度贫困地区旅游扶贫要注入新发展理念,提出会进一步加大支持力度,发挥旅游产业在深度贫困地区脱贫攻坚中的带动和促进作用(赵彦,2018)。通过文献查阅,相关专家学者对旅游扶贫潜力的解读为:旅游扶贫潜力指基于区域旅游资源和贫困现状,基于区域产业、基础设施及扶贫政策三方面的综合扶贫潜力(杨佩雨,2016;肖胜和,1997)。

本书认为旅游扶贫关键在于“扶贫”,旅游扶贫需要充分挖掘当地旅游资源,通过基础设施、服务设施等条件的升级改造开发,转变成能够吸引旅游者的旅游目的地,进而带动区域的旅游经济,实现帮助贫困群众脱贫致富的目标。

7.2 旅游资源开发与扶贫潜力评价

7.2.1 指标体系选取原则(谢赛有,2018)

(1)系统性与层次性

旅游扶贫潜力评价体系涉及诸多方面,范围广、内容多,是需要从系统的角度识别影响区域旅游扶贫潜力的因素,保证区域旅游扶贫潜力评价体系能系统、全面地对区域的旅游扶贫潜力进行评价;与此同时,应注重层次关系,理清区域旅游扶贫潜力的各项指标的相关性,按目标层、要素层、指标层构建一个自上而下、结构层次清晰的旅游扶贫潜力评价体系。

(2)科学性与代表性

旅游扶贫潜力评价指标选取应避免主观臆断,需在通过阅读大量相关文献的基础上，结合区域实际情况进行。通过梳理相关文献指标之间的关系和使用的频次，选取科学且具有代表性的适合区域旅游扶贫潜力评价的指标。

(3)可比性与可操作性

旅游扶贫潜力评价指标的选取并非简单地延用相关学者所用指标，需根据研究对象进行科学选取，所选用指标需简单易读，具有可比性与可操作性，即一方面要确保所选用指标能进行定性或定量描述，另一方面需要确保所选指标涉及的数据资料等信息能够通过相关途径获得。

旅游资源开发潜力和旅游扶贫潜力指标体系构建均采用层次分析法(Analytic Hierarchy Process)确定各评价指标权重，原理是通过把各个指标进行两两比较和判断，进而得到模糊判断矩阵，计算得到判断矩阵的特征值，过程中必须保持参评指标判断矩阵的一致性检验(即 CR＜0.1)，最终得到各个参评指标的权重值(杨家芳 等，2018)。此方法较大程度避免评价的主观性。与此同时，为准确地定量化，分别给各评价指标赋值 9，7，5，3，1，其中，分值越高代表扶贫潜力越大。

7.2.2 旅游资源开发潜力评价指标体系构建

旅游资源是旅游业发展的前提和基础，而旅游资源评价是旅游开发过程中的重要环节(尹泽生 等，1995)。旅游资源开发潜力的评价可为地区旅游资源优先开发的先后次序提供支撑依据。因此，构建一套科学系统的评价指标体系是进行旅游资源开发潜力评价的基础，也是旅游良性发展的前提。

目前，已有许多学者进行了不同资源类别的旅游开发潜力的研究。研究方法主要采用层次分析的定量评价方法。通过查阅文献和咨询专家，研究构建旅游资源开发潜力评价指标体系主要以旅游资源条件为基础，通过对旅游资源规模度、旅游资源价值(即优势度)、社会需求和开发条件及效益四方面进行评价指标体系构建研究。

7.2.3 旅游扶贫潜力评价指标体系构建

旅游扶贫潜力评价指标体系是一个多要素的综合评价体系，受到区域旅游资源、旅游交通条件、当地的经济发展水平等诸多因素的影响。然而，旅游业发展中，旅游资源禀赋与否是区域旅游发展的前提和基础，乡村旅游产业在乡村旅游发展的过程中，乡村旅游的资源禀赋凸显。

在对贵州山区社会经济、扶贫现状、自然环境及区域地质背景进行分析和研究的基础上，首先系统探讨了其旅游资源的分布特征，从资源潜力、区位特性、市场潜力等方面探讨和分析其旅游资源的旅游扶贫潜力的大小。按照涉贫主要方面覆盖的原则，主要从贫困地区识别(包括区域社会经济概况、脱贫攻坚巩固情况、贫困现状、贫困识别结果等方面)、资源概况调查(主要包括旅游资源调查、旅游发展概况、区位交通概况等方面)、旅游扶贫潜力评价(指标体系选取的基本原则、旅游扶贫潜力评价指标体系构建、旅游扶贫潜力空间格局分析等方面)进行指标体系构建(冯星光 等,2006;何静 等,2019)。

7.3 旅游资源开发与扶贫潜力评价实例

7.3.1 旅游资源开发潜力评价—武陵山区(李威 等,2022)

(1)研究区概况

铜仁市地处贵州东部武陵山区域腹地,是我国三大地形阶梯中的第一级阶梯向第二级阶梯的过渡带,自云贵高原向湘西丘陵过渡的斜坡地带,东接湖南,北邻重庆,是贵州的"黔东门户",介于东经107°45′～109°30′、北纬27°07′～29°05′,主峰梵净山海拔高度2494米,是武陵山生态文化旅游资源富集区。全市面积1.8万平方千米,辖2区、4县以及4个自治县共177个乡(镇、街道办事处),总人口440.60万,含28个少数民族,其中少数民族占总人口的70.45%。区域海拔在196～2558米,地貌主要以内陆喀斯特山地和丘陵为主,山地和丘陵占全市面积的96.1%,地表崎岖破碎、山高坡陡、谷深,属于亚热带季风性湿润气候,年平均气温13.5～17.6 ℃,年平均降水量在1100～1400毫米。2018年全市森林覆盖率达到65.19%,位居全省第二,且植被类型丰富,有国家一级、二级保护植物珙桐、梵净山冷杉、伯乐树、椤树林、红豆杉等20余种,生态环境优越。

(2)评价指标体系构建

结合前期相关研究成果及研究区实际情况(吕建树 等,2011;徐仕强 等,2019;洪滔等,2009),按照全面性、科学性、可获得性和可行性等原则,分别从旅游资源条件、生态环境承载条件、旅游市场条件、社会经济条件4个方面构建铜仁市旅游资源开发潜力评价指标体系,共计23个指标,体系包括目标层、要素层、指标层3层结构。

①旅游资源条件。旅游资源是发展旅游开发的基础条件,也是吸引旅游者最核心的旅游保障,旅游资源的数量和质量直接影响旅游的开发潜力和价值,研究区地处武陵山腹地区域,大部分区域保留着原始的自然环境条件,具有开发旅游资源的先天优势,研究参照国家发布的《旅游资源分类、调查与评价》(GB/T 18972—2017)标准分别从旅游资源规模与丰度、观赏游憩使用价值、历史文化科学艺术价值、珍稀奇特度、知名度和影响力5个方面分别对旅游资源打分,并运用GIS(地理信息系统)空间密度分析,以每项分值为密度计算字段,分别从旅游资源规模与丰度、旅游资源分布密度、观赏游憩使用价值、历史文化科学艺术价值、珍稀奇特度、知名度和影响力6个指标总体衡量铜仁市旅游资源条件。

②生态环境承载力条件。旅游活动中各种各样生产消费活动如果超过区域生态环境所能承载的上限，会导致生态环境的恶化以及资源的枯竭，因此，生态环境承载力是促进绿色旅游良性循环发展的支撑，其值在一定程度上限制旅游活动的容量大小，研究从区域气候适宜性、适游期、生物丰富度、高程、坡度、地质灾害、植被覆盖度 7 个指标来总体衡量区域旅游资源环境承载力。

③旅游市场条件。旅游市场是地区旅游经济活动的中心和纽带，体现区域旅游活动能吸收和接纳旅游的人数及开展旅游活动的能力范围，旅游市场条件的成熟度对旅游发展具有重要的促进作用，直接关系到旅游经营活动的效益高低和游客的满意度。研究从区域交通可达性、道路密度、旅游区位条件、旅游基础设施、旅游市场规模、旅游经济规模效益、消费适宜性 7 个指标来衡量区域旅游市场条件。

④社会经济条件。社会经济条件决定了消费水平，消费水平越高，发展旅游潜力越大，反过来，发展旅游对提高当地经济效益具有促进作用，既要在最大程度上利用目前的社会经济发展旅游，又不能浪费当前的旅游资源。因此。研究从区域人均国内生产总值、居民受教育程度、第三产业比重 3 个指标来总体衡量当地社会经济条件（表 7-1）。

表 7-1　铜仁市旅游资源开发潜力评价指标权重及评价标准

目标层	要素层（权重）	指标层	指标量化依据	权重值	评价标准			
					7 分	5 分	3 分	1 分
武陵山区旅游资源开发潜力	旅游资源条件（0.4635）	旅游资源规模与丰度	—	0.2088	规模很大，体量很大	规模较大，体量较大	规模一般，体量一般	规模较小，体量小
		旅游资源分布密度	—	0.1108	很大	较大	一般	较小
		观赏游憩使用价值	—	0.0548	非常高	很高	比较高	一般
		历史文化科学艺术价值	—	0.0289	非常高	很高	比较高	一般
		珍稀奇特度	—	0.0301	非常高	很高	比较高	一般
		知名度和影响力	—	0.0301	世界知名	全国知名	省内知名	地方知名
	生态环境承载力条件（0.3921）	气候适宜性	温湿指数（HEI）	0.1717	＜26.05	[26.05～27.09)	[27.09～29.25)	≥29.25
		适游期/天	可供旅游的天数	0.0244	＞300	＞250	＞150	＞100
		生物丰富度	生境质量指数	0.0189	≥0.7	[0.4～0.7)	[0.15～0.4)	＜0.15
		高程/米	—	0.0462	＜500	[500～800)	[800～1400)	≥1400
		坡度/(°)	—	0.0462	＜10°	[10°～15°)	[15°～25°)	≥25°
		地质灾害	—	0.0537	无地质灾害	低易发区	中易发区	高易发区
		植被覆盖度/%	归一化植被指数	0.0310	≥75%	[65%～75%)	[55%～65%)	＜55%

续表

目标层	要素层（权重）	指标层	指标量化依据	权重值	评价标准			
					7分	5分	3分	1分
武陵山区旅游资源开发潜力	旅游市场条件（0.0722）	交通可达性/千米	—	0.0218	<1	[1～2.5)	[2.5～5)	≥5
		道路密度	—	0.0035	≥1.6	[1.3～1.6)	[1.0～1.3)	<1.0
		旅游区位条件	与居民点距离/千米	0.0121	<5	[5～15)	[15～25)	≥25
		旅游基础设施/个	—	0.0157	≥200	[100～200)	[30～100)	<30
		旅游市场规模	旅游总人次/万人	0.0070	≥700	[400～700)	[100～400)	<100
		旅游经济规模效益	旅游收入/亿元	0.0058	≥35	[30～35)	[10～30)	<10
		消费适宜性	城镇居民可支配收入/元	0.0063	≥26000	[24000～26000)	[22000～24000)	<22000
	社会经济条件（0.0722）	区域人均国内生产总值/元	—	0.0425	≥45000	[25000～45000)	[20000～25000)	<20000
		居民受教育程度	在校中学生数/人	0.0115	≥60000	[30000～60000)	[15000～30000)	<15000
		第三产业比重/%	—	0.0182	≥50%	[45%～50%)	[40%～45%)	<40%

(3)旅游资源开发潜力空间格局分析

利用最近邻指数、核密度、Voronoi分析等指数和方法将旅游资源开发潜力空间格局量化。最近邻指数测算研究区旅游资源要素与邻近资源要素在空间是属于聚类分布还是分散分布(式(7-1))；核密度是表征区域空间旅游资源要素在空间上的聚集程度大小(式(7-2))；泰森多边形面积变异系数 CV 值用来帮助判断研究区旅游资源的空间分布类型(式(7-3))。

$$\mathrm{ANN}=\frac{D_o}{D_E}=\left(\frac{1}{n}\sum\nolimits_{i=1}^{n}d_i\right)/\left(\frac{1}{2\sqrt{n/A}}\right) \tag{7-1}$$

式中，ANN 为最近邻指数，D_o为地理要素点之间最近的距离，n 为旅游资源点的样本数，d_i为地理要素 i 点到它最近的相邻特征点之间的距离，D_E为随机分布条件下的理论平均距离，A 为研究区域的面积。当 ANN<1 时，区域旅游资源呈现集聚分布，当 ANN>1 时，区域旅游资源呈现离散分布，当 ANN=1 时，区域旅游资源呈现随机分布。

$$f_h(x) = \frac{1}{nh^d}\sum_{i=1}^{n} K\left(\frac{x-x_i}{h}\right) \tag{7-2}$$

式中，$f_h(x)$为核密度估计，n 为区域范围内的旅游资源个数，h 为一个平滑参数，称作带宽，d 为数据的纬度，x_i为所在以 x 为圆心的区域旅游资源，K 为核函数形式，$x-x_i$表示两点之间的直线距离。

$$CV=\frac{\sqrt{\sum(S_i-S)^2/n}}{S}(i=1,2,3,\cdots,n) \tag{7-3}$$

式中，S_i表示第 i 个多边形面积，S 为多边形面积的均值，n 为多边形数量，CV 为多边形面积变异系数，是衡量旅游资源在空间的相对化程度。Duyckaerts 研究提出，CV 值为 29%（包括小于 33%的值）时，旅游资源呈现均匀分布，CV=57%（包括 33%～64%）时，旅游资源呈现随机分布，CV=92%（包括>64%）时，旅游资源呈现集聚分布。

研究区各指标空间分布图见图 7-1。

根据现有的相关旅游资源开发潜力研究，结合铜仁市特殊地理位置环境，基于 GIS 空间分析栅格加权叠加法进行像元叠加分析，得到铜仁市旅游资源开发潜力空间分布图，并用自然断点法（Natural break，这种分类方法是利用统计学上的 Jenk 最优化法得出分界点，能够使划分各等级之间的内部方差之和最小）依次分为Ⅰ级、Ⅱ级、Ⅲ级和Ⅳ级 4 个等级，如图 7-2 和表 7-2 所示。

①铜仁市旅游资源空间最近邻指数为 0.55，Voronoi 分析 CV 值 99.34%，表明旅游资源单体在空间上呈现显著的空间集聚分布特征，主要分布于铜仁市南部与西北部地区，各区（县）间分布差异较大，江口县、碧江区、石阡县、德江县和思南县的旅游资源数量占到整个研究区的 70%以上，整体上呈现“南密北疏”的特点；旅游资源密度方面呈现“多核心”空间分布，一是形成以梵净山为主要高密度区域的核心区域，环状向外辐射区域，这与梵净山周边的地形地貌演变限制、地形起伏度大、高度集中的旅游资源特征极为吻合。二是在碧江区和思南县等陆路和水路（乌江）等主要交通节点资源的核密度也相对较高。其他地区资源核密度相对较低。

②铜仁市旅游资源开发潜力结果划分为Ⅰ级、Ⅱ级、Ⅲ级和Ⅳ级 4 个等级，面积分别占铜仁市国土总面积的 7.65%、20.85%、37.72%和 33.78%。区域旅游主要以Ⅲ级和Ⅳ级为主，Ⅱ级次之，Ⅰ级较少。评价结果总体上反映当前铜仁市旅游资源开发潜力空间分布，应当重点考虑Ⅰ级、Ⅱ级生态旅游建设和发展。

③Ⅰ级、Ⅱ级主要集中在两大区域：一是武陵山脉主峰梵净山以东五县（松桃、碧江、万山、玉屏县、江口县）和梵净山周边，该区域是武陵山国家风景道、铜仁市重点旅游发展规划项目“一带双核”的重要组成部分，分布着多数优良旅游资源，且结构较为合理。二是梵净山以西部分主要以少数民族风情文化聚居地相结合，形成优秀的生态养生休闲旅游目的地。

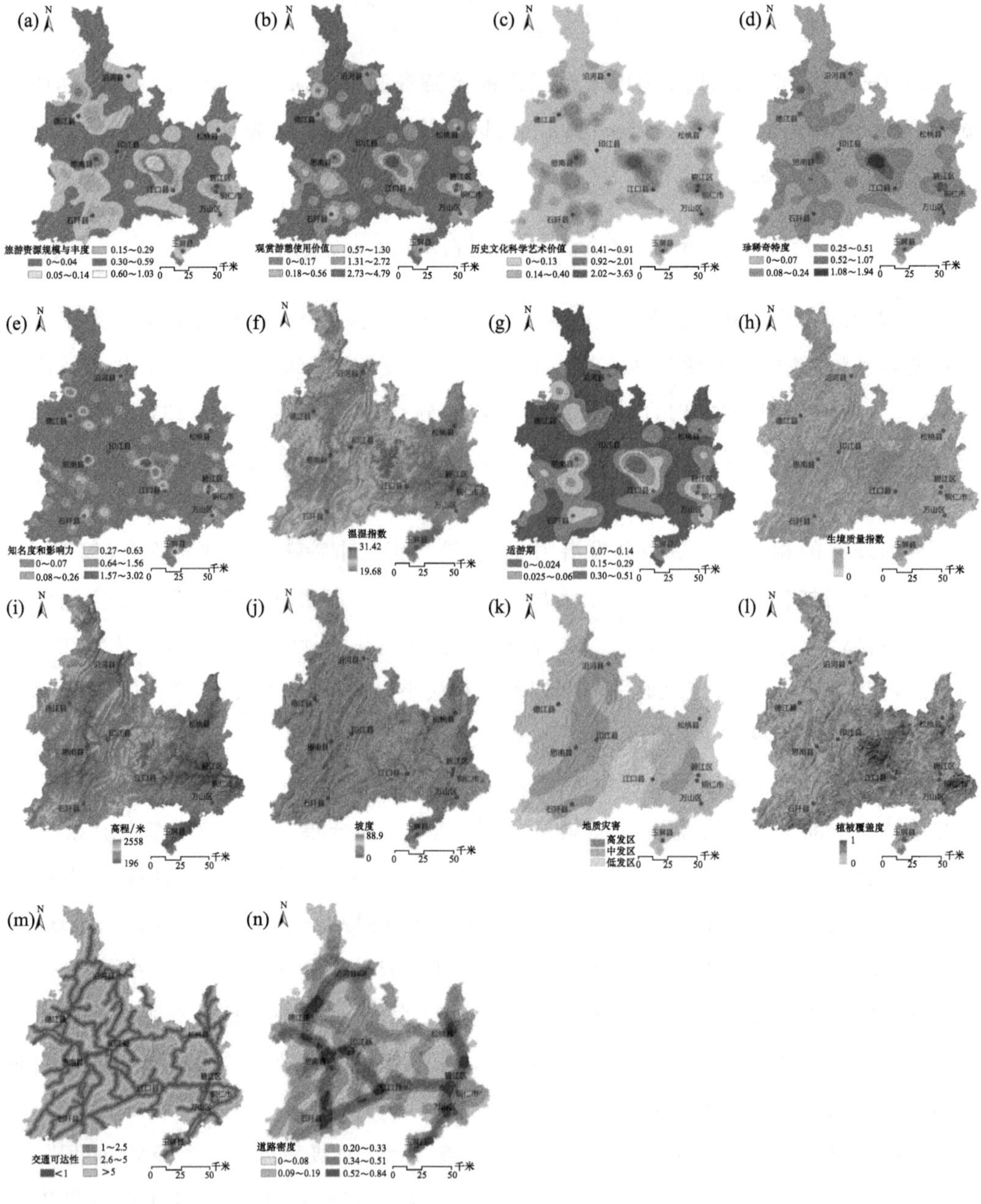

图 7-1　研究区各指标空间分布图(另见彩插)

7.3.2　流域旅游扶贫潜力评价—乌江流域贵州段

(1)研究区概况

乌江在贵州境内流域面积 6.7 万平方千米，流经六盘水、毕节、安顺、贵阳、遵义、铜仁等市(州)，涉及全省 50 个国家级贫困县中的 22 个，有全省 5 个 5A 级景区中的 4 个。

乌江旅游的开发潜力较大，山水自然景观、少数民族风情、历史文化价值等资源方面在贵州旅游中占据重要地位。沿途物产丰富，是贵州"资源能源富集、生态环境脆弱、生态区位重要、经济欠发达"基本省情的集中体现。乌江是长江上游右岸的最大支流，全长 1037 千米，发源于贵州乌蒙山东麓，有南北两源。南源三岔河发源于威宁县境内，北源六冲河发源于赫章县境内，两源在化屋基汇合。乌江在贵州境内的主要支流有六冲河、猫跳河、清水河、湘江、洪渡河、芙蓉江、野纪河、偏岩河等。东风水电站以上河段为上游，东风水电站至思南段为中游，思南以下河段为下游。乌江水系呈羽状分布。流域内地势西南高，东北低，多为喀斯特地貌。乌江流域属亚热带季风气候，年均降雨量 900～1400 毫米，年平均气温为 13～18 ℃。

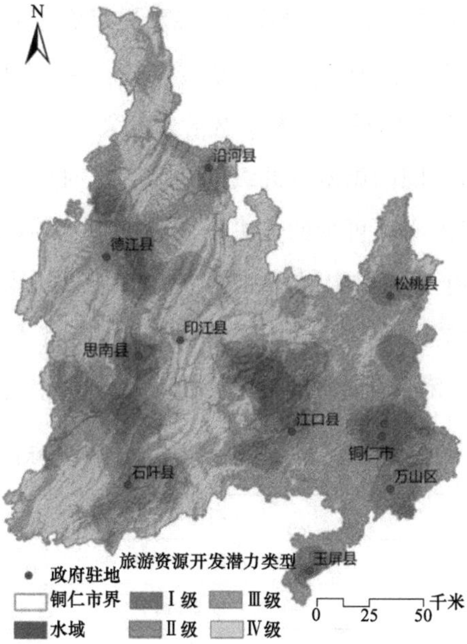

图 7-2　铜仁市旅游资源开发潜力空间分布图(另见彩插)

表 7-2　铜仁市旅游资源开发潜力评价结果

旅游资源开发潜力类型	开发潜力指数	面积/千米^2	比例/%
Ⅰ级	[4.03～6.03)	1377.20	7.65
Ⅱ级	[3.22～4.03)	3752.94	20.85
Ⅲ级	[2.54～3.22)	6789.03	37.72
Ⅳ级	[1.31～2.54)	6080.83	33.78

乌江流域是贵州最具发展活力的区域，也是全省经济发展核心。全省 31 个经济强县(市、区)中，有 26 个县(市、区)分布在乌江流域内。2016 年，乌江流域六市三次产

业结构达到13.0∶40.0∶47.0，较之2011年全省三次产业结构11.7∶44.9∶43.4，第三产业服务经济占比提升最为显著，达到3.6%。近年来区域转型发展趋势明显，大数据、大健康等新兴产业崛起。

乌江是长江上游重要的生态屏障，贯穿贵州东西，生态地位十分重要。乌江是贵州重要的水源涵养区，沿线分布有多个重要饮用水源保护地，乌江水质保持是区域用水安全的重要保障。乌江流域东西两端的武陵山、乌蒙山山系包含众多自然保护区、优质林区以及典型喀斯特地貌，乌江流域野生动植物丰富度高，珍稀物种众多，也是贵州重要的生态农业发展区。

(2)评价指标体系构建

旅游扶贫潜力指标分别从区域内旅游资源等级、星级农家乐、道路交通等级、农业园区规模、产业园区规模、城市综合体规模、小城镇规模、农村居民人均可支配收入、贫困发生率9方面选取35个指标。以上指标对于旅游扶贫潜力意义主要如下：旅游资源等级是根据旅游资源质量而划分的级别，不同的旅游资源级别对于判定对区域旅游扶贫及其影响力具有重要意义；交通是旅游业发展必不可少的先决条件和依附基础，是发展旅游景区的命脉，对旅游目的地的持续发展具有重要影响；旅游扶贫是帮助贫困人口脱贫的有效手段，本研究中低贫困发生率代表区域贫困人口占总人数比例最少，高贫困发生率代表区域贫困人口占总人数比例最多，区域贫困发生率越少，旅游带动脱贫的潜力相对就越大(表7-3)。

表7-3　乌江流域贵州段旅游扶贫潜力指标体系

二级指标	权重值	三级指标	权重值	分值
旅游资源等级	0.2021	重点示范旅游景区	0.1617	9
		一般景区	0.0403	5
星级农家乐	0.1051	一类	0.06001	7
		二类	0.0405	5
道路交通等级	0.1703	高速公路	0.0696	9
		国道	0.0355	7
		省道	0.0235	7
		县道	0.0215	5
		乡道	0.0107	3
		铁路	0.0095	1
农业园区规模	0.1006	大规模(大于200平方千米)	0.0356	9
		较大规模(大于150平方千米且小于200平方千米)	0.0303	7
		中等规模(大于100平方千米且小于150平方千米)	0.0187	5
		较小规模(大于50平方千米且小于100平方千米)	0.0104	3
		小规模(小于50平方千米)	0.0056	1

续表

二级指标	权重值	三级指标	权重值	分值
产业园区规模	0.0915	千百亿	0.0539	9
		百亿级	0.0208	7
		民营经济	0.0084	5
		地方特色	0.0084	3
城市综合体规模	0.0895	一类(规模较大且类别为文化旅游型或商贸综合型)	0.0517	9
		二类(规模较小且为文化旅游型或规模较大为商贸综合型)	0.0175	7
		三类(规模较大为其他类别)	0.0158	5
		四类(规模较小为其他类别)	0.0045	3
小城镇规模	0.0991	省级示范小城镇	0.0743	7
		市级示范小城镇	0.0248	5
农村居民人均可支配收入	0.1091	高	0.0604	9
		较高	0.025	7
		中	0.0132	5
		一般	0.0068	3
		较低	0.0035	1
贫困发生率	0.0327	小于或等于 2%	0.0152	9
		大于 2%且小于等于 5%	0.0093	7
		大于 5%且小于等于 10%	0.0056	5
		大于 10%且小于等于 30%	0.0014	3
		大于 30%	0.0011	1

(3)旅游扶贫潜力空间格局分析

基于 ArcGIS 10.0 地理信息空间分析软件，以区域贫困人口为基础，不存在贫困人口的区域不予评价，采用线性加权求和法计算出乌江流域旅游扶贫潜力分值，将评价结果分为 4 级，好、较好、一般、较差 4 种类型，见图 7-3。

分析结果显示，乌江流域域内旅游扶贫潜力各等级空间分布不平衡，旅游扶贫潜力好和较好的区域主要分布在乌江流域中部，旅游扶贫潜力一般的区域主要分布在乌江流域的西北部和东北部，旅游扶贫潜力较差的区域属东北部的务川、沿河、印江最具代表。其中，旅游扶贫潜力好的区域通常分布在旅游资源较好或交通较便捷、农民人均可支配收入较高等自然资源和经济基础较好的区域，如思南、湄潭、汇川、红花岗、播州、大方、息烽、乌当、花溪、西秀等区域。旅游扶贫潜力较好的区域主要分布在旅游交通较便捷或旅游资源级别相对较低的区域，如松桃、德江、石阡、绥阳、开阳、修文、瓮安、龙里、贵定、钟山、水城等区域。旅游扶贫潜力一般的区域主要特点是交通基础设施缺乏和旅游资源较

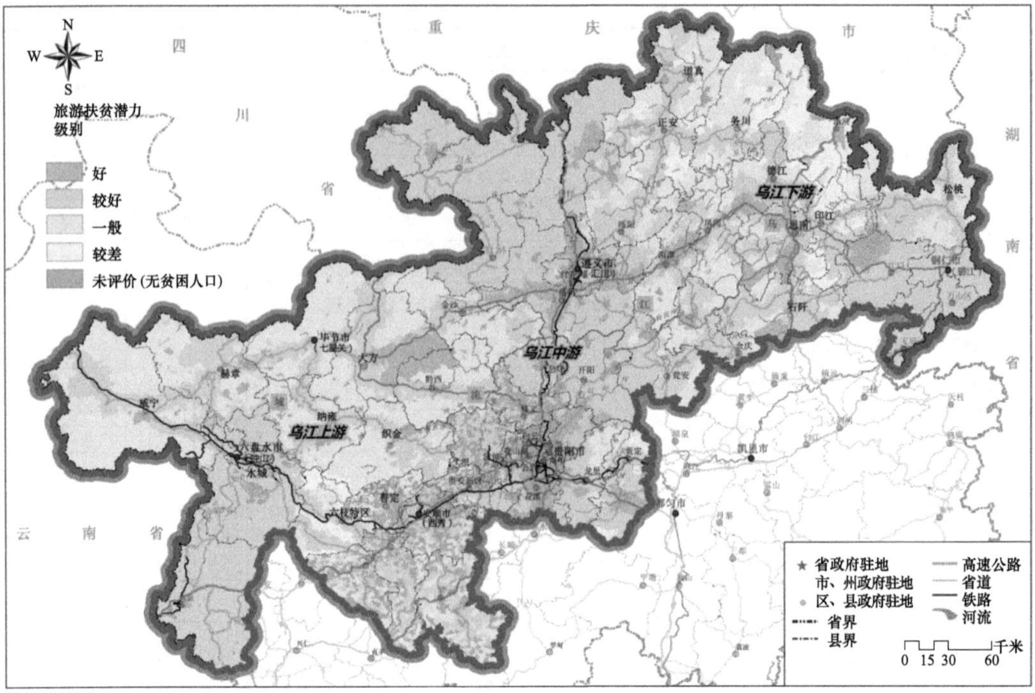

图 7-3　乌江流域贵州段旅游扶贫潜力分析图(另见彩插)

少,农民人均纯收入较低,如务川、凤冈、纳雍、七星关、金沙、威宁等区域。旅游扶贫潜力较差的区域主要特点是交通闭塞、无旅游资源、农民人均纯收入较低,如务川、凤冈、纳雍、七星关、金沙、威宁等区域。综上所述,乌江流域旅游扶贫潜力目前处于初级阶段,旅游资源扶贫潜力相对较好。基于乌江流域较丰富的旅游资源现状,随着外部基础设施(如交通、教育、医疗等)的改善,农业园区、产业园区等的引入,区域旅游扶贫潜力还有较大的提升空间。

7.3.3　县域(乡镇)旅游扶贫潜力评价—册亨县双江镇

1. 研究区概况

双江镇位于册亨县东南部,地跨东经 105°55′21″～106°12′6″,北纬 24°47′7″～25°2′19″,东西长 28.22 千米,南北长 27.89 千米。东北隔北盘江与望谟县相望,东与广西乐业县雅长乡隔南盘江相望,南与册亨县弼佑镇、百口乡接壤,西与秧坝镇、岩架镇相连。集镇所在地距县城 58 千米。全镇面积 422.3 平方千米,原达央乡辖区 185.98 平方千米,原双江镇辖区 239.29 平方千米,除东面和北面沿江一带属缓坡地外,大部分地域属于山高谷深、沟壑纵横的陡坡地,最低海拔 375 米,最高海拔 1296 米,海拔落差 921 米。南、北盘江河谷带冬暖夏热,与其他区域气候差异明显(贺成 等,2017)。

双江镇境内现状：无高速公路穿越，镇内村民出行依赖 X668 县道，X668 县道呈西北向东南贯穿于整个镇域中部，该县道向西北方向约 45 千米处通过岩架匝道口与望安高速连接；城镇路网交通体系不健全，尚有 11 个村、81 个组未通油路；码头和水运交通建设缓慢，水陆交通未形成联动局面（骆雪娇 等，2023）。

双江镇气候特征：属南亚热带南北盘江红水河温热春干气候区，冬短暖和，夏长炎热，干湿季节明显，雨量充沛、雨热同季，有利于农作物的生长。年平均气温 18.8 ℃≥10 ℃，无霜期 350.6 天，≥10 ℃年积温 6283.2 ℃，年日照时数为 1713 小时，年太阳辐射总量 5152.431 J/m^2。主要的自然灾害有冬春干旱、倒春寒、冰雹、雷击等，其中，旱灾是境内主要的灾害类型。

册亨县是国家级贫困县之一，双江镇隶属于册亨县，其平均贫困发生率约为 26.96%，即 10 人中就约有 3 人贫困（图 7-4）。双江镇致贫原因分为以下几点：①交通闭塞。双江镇区位边远，集镇距最近的安册望高速公路岩架互通 45 千米，距县城 58 千米，连接县城和高速公路的唯一通道是年久失修、路面凹凸不平、线形蜿蜒崎岖、通行效率低、安全隐患大的低标准四级公路。全镇 19 个村 116 个村民组尚有 11 个村、81 个组未通油路。双江至县城约两小时车程，村与村最远车程也大约两小时，整个镇域现状交通运输条件极差。②产业结构不合理。由于交通落后，资源优势不突出，造成了整个双江以第一产业为主，二、三产业占比极少的产业结构现状。简单的产业结构导致双江镇成为册亨县贫困程度最深、贫困面最广的乡镇之一。③缺乏劳动力。截至 2018 年，贫困户中丧失劳动能力的人口比重大；对于贫困户家庭中有年老或残疾的成员而言，家庭农业生产能力有限，很难通过农业生产等方式脱贫，需要政府和社会救助（文锡梅 等，2017）。

双江镇总体上经济基础薄弱、基础设施不完备、文化程度较低，但是双江镇旅游资源较优越。一方面，丰富多彩的农业资源、原生态的民族资源、独特的气候资源可以形成发展休闲农业、乡村旅游、生态旅游的独特优势；另一方面，发展乡村旅游与生态旅游为贫困区域农民增加收入带来了新机遇和新空间。乡村旅游、生态旅游是未来双江镇发展的两条主线，紧紧围绕巩固扶贫成果，以旅游为基石实现乡村振兴。

2. 评价指标体系构建

县域（乡镇）旅游扶贫多依靠自身资源条件与基础条件能力相关，以下指标对于旅游扶贫潜力意义主要如下：旅游资源等级是根据旅游资源质量而划分的级别，不同的旅游资源级别对于判定其对区域旅游发展及其影响力具有重要意义；交通是旅游业发展必不可少的先决条件和依附基础，是发展旅游景区的命脉，旅游生产力的重要组成部分，其发展状况对旅游目的地的持续发展具有重要影响；旅游扶贫是帮助贫困人口脱贫的有效手段，中、低贫困发生率代表区域贫困人口占总人数比例最少，高贫困发生率代表区域贫困人口占总人数比例最多，区域贫困发生率越少，旅游带动脱贫的潜力相对就越大。为准

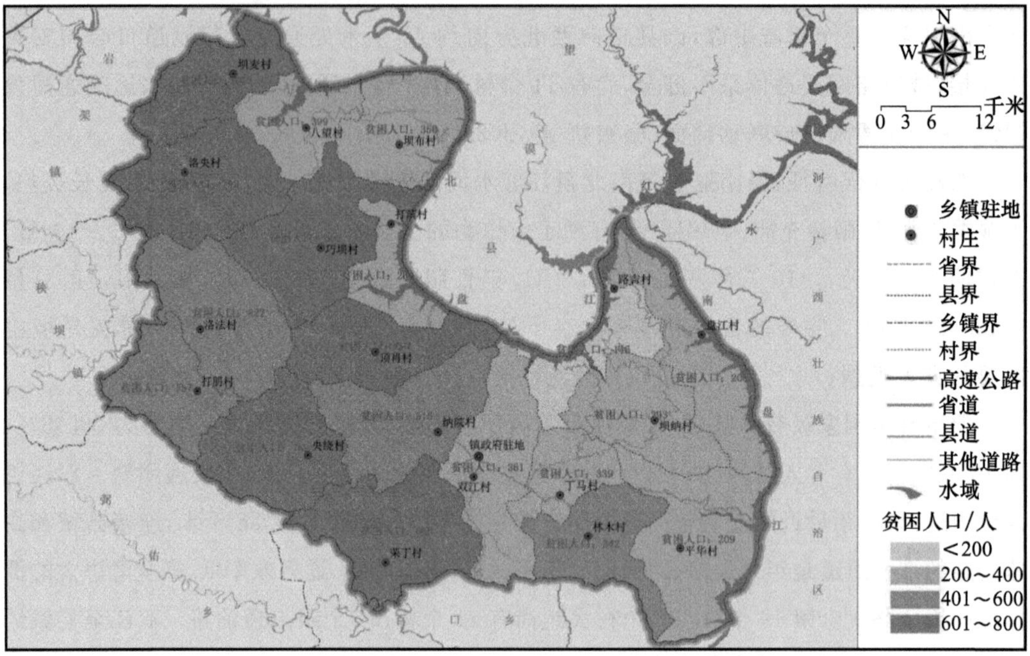

图 7-4　册亨县双江镇贫困分布图(另见彩插)

确地定量化,分别给各评价指标赋值 9,7,5,3,1,其中,分值越高代表扶贫潜力越大,指标权重见表 7-4。

表 7-4　县域(乡镇)旅游扶贫潜力指标标准

二级指标	二级指标权重值	编号	三级指标	三级指标权重值	分值
旅游资源状况	0.4623	L1	二级旅游资源	0.0415	3
		L2	三级旅游资源	0.0806	5
		L3	四级旅游资源	0.1451	7
		L4	五级旅游资源	0.1951	9
交通基础设施	0.3533	J1	高速	0.1646	9
		J2	国道	0.1065	7
		J3	县道	0.0612	5
		J4	乡道	0.0210	3
贫困发生率状况	0.1844	P1	小于或等于 4%	0.087	9
		P2	大于 4%且小于等于 10%	0.055	7
		P3	大于 10%且小于等于 20%	0.0234	5
		P4	大于 20%且小于等于 30%	0.0125	3
		P5	大于 30%	0.0065	1

3. 旅游扶贫潜力空间格局分析

基于 ArcGIS10.0 地理信息空间分析软件，在各评价指标权重值确定的前提下，以行政村为基本评价单元进行等级属性赋值，采用“加权求和法”，计算出双江镇旅游扶贫潜力分值，并将评价结果分为 3 级，分别为“好”“较好”“一般”，50 分以下的为一般，50 分至 79 分的为较好，79 分以上的为好，各行政村旅游扶贫潜力评价分值见表 7-5，旅游资源潜力分析见图 7-5。

表 7-5　各行政村旅游扶贫潜力评价分值表

序号	行政村名称	旅游扶贫潜力/分	贫困发生率/%
1	打朋村	25.44	30.53
2	洛法村	30.58	28.96
3	坝纳村	30.95	16.61
4	央绕村	41.35	45.7
5	平华村	49.26	17.23
6	丁马村	57.76	21.52
7	坝麦村	58.2	52.08
8	打滨村	58.2	17.47
9	八望村	59.53	9.54
10	坝布村	60.07	12.52
11	巧坝村	60.76	41.65
12	纳院村	61.49	25.07
13	顶肖村	64.09	30.97
14	林木村	70.42	25.75
15	荣丁村	71.46	21.01
16	路吉村	73.97	10.99
17	洛央村	79.25	40.86
18	盘江村	80.01	15.69
19	双江村	83.69	16.87

如表 7-5 和图 7-5 所示，双江镇域内旅游扶贫潜力好和较好的区域主要分布在县北部、东北部和中部，旅游扶贫潜力一般的区域主要分布在镇西北部。其中，旅游扶贫潜力好的区域主要分布在交通较便捷或旅游资源较好等区域，如洛央村、盘江村、双江村等区域。其中，最具有代表性的属南盘江附近的盘江村和双江村，其旅游扶贫潜力较高，原因是该区域交通较便捷，旅游资源等级高，贫困发生率相对较低。旅游扶贫潜力较好的区域主要分布在旅游交通较便捷或旅游资源级别相对较低的区域，例如坝麦村、八望村、顶肖村等区域。旅游扶贫潜力一般的区域主要特点是交通基础设施缺乏，较闭塞或无旅游

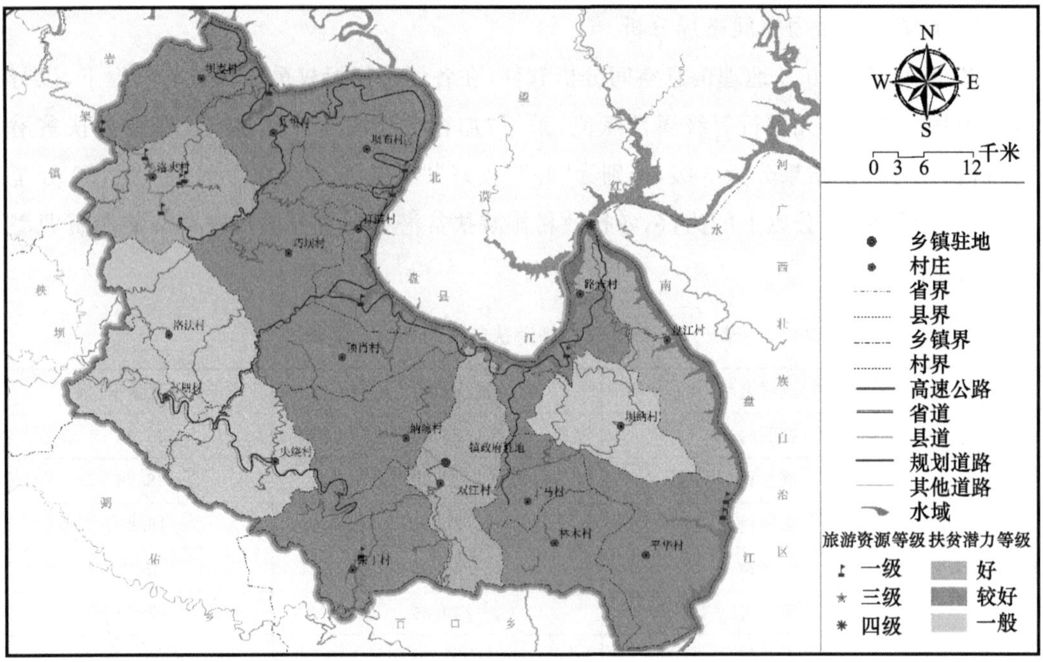

图 7-5　旅游资源潜力分析图(另见彩插)

资源等区域,如坝纳村、洛法村、央绕村等区域。综上所述,双江镇旅游扶贫潜力目前处于初级阶段,旅游资源扶贫潜力相对较好。基于双江镇较丰富的旅游资源现状,随着外部基础设施(如交通、教育、医疗等)的改善,产业的引入等,区域旅游扶贫潜力还有较大的提升空间。

4. 双江旅游—乡村振兴展望

(1)旅游扶贫措施

①致力培育精品景点,以龙头景区带动扶贫。充分发挥龙头景区吸纳、辐射、带动作用,鼓励农民依托龙头景区,就近就业创业。一是提升景区品质,增强吸引力。加快双江口、洛央雾海、云上奇石等重点景区景点建设。二是完善要素配套,增强承载力。三是发展新型业态,增强带动力。为强化旅游产业的带动效应,积极创新“互联网＋旅游产业”营销模式,发展电商平台,鼓励网上营销本地旅游产品,建成淘宝、天猫、京东等网店。

②致力彰显生态优势,以生态旅游实现乡村振兴。立足把生态优势转化为发展优势,建设美丽乡村,让“村村寨寨成景区、家家户户是宾馆、人人个个做旅游”。一是大力拓展旅游空间。把旅游与发展特色农业、观光农业相结合。二是完善基础配套设施。围绕重点景区开发,对沿线贫困村的交通、饮水等基础设施进行改造。三是加强农村环境整治。加强册亨县域山体、水体保护,实施流域治理、土地整理,有效改善城乡人居环境。四是实施特色民居改造。坚持突出民族元素,从而带动乡村旅游的蓬勃发展。

③致力综合改革推动扶贫。以乡村休闲度假旅游为引领,创新产业扶贫、搬迁扶贫、精准扶贫、投融资、公共服务均等化等体制机制,以综合改革推动扶贫。一是建设生态家园,有序实施扶贫搬迁。创新产业扶贫机制,大力实施精准扶贫,分村分户建立产业帮带措施,对贫困对象精准识别到户,对帮带措施责任明确到人,对生态环境脆弱、居住条件差的贫困家庭,实行统一规划、梯次搬迁、适度集中。二是改善学校、医院、道路、水电等基础设施。三是发展生态经济,调整优化产业结构。着力培育现代农业产业板块,打造休闲观光体验农业,建成芭蕉、芒果、蔬菜等现代农业基地,使贫困户从中受益。

④致力打造旅游综合体,以推动乡村振兴的相关工作。广泛引入市场主体,兴办旅游产业实体,打造旅游综合体,拓展乡村旅游振兴空间。一是擦亮文化名片。围绕突出布依族"三月三""六月六""七月半"等民族、民俗文化特色,增强旅游扶贫吸引力。二是延伸产业链条。注重功能配套,着力打造集商贸、流通、旅游等要素于一体的产业链,切实发挥旅游综合体吸纳聚集效应。三是文化产业带动就业。政府带头,进行招商引资,从而带动当地农民就业,分享旅游红利。

(2)创新发展机制

①基于现状和未来建设的旅游项目及配套服务设施,在已完成的投资和继续投入的基础上,应积极引进国内外具有良好口碑与资金实力的投融资机构主体,共同组建双江旅游的投融资平台。

②在资本市场上整合资源,加快投资与建设力度。

③在贫困县公司上市走绿色通道的背景下,联动政府项目、资源及对应企业,积极探索双江旅游投融资平台的IPO,力争打造贵州旅游第一股。

(3)大数据+旅游

①旅游业是推动国民经济增长的综合性产业。目前,互联网作为全球新一轮科技革命已深刻影响和改变着人们的生产生活以及世界经济的发展,旅游+互联网的深度融合发展给全球旅游业带来全新变革,已经成为势不可挡的时代潮流。

②在打造册亨双江旅游服务标准化体系的基础上,积极推动双江智慧景区、电子商务平台等项目建设,建立完善的线上、线下综合销售服务,共同推动旅游的全面发展。

(4)新能源新技术(胡振华 等,2013)

①新能源、新技术的开发能节约资源,为农村带来清洁能源,实现废物循环利用,减少森林砍伐与水质污染现象,能够有效直接地推动农村居住环境的改善,促进农村生态环境质量的保护和提升。

②新能源、新技术的开发可实现良性循环发展,主要体现:在促进生态环境的改善的同时,也提高了农民的健康水平,在促进农村产业结构优化升级的同时也帮助农民实现增产增收。例如,荷兰作为风车故乡,在大力开发风能能源的同时,也将风车作为一种旅

游资源，实现了资源的综合利用，使得荷兰风车闻名全球。还有我国近些年来也开发的风车旅游资源，比如“贵州风”风能资源，就是实现了风车资源的有效利用，既解决地区一部分群众的用电困难问题，也通过将风车作为一种旅游资源实现对当地旅游业的推动发展。

③旅游基础设施是旅游业发展的命脉，不仅仅包括传统的旅游景点、饭店业、交通业，也包括融入新能源、互联网等新技术的旅游信息化基础设施。新技术在旅游业的应用促进传统旅游向智慧旅游的高质量发展，对旅游景点电商平台的构建、生态环境保护的作用明显，对于特色农产品等旅游相关产业的发展同样具有较大的促进作用。比如新能源技术在旅游中的应用，如新能源观光汽车、沼气炉灶、太阳能路灯的使用，不仅减少生产成本，还能节省传统能源的消耗，避免环境污染，实现旅游业的绿色发展。

在双江旅游开发的过程中，应结合其生态环境的优势，在积极引进生态环保材料和生态建造技术的前提下，充分利用各种生态新能源和生态新技术，以达到环境友好、资源节约的“两型社会”建设目标，构建绿色的“低碳旅游”模式，实现整个双江旅游的可持续发展。

参考文献

丁运超，2013. 论我国乡村旅游的特征[J]. 旅游纵览(24)：199-200.

冯星光，张晓静，2006. 贫困测度指标及其评价[J]. 统计与信息论坛，21 (3)：22-26，44.

贺成，田倩，2017. 产业支撑，让极贫乡镇焕发生机[N]. 黔西南日报，2017-06-07.

何静，汪侠，刘丹丽，等，2019. 国家级贫困县旅游发展与多维贫困的脱钩关系研究——以西南地区为例[J]. 地理研究，38(5)：1189-1207.

洪滔，王英姿，何东进，等，2009. 武夷山风景名胜区生态旅游环境质量综合评价研究[J]. 地域研究与开发，28(2)：117-122.

胡振华，李斌，2013. 新能源促进新型农村旅游业发展[N]. 中国经济时报，2013-04-17.

李佳，钟林生，成升魁，2009. 中国旅游扶贫研究进展[J]. 中国人口·资源与环境，19(3)：156-162.

李威，罗军华，苏维词，等，2022. 武陵山区旅游资源空间格局及生态旅游适宜性——以铜仁市域为例[J]. 科学技术与工程，22(15)：6180-6190.

骆雪娇，钱卜丽，孙帅，2023. 推动民族传统手工艺产业高质量发展研究——基于黔西南布依族苗族自治州的分析[J]. 延边党校学报，39(1)：69-74.

吕建树，刘洋，张祖陆，等，2011. 鲁北滨海湿地生态旅游资源开发潜力评价及开发策略[J]. 资源科学，33(9)：1788-1798.

闰记影，何志明，金贤锋，等，2019. 重庆市生态旅游资源潜力与开发利用条件评价[J]. 地理空间信息，17(5)：111-115.

王新越，朱文亮，2018. 鲁南贫困地区识别与乡村旅游发展潜力研究[J]. 中国农业资源与区划，39(12)：269-275.

文锡梅，李威，赵卫权，等，2017. 精准扶贫背景下的旅游扶贫精准识别研究——以松桃县桃花源村为例[J]. 绿色科技（12）：269-273.

吴继华，2020. 新丝路经济带背景下的新疆民俗旅游资源开发潜力探究[J]. 旅游纵览（3）：105-106.

肖胜和，1997. 论我国贫困区发展旅游业的基础[J]. 云南师范大学学报，17(3)：79-83.

谢赛有，2018. 旅游扶贫精准识别研究[D]. 海口：海南大学.

徐仕强，杨建，刘雨婧，2019. 西部民族地区县域旅游资源特征及空间分布格局——以江口县为例[J]. 经济地理，39(8)：224-230，240.

杨家芳，赵卫权，周文龙，等，2018. 脆弱生态约束下的典型喀斯特区域建设用地适宜性评价——以贵州省平塘县为例[J]. 重庆师范大学学报（自然科学版），35(6)：2，124-131，144.

杨佩雨，2016. 信阳市产业扶贫问题研究[D]. 郑州：郑州大学.

姚志强，胡文海，2012. 基于 GIS 的池州市旅游资源群开发潜力评价[J]. 地理与地理信息科学，28(2)：89-93.

尹泽生，宋关福，1995. 区域旅游资源评价基本原理[J]. 旅游学刊（5）：39-42.

赵希勇，张璐，吴鸿燕，等，2019. 哈尔滨地区乡村旅游资源评价与开发潜力研究[J]. 中国农业资源与区划，40(5)：180-187.

赵彦，2018. 丘陵山区扶贫问题研究[D]. 郑州：河南农业大学.

朱宇，王在峰，李加林，等，2020. 海洋功能区开发潜力评价研究——以江苏滨海县为例[J]. 海洋通报，39(1)：111-118.

AGYEIWAAH E, AKYEAMPONG O, AMENUMEY E K, 2013. International tourists' motivations to choose homestay: do their socio-demographics have any influence? [J]. Tourism and Hospitality Research, 13(1): 16-26.

GUNN C A, 1979. Tourism Planning [M]. New York: Grane Rusak.

第 8 章　喀斯特相对贫困区旅游资源开发途径及模式研究

喀斯特相对贫困区蕴藏着极其丰富的旅游资源，合理开发利用旅游资源，是相对贫困区人民脱贫致富的重要途径。而旅游资源只有通过合理开发才能成为吸引游客的旅游产品，旅游产品只有通过营销才能形成面向市场的有效供给。在喀斯特相对贫困区，如何发挥好旅游资源的多种功能、开发出富有特色的旅游产品，以满足旅游者日趋多样的旅游需求，已成为决定相对贫困区旅游业在市场竞争中的关键因素。

8.1　旅游资源开发的内涵

8.1.1　旅游资源开发的概念

旅游资源开发是指借助现代科学技术手段，把潜在的旅游资源改造成旅游吸引物，并促使旅游活动得以实现的技术、经济活动。旅游资源开发是旅游开发的重要组成部分和核心。旅游开发是一项综合性的开发，是在一定的空间范围的区域开发，就是根据地域条件，运用资金和技术手段，通过科学的调查、评价、规划和建设，使未被利用的旅游资源得到充分利用，已被利用的旅游资源在深度和广度上得到加强，并做好配套设施建设，向游客提供全方位的旅游服务。而旅游开发的整个过程都是围绕旅游资源的开发而展开的，为了充分有效地挖掘旅游资源本身的价值，在选定旅游资源的基础上，在进行旅游资源开发的过程中，还必须进行一系列旅游环境建设、旅游产品设计的开发工作，使旅游资源所在地能够成为有吸引力的旅游环境和接待空间。从这个意义上说，旅游资源开发就是旅游开发的核心，成功的旅游开发必须首先要有成功的旅游资源开发，旅游资源开发的成败决定了整个旅游开发的质量(罗清，2008)。

8.1.2　旅游资源开发的内容

(1)旅游交通规划与建设

旅游资源所在地同外界的交通联系及其内部交通条件的通畅和便利程度，也是旅游资源开发中的一项重要内容。便捷、安全、舒适是现代旅游者对旅游交通的基本要求，在进行旅游交通规划与建设时应充分考虑这些要求。

(2)旅游景区、景点的开发建设与管理

旅游景区的开发建设与管理是一个复杂的过程，需要考虑多个方面的因素。旅游景区、景点作为旅游业最重要的产品之一，是旅游业的核心吸引物，包括新景区、景点的开辟，也包括对原有景区、景点的改造和更新。因此，规划设计、开发建设旅游景区、景点是旅游资源开发最重要的内容，其成败决定着旅游目的地的吸引力大小。

(3)建设和完善旅游基础设施

旅游基础设施是旅游者在旅游地开展旅游活动期间必须依赖和利用的设施，主要包括宾馆、饭店、娱乐设施、商店、机场、车站、码头、医院、银行、通信、供水、供电等，涉及吃、住、行、购、游、娱等方面。修建和完善这些基础设施有助于提高旅游服务质量，也有助于增强旅游目的地的吸引力。

(4)人力资源开发

稳定、高素质的旅游从业人员能够有效地提高旅游资源的吸引力和竞争力，有利于旅游业的发展，因此，旅游资源开发过程中要重视人力资源的开发。人力资源开发主要包括从业人员需求的确定以及从业人员的招聘、选拔、安置和培训等方面的工作。

8.1.3　旅游资源开发的原则

旅游资源开发作为一项经济文化活动，要具有特殊的使用价值，发挥和提高它对游客的吸引力。要使旅游资源开发获得成功，从而取得最佳的经济、社会和环境效益，其相应的开发过程必须遵循以下基本原则。

(1)特色原则是旅游资源开发的生命

开发利用旅游资源的实质就是要寻找、发掘和利用旅游资源的特色。特色是旅游之魂，是旅游者产生旅游动机的主要原因之一。其核心思想是在开发旅游资源时，要注重挖掘和突出地方独有的文化、历史、自然等方面的特色，形成独特的旅游产品和体验。这也是区分一个旅游地与其他地方的重要标志之一。需注重挖掘特色资源，旅游资源开发者需通过系统性调查和研究，挖掘出这些元素中最具特色、最能吸引游客的部分，以此为依据来开发旅游产品。在开发旅游产品时，将地域特色强化并作为开发的核心，充分发挥当地自然、人文和社会资源的独特价值，并将这些特点巧妙融入旅游活动中，提升旅游产品的吸引力和市场竞争力。此外，在特色产品得以推广成功后，需维护旅游地的特色形象，以确保旅游资源持久发展和市场竞争优势。

(2)科学原则是旅游资源开发的关键

旅游资源的开发需注重资源调查，并对其开发价值进行可行性研究(姚一斌，2001)。

在开发旅游资源时需要遵循科学的思维和方法进行规划、设计、实施和管理,科学原则不仅涉及旅游资源本身,还关系到旅游业的可持续发展和生态环境保护。要确保开发旅游资源的科学性,必须对地区旅游资源的内容、特点、数量、质量以及资源结构、地区旅游产品组合特征、开发潜力大小等情况调查清楚,并建立旅游资源档案,以便为规划设计工作提供可靠的科学依据。开发旅游资源必须具备三个条件:第一,客流是否有保证。要根据当地旅游业的发展情况,预测客流量。第二,要看交通情况。是否有行路难的问题,游客是否进得来、散得开、出得去。如果交通条件未改善,则不宜先开发旅游资源。第三,旅游资源的开发必须与整个城市建设同步配套。秀丽的景物必须与洁美的城市浑然一体。

(3)美观原则是旅游资源开发的基础

美是人们共同的要求,美也是吸引游客的关键。美不仅可以吸引更多的游客,还可以提升旅游产业的品质和价值。在开发旅游资源时,要充分利用当地的自然环境和景观,保护和强化自然美。同时注重社会美的保护和传承,充分利用当地的人文资源,把历史和文化与旅游活动有机地结合起来,并注意利用艺术美的手段,对景点进行美化和装饰,打造出独具特色的旅游景观,有机地将自然美、社会美和艺术美结合起来,合理发挥旅游资源节奏韵律,努力提高旅游资源的美感度,增强旅游资源的吸引力。旅游开发者应该以高起点、高标准、高档次的方式进行开发,切实保护旅游资源,注重旅游活动的人文内涵,让游客在旅游过程中感受到真正的美的享受和心灵陶冶。

(4)协调原则是旅游资源开发的理性要求

协调发展就是要求旅游资源开发者正确处理现实与未来、经济发展与资源环境保护、旅游业与其他产业的关系,要求旅游资源开发必须强调整体效益,关注生态环境,注重社会公益,全面协调和处理好经济效益、社会效益与环境效益的复杂关系,使旅游业得以全面发展(罗清,2008)。旅游业作为一项经济产业,追求经济效益的同时,也需注重生态、文化和社会等方面的可持续性。旅游资源开发应该控制投资规模,确保在经济效益和社会效益之间达到平衡。通过科学合理的规划和管理,节约使用资源,促进旅游和环境的良性互动,达到生态与经济之间的平衡。此外,旅游资源的开发要同整个旅游产品同步协调发展。对旅游者来说,旅游资源即供旅游观赏的目的物不是独立的产品,而是整个旅游产品的一个构成部分。旅游者购买的产品不仅仅是观赏游览某项旅游目的物,而是包括交通、住宿、饮食、游览和其他娱乐活动等全部内容。旅游本身是一项综合性产品。整个旅游业的发展规划要求与整个旅游产品的各个构成部分同步、协调地发展(姚一斌,2001)。如即使旅游资源开发得很好,但是没有相适应的交通设施和接待能力,旅游业也是难以顺利发展的。

(5)市场导向原则是旅游资源开发的动力

市场导向原则是市场经济体制下的一条基本原则(吴国清,2010),任何旅游产品的价值都需要通过市场交换来实现。所以，在对喀斯特相对贫困区的旅游资源进行开发时，需以市场为导向。这就必须要以可持续发展为原则，充分研究经济上的可行性，做好投资风险和效益的评估。遵循市场发展的规律，严密做好市场调研，掌握好市场需求的趋向和旅游者的兴趣点，然后再进行旅游资源开发。但对于存在负面影响的旅游资源，应该限制或禁止开发。初次开发后，要关注市场的变化，及时调整旅游资源构成进行再开发，从而保证区域旅游竞争力。

8.2　喀斯特相对贫困区旅游资源开发途径及策略

8.2.1　喀斯特相对贫困区旅游资源开发途径

贵州喀斯特相对贫困区集聚了溶洞、瀑布、石林为主的天然景观和丰富多彩的民族风情区等旅游资源优势。如何科学开发旅游资源，使贵州喀斯特相对贫困区变为一个民族文化与生态旅游竞相发展的地区，成为目前贵州旅游开发与旅游业发展所面临的主要问题。

喀斯特相对贫困区大多以丘陵和高原地形为主，交通便捷程度低，商业不发达，经济相对落后。充分利用其丰富的旅游资源，大力发展以旅游业为主的第三产业，可有效带动地区经济发展，对提高人民的生活水平具有重大现实意义。

8.2.1.1　自然风光类开发途径

贵州喀斯特相对贫困区旅游资源当中，山地资源含量丰富，青山绿水，郁郁葱葱，奇石林立，自然风光秀丽，自然生态环境优良。近年来，随着城市生活节奏的加快，一些人的生活压力加大，焦躁感升高，在这种生活环境的影响下，更增加了人们回归到大自然中去的渴望，更向往享受大自然的清新与恬静，所以在旅游目的地选择上更眷顾回归到原生态的自然风光，这些原生态的自然风光更是旅游者们的理想天堂。相对贫困区普遍开放较晚，所属山川基本保持了原始的自然风貌。因此，在山地旅游资源开发上完全可以选择就其本身的自然生态环境特点，嵌入观光体验、休闲度假、探险活动项目的开发。

8.2.1.2　人文景观类开发途径

(1)田园风光开发途径

伴随我国农业的产业化调整，一种以农业和农村为载体的新型生态旅游业蓬勃兴起，现代农业除了本身的生产性功能以外，还具有了为人们提供观光、休闲、度假的生活性功能。在城市尤其是大城市生活的人们，面对快节奏的生活和日益激烈的竞争，在有限的闲暇时间里，更希望能短暂逃离城市的喧嚣，去体验宁静悠闲的田园生活，从而放松自己，于是应运而生了体验农业、观光农业、休闲农业。相对贫困区的政府可以抓住人们这一需求，紧紧围绕打造田园风光和推进乡村旅游的发展思路，突出“以农促旅、以旅强农、农旅互促”农文旅一体化发展模式。依托美丽乡村建设项目，打破旧有的经营模式和理念，着力打造特色鲜明的风情小镇，大力发展乡村旅游。依托当地的自然环境资源，打造融观光、采摘、种植体验、特色餐饮等为一体的田园休闲度假村，既能满足旅游者对田园休闲生活的体验需求，又能很好地推动美丽乡村建设，是有效带动农民创收的好途径。

(2)历史文化遗迹开发途径

喀斯特相对贫困区文物古迹众多，应从维护历史文化遗迹的原真性、文化性、差异性、持续性出发，坚持适度性(游、商、居)、协调性、独特性等开发原则，对遗迹深挖历史文化资源，对文化资源进行重组，找准定位和打造特色，并运用市场运作方式保障相对贫困区旅游的发展。对于开发相对贫困区的历史文化遗迹，可以依据世界旅游组织的观点打造主题公园，主题公园是目前乃至未来国际旅游发展的三大趋势之一(王贺婵 等，2015)。历史文化主题公园往往是以一个或多个特定的历史文化为主题，模拟或再现特定的历史景观和园林环境，为游客提供了一种人造休闲娱乐活动空间。

(3)民风民俗开发途径

相对贫困区悠久的历史以及特殊的地理位置造就了其丰富的文化资源，孕育了其独具特色的民风民俗文化，容纳了多个少数民族文化的精华，保留了很多古老的年俗文化、节令文化等。比如苗族的“姊妹节”、布依族的“查白歌节”、侗族的“歌酒节”、土家族“炸龙节”、各地的庙会等，还有非物质文化遗产的傩戏。各民族的文化交相呼应，多样的民族节日风情，让相对贫困区的文化变得绚丽多彩。随着贵州在“山地公园省·多彩贵州风”旅游形象统一引领下，依托区域具有代表性的民风民俗类旅游资源，可根据当地留存的民风民俗文化特点进行开发。一是针对一处或者一种民风民俗进行有针对性的集中化开发，以此提高效率和整合资源，有效地开发其所蕴含的深层文化内涵和扩大吸引力。开发形式有主题文化园、民俗文化村等。二是强调对文化遗产保护的开发路径。对于极具历史价值的文化遗产予以保留，实行就地开发。三是以百姓实际生活为主旨的生活化开发路径。如苗族的火枪部落—岜沙苗寨的开发是以尊重民俗文化客观的演变规律为前提，让游客能走进他们的实际生活中，切身体会地方的民风民俗文化。

(4)古城古镇古村古寨开发途径

喀斯特相对贫困区的古城古镇古村古寨开发可以原生自然式开发为主，提升改造为辅，尽可能维持原汁原味的感觉。可借鉴丽江古城、大理古城等，都是在原有的建筑和风貌上进行旅游开发，按照“修旧如旧”的原则，对古老建筑进行修复，并针对那些危房、与风貌不协调的房屋进行提升改造；新建的建筑基本与古城风貌协调；街区维持原来的结构，维持历史的沧桑感等。古城古镇古村古寨由于建筑、街巷众多，是发展文化休闲的最好载体，可以打造风味小吃街、手工艺品商铺、文化客栈、风情酒吧等业态，吸引大量的游客前来休闲体验。此外，还可融入当地民俗文化活动吸引游客，如“火把节”、“端节”和“盘古王节”等少数民族传统代表节日，增加游客的体验感。

8.2.1.3　民族文化资源开发途径

开发民族文化资源，首先对民族文化的现状要有清醒的认识。贵州喀斯特相对贫困区民族文化丰富多彩，但它的消失和失传也是迅速和惊人的。民族文化资源开发应以文化所有人的意愿和利益，以及如何确保民族文化的自然变迁和民族文化的可持续发展等方面来考虑，因此，不是所有的民族文化都适宜旅游开发，对于一些不适合开发的，如一些庄重的祭祀仪式、祭祀性节日、宗教活动等的开发需慎重。主要开发途径有以下几种：

1. 当地政府开发

地方政府在喀斯特相对贫困区少数民族文化资源的开发和保护中扮演着至关重要的角色。政府应当承担领导和协调的责任，引导和支持各类文化旅游开发项目，加强人力、物力、财力的投入力度，确保政策措施落实到位。政府可以制定一些有针对性的政策，如向开发商提供税收减免、低息贷款等支持措施，鼓励他们积极投资开发少数民族文化旅游资源。政府还可以成立专门的管理机构，负责少数民族文化资源的保护和开发工作。此外，政府还可以通过举办文化节庆活动、展览展示和培训等形式，进一步推广和传播少数民族文化，增强公众对少数民族文化的认知和了解。政府部门可以将一些民族文化资源加以整合，形成完整的旅游产品线路，加强旅游资源的包装和营销，吸引更多游客前来体验和参观。

2. 学校传承开发

民族歌舞、民族乐器和民族音乐是民族文化的精华，由于社会和自然生态条件不同，在长期的历史流传过程中，形成了丰富的种类，有着鲜明的民族特点，是贵州传统艺术的突出代表。当前，许多年轻人已不会唱传统的酒歌、情歌、民歌；侗族民歌以地处北侗和南侗结合部的锦屏县最具代表性，有古歌、大歌、酒歌、情歌、山歌、桃园歌、婚嫁歌、儿歌、白话等，但现今侗寨的青少年已少有人会唱，古歌、桃园歌、儿歌、白话等近乎失传。为将民族文化延续下去，当地学校应当担起开发民族民歌民舞的重要责任。可以在中小学教育教学中构建民族音乐、民族舞蹈教育体系，让相对贫困区少数民族民歌民舞真正走进中小学校的课堂(曾宏华，2013)，在中小学音乐课本、体育课中融入民族民歌民舞板块。此外，也可以在高等院校适量安排少数民族地方特色课程，职业技术教育学校也可以结合地方传统工艺品的名优特色，开办与之相适应的技艺人才培养专业(张肃，2008)。

3. 培养民族民间工艺人

民间艺人为继承祖国优秀的民间文化传统，促进民间文艺事业的发展，出现在历史的舞台(常璐,2015)。贵州喀斯特相对贫困区精湛的民族民间工艺(挑花、刺绣、蜡染、酿酒、制茶、造纸、银饰制作、工艺芦笙制作、手工编织、手工雕刻、民间绘画等),地域文化内涵深厚,历史悠久,技艺独特,艺术个性鲜明,深受国内外人士的青睐,有着非常广阔的市场前景和开发价值。抓好相对贫困区工艺人才的培养,一方面能有效带动相对贫困区的人民增收,另一方面也为民族文化的传扬储备了后续力量。

4. 民族民居建筑开发

少数民族民居是中国传统建筑文化的重要组成部分,具有非常珍贵的历史文化价值、经济开发价值和研究价值。在相对贫困区聚居着大量少数民族的地区,保护和开发少数民族民居既是一项文化事业,也是一个带有实际意义的经济产业。同样是干栏建筑,苗族、瑶族和水族都各有细微差别。民族民居建筑开发途径主要有以下两种方式:

(1)重点保护民居

民族民居具有历史悠久、珍贵的研究价值,鼓励居民对旧房维护改造。修旧如旧,保持统一的古街风格。同时支持政府搞好本土文化娱乐活动,通过采取一系列的保护性措施,确保能够得到有效的保护和传承。

(2)现代客栈

古民居作为历史文化遗产,所蕴含的美学和艺术价值、历史和文化记忆以及文化创意产业的发展潜力都是非常宝贵的。徜徉其中,能够激发人的灵感。因此,可以通过利用传统文化优势,打造古村落、古民居成为艺术创作基地,吸引更多的艺术家、摄影家、作家等高收入人群前来创作和定居,从而提升整个地域的文化层次,促进当地经济和文化的发展。

8.2.1.4 康养旅游资源开发途径

随着人们对高品质生活的追求不断提升,健康养生旅游已成为重要的生活方式和消费形态。同时,中国步入老龄化社会,老年人健康养生需求日益增强,因此康养旅游市场前景广阔。特别是像喀斯特这样环境优美、生态良好的地区,无论是自然风光还是文化底蕴都非常丰富,具有非常好的发展潜力。康养旅游资源开发途径主要可以分为八大类型。

(1)文化资源型开发途径

深度挖掘地区独有的宗教、民俗、历史文化,结合市场需求及现代生活方式,打造利于养心的精神层面旅游产品,不仅可以提高旅游业的附加值,也可以为游客提供更加丰富和有意义的旅游体验。对于喀斯特地区而言,其独特的地质条件和文化背景,使得该地区拥有丰富多彩的传统文化和历史遗迹,例如古村古镇、寺庙观堂、传统文化、历史传说等。这些文化资源是开发康养旅游产品的重要基础,可以运用创意化的手段,开发文化资源型康养旅游。

(2)长寿资源型开发途径

长寿资源型开发需以游客的健康需求为导向，以养生为核心，结合餐饮、休闲娱乐和养老服务等多种功能，创新性地运用养生产品和文化资源来打造旅游产品。开发一条以养生产品为辅助的健康餐饮、休闲娱乐、养生度假等功能的健康养生养老体系。主要依托森林山地、田园乡村、森林浴、养生食品等产品，开发成长寿型康养旅游。

(3)中医药膳型开发途径

贵州中药材品种多，蕴藏量大，素有"天然药物宝库"的美誉。已查明的中药材超过5300 种，是我国四大中药材主产区之一。贵州省委、省政府把中药材产业作为特色优势产业"五张名片"之一，把大健康产业列为"五大新兴产业"来重点培育。饮食是生命赖以存在的物质基础，可结合当地的饮食文化，开发出具有健康养生功效的药膳美食，为游客提供独特的饮食体验。例如，酸汤鱼、苗族酸水饺、草药烤肉等。在景区中开设特色餐厅，推广中药材、健康食品等绿色、有机食品，让游客在品尝美食的同时感受到健康养生的乐趣。还可以结合贵州的生态资源，推广和开发适宜特定人群、具有特定保健功能的生态健康食品。此外，可以通过休闲农业等形式，让游客参与到种植、采摘等环节中，有机会亲身感受自然的魅力。开发中药材采摘、制作加工、泡脚浸浴、针灸拔罐等活动，让游客参与其中，不仅能推动健康食品产业链的综合发展，还能有效带动相对贫困区人民创收。

(4)生态养生型开发途径

依托相对贫困区良好的气候及生态环境，以健康养生、休闲旅游为发展核心，重点建设养生养老、休闲旅游、生态种植等健康产业，通过创新和整合不同的产品、服务，构建生态体验、度假养生、温泉水疗养生、森林养生、高山避暑养生、田园养生等养生业态，打造多样化的养生业态，开发休闲农庄、养生度假区、养生谷、温泉度假区等产品。

(5)养老综合型开发途径

养老产业需将医疗、气候、生态、康复、休闲等多种元素融入，打造出符合老年人需求和兴趣的多种业态，以提供更全面、更高质量的养老服务。康复疗养、旅居养老、休闲度假型"候鸟"养老、老年体育、老年教育、老年文化活动等业态，可以为老年人提供更加丰富多样的生活体验和社交活动，形成一个完整的养老产业链。此外，养老社区和康复中心等产品作为集养老居住、养老配套、养老服务为一体的养老综合开发项目，同时能够带动护理、餐饮、医药、老年用品、金融、旅游、教育等多个产业的发展。

(6)度假产业型开发途径

以健康养生为理念，通过度假地产开发来提供一种全面的、健康的生活方式。养生居住社区旨在为人们创造一个健康、舒适、安全的居住环境，同时提供各种全方位的康疗、养生设施及服务,如健康检测、营养饮食、康复理疗、休闲娱乐等。除此之外,还需注重建筑生态、环境良好、食品健康等特点,以确保居住环境的质量和卫生水平。此外,还可提供冥想静思的空间与环境,让人们在静谧中修身养性,达到身心健康的目的。

(7)体育文化型开发途径

依托相对贫困区的山地、峡谷、水体等地形地貌及资源,发展山地运动、水上运动、户外拓展、户外露营、户外体育运动、定向运动、养生运动、极限运动、传统体育运动、徒步旅行、探险等户外康体养生产品,推动体育、旅游、度假、健身、赛事等业态的深度融合发展。

(8)医学结合型开发途径

康疗养生产品的构成主要是以中医、西医、营养学、心理学等理论知识为指导,结合人体生理行为特征进行的以药物康复、药物治疗为主要手段,配合一定的休闲活动进行的康复养生旅游产品。康疗养生产品包括康体检查类产品,通过对人体各项身体指标的检测和分析,提供个性化的康复方案和建议,从而有效地对个体进行康复和养生治疗。此外,康疗养生产品还包括针灸、推拿、气功、食疗、中药调理等传统医学疗法以及物理疗法、心理疗法等现代医学疗法,使人们能够在旅游中享受到专业的康复和养生服务。

8.2.2 喀斯特相对贫困区旅游资源开发策略

8.2.2.1 利用资源优势,实施旅游精品战略

贵州喀斯特相对贫困区旅游业发展的比较优势在于丰富独特的旅游资源,因此,要充分挖掘旅游资源潜力,将旅游特色产品做大、做强。以国际、国内旅游市场需求为导向,在不断巩固和完善现有观光、度假旅游的同时,大力发展生态旅游、乡村旅游、文化旅游和红色旅游,突出特色,以度假旅游和乡村旅游为重点,以喀斯特洞穴探险、生态旅游、民族风情体验游、科学考察等专项旅游产品为补充,从加强产品宣传、提高产品质量和服务质量着手,进一步抢占个性化市场,实现旅游产品的个性化、市场化、品牌化(殷红梅等,2004)。

8.2.2.2 重视交通建设,完善旅游廊道

交通是旅游业的生命线,没有便利的交通运输不可能有发达的旅游业(史静一,2000)。当前,贵州省已形成了公路、铁路、航空、航运、管道运输相互衔接的立体交通运输体系,但作为旅游的重要影响因素,交通系统还存在一些不足。喀斯特相对贫困区交通线路还不够完善,导致游客进出旅游地交通不便,一定程度上限制了旅游业的发展,应多重视旅游交通的连通工作,从而提升旅游交通的通达性、便捷性和优质性,为串联景区(点)和客源共享提供基本保障。一些旅游景点和旅游配套设施的交通运输设施(如停车场、环保型巴士等)需要进一步提升和完善。

8.2.2.3　挖掘特色旅游资源，提升市场竞争力

相对贫困区的旅游形象是区域外在的有形的旅游资源特色、旅游服务基础设施状况，内在的精神文明特征和旅游服务质量在旅游者心目中全面而综合的反映（徐燕 等，2009）。贵州喀斯特相对贫困区集洞穴、石林、峡谷等独特的喀斯特地貌、种类纷繁的珍稀动植物、浓郁的少数民族风情、古朴的历史文化等丰富旅游资源。区域内要深度挖掘地方旅游资源特色，既要充分利用资源，又需优化整合，突出地方的旅游特色。利用创造主题故事等方式来突出地方特色，是贵州喀斯特相对贫困区在旅游市场激烈竞争中脱颖而出的途径。围绕地方的旅游品牌，通过一个高点击量的微信公众号、一部精美的旅游电视宣传片、一个自拍创意的短视频等形式宣传推广旅游形象和动态，以此推动相对贫困区旅游业的发展。

8.2.2.4　围绕培育旅游支柱产业目标，实施人才兴旅战略

随着旅游业的发展，旅游人才的需求也越来越多。作为相对贫困区，更离不开人才。应加快旅游院校教育、职业资格认证教育和岗位培训的协调发展，构建起适应旅游业发展需要的职业教育体系。同时，要积极扩大旅游教育培训和国际的合作与交流，引进国外优秀的旅游教育资源，吸收先进的管理理念和实践经验。要制订科学的旅游人才发展战略和人才奖励政策，建设旅游从业队伍，引进和培养景区管理、酒店管理、旅游营销等管理型、专业型旅游人才。在人才招聘方面，应紧密结合旅游业发展需求，加大对高端人才的引进力度，并着重培养本地优秀青年旅游人才。在稳定和用好现有人才的基础上，积极开展招才引智工作，通过建设一系列的政策、机制和平台，吸引更多优秀人才服务于贵州喀斯特地区的旅游业，形成一支适应旅游业快速发展需求的高素质人才队伍。

8.2.2.5　加强宣传教育，提升民众的保护意识

在开展旅游活动的过程中，保护旅游资源是至关重要的，宣传教育工作也是必不可少的。首先，可通过媒体渠道、发放旅游宣传资料等方式加强对贵州喀斯特相对贫困区的宣传教育，提高游客的环境保护意识。同时，可在旅游景区设置生动有趣、科学的标识牌，及时提醒广大群众约束自己的行为，共同保护旅游资源。其次，帮助相对贫困区居民开发深加工旅游产品，鼓励旅游者购买本地区土特产品等措施，在增加当地居民收入的同时，还可促进地方经济发展，提高居民保护旅游资源的意识和热情。此外，可以让游客更好地了解当地文化和生活方式，增加互动体验，从而增强游客保护旅游资源的自觉性和责任感。

8.2.2.6　加强区域旅游合作，共推旅游业发展

区域旅游协作是发展“大旅游”的客观要求，已成为世界旅游业的一种新趋势。贵州喀斯特相对贫困区旅游资源丰富，发展潜力巨大，市场前景广阔，采取加强与国内外旅游

界的合作及与重点客源城市的协作等措施是非常必要和重要的。可以与国内外的旅游业者建立深度合作关系，合作开发特色旅游产品、精品线路等，共享旅游资源，实现互利共赢。比如可以与国外旅游机构合作开发贵州探险性的洞穴，打造探险型专项旅游产品，提高游客游玩的刺激感和互动体验。同时，在旅游市场宣传方面也需要和国内外旅游界合作，共同宣传贵州喀斯特相对贫困区的旅游资源和优势，吸引更多的游客前来。可以通过各种途径进行宣传，如互联网营销、广告宣传等，提高知名度和美誉度。除了与国内外旅游界的合作外，还可以在与重点客源城市的协作方面下功夫。根据不同客源地的特点，量身制定旅游套餐及优惠政策，发挥各自所长，优势互补，共同开发贵州喀斯特相对贫困区的旅游资源，实现客源互送、利益共赢。

8.3 旅游助推相对贫困区发展的模式研究

实施乡村振兴战略是党的十九大作出的重大决策部署，是决胜全面建成小康社会、全面建设社会主义现代化国家的重大历史任务，是新时代“三农”工作的总抓手。旅游产业以其强大的市场优势、新兴的产业活力、强劲的造血功能和巨大的带动作用，成为新时期乡村振兴战略的重要抓手和主要动力之一。通过全面汲取国内外旅游扶贫实践经验与研究成果，寻求旅游融入贵州喀斯特相对贫困区的模式，形成喀斯特相对贫困区特有的发展模式。

8.3.1 构建旅游助推相对贫困区发展模式的原则

8.3.1.1 因地制宜的原则

相对贫困区在实施旅游开发中，应充分挖掘当地的旅游资源，运用新的资源观和新的产品观，同中求异，发现特色，突出比较优势，开发有别于周边区(县)的特色旅游产品，强化产品的差异性，突出产品的文化内涵，力求做到人无我有、人有我新、人有我特，避免旅游产品开发的同质化(黄国庆，2013)。

8.3.1.2 效益兼顾的原则

在进行旅游资源开发时，妥善处理好资源与产品、开发与保护之间的关系，严格按照旅游规划和开发计划实施，加强旅游资源的保护和管理，避免资源的过度开发和消耗。同时，加强相关法律法规的制定和执行，建立健全的监管机制，加大旅游市场的监督力度，及时纠正违规行为，保护自然环境和文化遗产的完整性和稳定性。只有以生态、绿色、可持续的方式发展旅游业，才能更好地促进当地经济和社会发展，实现经济、社会、环境效益的协调发展。

8.3.1.3　居民参与原则

相对贫困区旅游开发中必须考虑到当地居民的利益，不能将相对贫困的人口由于技能和资金的短缺而排斥在旅游活动之外。可以采取多种措施，如为低收入人群提供销售土特产品、景区就业、经营农家乐、经营旅游商店等商业机会，同时加强培训和技术支持，让当地居民真正成为旅游业发展的参与者和受益者。此外，还需注重与当地居民的沟通和互动，充分考虑其文化和生活方式，尊重当地居民的知识产权和劳动成果，鼓励他们积极参与旅游业的发展和管理，加强旅游业与地区的联结，促进旅游业和社区的共同繁荣。

8.3.1.4　相关产业综合配套原则

旅游业是一个关联性很强的产业，也是一个依附性很强的产业，与其他行业和领域深度交织，可以形成产业链和价值链，带动相关产业的发展和提升。因此，在对相对贫困区旅游资源开发中，要注意将旅游业与其他产业联合起来，发挥其依附性和辐射性，推动整个区域经济的快速发展。可以大力发展与旅游业相关的交通、餐饮、住宿、航空、水电、金融、保险等行业，创造更多就业机会，提高当地居民的收入水平；引导和培育旅游产业集群，促进企业间的协作和竞争，提高产业自主创新和核心竞争力。

8.3.2　模式研究

模式是指从思维方式、价值观念到行为方式、信念意志等方面内在的趋于一致的机制或方式（赵丽丽，2003），是事物的程式化，也是对同类事物共同效应的一种抽象。所谓旅游助推相对贫困区发展的模式，简而言之，就是在相对贫困区进行旅游开发等旅游资源活动过程中所普遍遵守、运用的一套系统的、标准化的运作机制。

8.3.2.1　景区牵引模式

1. 模式内涵

景区牵引模式，即依托存量景区的提升和增量景区的打造，促进景区周边地区或景区内部的相对贫困村交通设施优化和生活环境改善，当地低收入人口通过餐饮住宿、景区工作、供应农牧产品、旅游商品销售等方式实现增收（谢清丹，2017）。此处景区包括国家 A 级景区、风景名胜区、森林公园、自然保护区、湿地公园、地质公园、旅游度假区等诸多类型。景区牵引模式的典型优点就是有益于相对贫困区开展项目招商，从而吸引大企业、大投资，有利于解决资金、市场、管理等方面的问题，能够迅速有效改善相对贫困区居民的生产生活条件，有利于相对贫困区的社会稳定及发展。

2. 适用范围

景区牵引模式适用于两类区域，一类为已有建成景区的相对贫困区域；另一类为区域内有等级较高旅游资源，通过打造可成为旅游景区，并能发挥显著经济效益。

3. 实现路径

(1)已建旅游景区助推发展路径:调整导向

对于已建成的旅游景区而言,首先,要对景区社会责任进行调整,将服务游客、保护生态环境和与当地居民利益共享等作为景区的社会责任。景区在发展过程中需要平衡不同利益相关者之间的关系,不能只考虑自身发展,而应该向相对贫困地区倾斜,保障当地居民的合法权益。其次,调整景区内的功能分区和项目业态。针对相对贫困村庄,可以将其纳入景区周边的功能分区中,实现"景区带村"的旅游助推发展模式。景区可以对相对贫困村庄的旅游发展进行统一规划和指导,促进其住房转化为经营场所,通过向景区游客提供餐饮、住宿服务等方式增加收入。

(2)新建旅游景区助推发展路径:倒逼导向

针对新建旅游景区,首先,在规划设计阶段应该把助推相对贫困区发展放在首位,明确景区及周边相对贫困村的产业布局、基础服务设施、旅游项目等方面的内容和要求。在定位上应该选择适宜的区域,有针对性地引入各类资源,以高点定位,规划出示范带动作用的旅游项目,实现倒逼相对贫困地区的发展。其次,在项目的包装上应该以市场需求为导向,以资源条件为基础,树立品牌形象,充分展现旅游景区的独特魅力,并给游客带来良好的旅游体验。最后,在投资商选择上应充分考虑入驻企业的资金链、发展理念、信誉程度等因素,避免开发商一味地追求企业利益。

(3)引导相对贫困村参与景区建设

对景区内的相对贫困村,可通过资源入股、劳动力入股、门票分红、开发经营性资产、生态补偿等共建模式实现直接带动增收。例如,四川省广元市苍溪县云峰镇云台村就是一个非常好的案例。云台村借助景区优势,提供了就业机会,吸引了周边相对贫困户参与景区讲解、环境保洁、文化演出等工作,进而增加收入。对于景区周边有条件的地区,还可以开展民宿客栈、特色餐饮、民俗表演、休闲农业、旅游商品加工销售以及运输、商贸等经营活动。此外,景区周边的相对贫困村也可以通过保护和发展生态环境,实现生态补偿,如通过放牧、种植、防火等方式,发挥好山地草原、森林、湿地等资源的生态保护和环境修复功能,使相对贫困村从生态保护中获得实惠。

4. 实证分析——荔波县

荔波县拥有"世界自然遗产地"和"世界生物圈保护区"两张世界级品牌,有中国5A级旅游景区,被誉为"地球绿宝石"。荔波以旅游产业为龙头,将旅游业与相对贫困地区发展紧密结合起来,依托景区优势带动当地群众增收致富。荔波紧邻大小七孔5A级景区,结合景区扩容提质和易地移民搬迁,按3A级景区标准建设,在大七孔集散中心旁新建的梦柳布依风情小镇,总投资4.2亿元,共安置了高桥村、红光村等12个村民小组整体搬迁群众345户1072人,其中易地移民搬迁群众99户345人。在这个过程中,荔波县还采取了多种方式，如土地资源入股、分红等方式，让当地群众参与到旅游业中来，从而实现了旅游业与当地经济的良性互动。除了直接从旅游业获得收益外，当地群众还通过参与农家乐接待、旅游服务等后续产业，进一步提高了群众收入水平。

8.3.2.2　“产业＋旅游”模式

1. 模式内涵

“产业＋旅游”模式是一种创新性的发展模式，它将传统单一经济功能的产业园区与旅游业相结合，实现了产业链的延伸，形成了以旅游业为核心的多元化产业发展格局。

与传统的单一产业园区相比，“产业＋旅游”模式的优点主要有以下三个方面。

第一，有利于产业集群。通过“产业＋旅游”的模式，可以让相关产业相互交融、相互促进，形成集群效应和生态效益，提升整个区域的产业竞争力。

第二，有利于产业融合发展。旅游业的发展往往会带动其他相关产业的发展，比如餐饮、住宿、物流等，可以形成“旅游＋”的发展格局，从多方面实现经济、社会、生态效益。

第三，有利于延长产业链。通过吸引国内外资金技术人才，优化投资环境，可以进一步拓展产业链，增加就业机会，促进区域内创业就业，提高人民群众的收入水平。

2. 适用范围

“产业＋旅游”助推发展模式主要适合在有主导产业发展，当地政府提供大量优惠政策，用地条件与生态环境良好且有利于开展旅游活动的产业园区，包括农业园区、工业园区、文化创意园区等。

3. 实施路径

(1)联动化发展

联动化发展是农业园区和旅游业相互促进的有效途径。一方面，现代农业园区应该积极拓展自身经济效益，从旅游规划、市场营销等方面融入旅游目的地体系，开发出与当地旅游主题相辅相成的旅游产品，吸引更多游客前来参观，提高区域知名度和美誉度。同时，通过联动旅游业的发展，也可以让原本单一的农业产业向多元化方向转型升级，实现经济效益的最大化。另一方面，对于区域内旅游资源等级较低或吸引力较差的农业园区，可以通过发展特色产业打造新的旅游产品或开发特色旅游商品扩大园区效益带动相对贫困地区改善现状。在一些地区，如发展观光农业、休闲农业等形式的旅游业，让游客亲身体验农业生产的过程和乡村生活，吸引更多人前来参观，并为当地经济发展注入新的活力。

(2)延伸产业链条

延伸传统农业的产业链条是做强农业、带动农民致富的重要途径之一。特别是在喀斯特相对贫困区，应该着力构建集生产、加工、销售于一体的完整产业链条，注重加工配送、产销对接、信息引导等农产品流通环节，努力增加农产品的附加值。通过延长农产品产业链条，可以形成一体化的产业链，实现一、二、三产业的深度融合，并与旅游业实现深度融合，扩大其吸引力。例如，农产品的初加工、精深加工和销售等环节都可以结合旅游业进行规划布局，打造出一系列的产业旅游项目，让游客近距离感受农产品的生产加工过程，并购买到高品质的农产品。通过这种方式，不仅为农民增加了收入来源，同时也为当地居民提供了更多的就业岗位，进一步提高了区域经济的活力和社会福利水平。

4. 实证分析——凯里云谷田园现代高效农业示范园

凯里云谷田园现代高效农业示范园区位于凯里市舟溪镇，距市中心 15 千米，是凯里市首家国家 4A 级旅游景区、贵州 100 个旅游景区、贵州 100 个农业园区、贵州十佳农业园区、贵州十佳农业旅游景区等。云谷田园总占地面积为 2500 亩，致力建设成为集生产、科研、科普、展示、休闲、观光为一体的全国第一个农业旅游综合体。园区坚持农文旅融合发展，以农业为主题，以温泉养生为特色，打造了满足游客吃、住、游、乐、购、娱一站式生态旅游服务体系的 11 个旅游度假产品。坚持园区建设、品牌营销和市场推广同步推进，成立了品牌管理中心，打造云谷田园优质农产品品牌和市场体系，致力扩大品牌影响力。坚持三步走，即先观光农业，后订单农业，最终实现农业规模化发展的三步走发展战略。园区构建水、林、木、花一体的园林式种植观光环境，按照台湾“精致农业”的发展模式与标准进行全产业链运营，推动订单农业向规模化发展。

云谷田园结合园区发展和周边村民家庭实际情况，一方面，通过流转土地确保村民基本收入不减少，另一方面，为村民提供固定就业岗位 500 个和临时就业岗位 6000 人次，让周边村民到园区务工增加收入，目前有 286 个当地村民在园区实现长期就业。此外，还通过园区旅游带动周边村寨的服务业发展，带动周边村寨兴起一批农家乐、农家旅社，农民足不出户就可以实现自主创业。

8.3.2.3 乡村旅游助推模式

1. 模式内涵

乡村旅游助推模式是乡村旅游与农村发展的完美结合，即在乡村旅游资源富集区域，主要发展乡村观光、度假、垂钓和农家特色餐饮、民俗体验等项目，打造乡村旅游特色业态，在满足城镇人口娱乐休闲、农事体验、养生度假等旅游需求的同时，使相对贫困户成为第三产业的经营业主或者通过资产入股、土地流转、房屋出租等方式，增加收入，实现脱贫增收（杨文婕 等，2019）。乡村旅游助推模式的突出优点是有利于促进相对贫困区居民和游客的深度交流，从而改善相对贫困区的落后思想观念，推动贫困村的社会文明发展建设（禄佳妮，2008）。

2. 适用范围

乡村旅游助推模式适用于地理位置优越，交通便利，同时具备田园风光优美、生态环境良好、民俗风情独特、乡村历史文化遗产丰富等特点的乡村区域。

3. 基于开发内容的模式选择

喀斯特相对贫困区乡村旅游的开发模式应结合区内的地形、地貌特点、多民族的乡村特色、绚丽多姿的原生态民族文化以及红色文化等方面进行考察和规划。重点可以考虑以下几种模式。

①原生态民俗文化村模式。贵州许多喀斯特相对贫困区均具有特定的、原生态的民俗风情、文学艺术、园林建设、文物古迹等，可以充分发掘当地民俗文化资源，打造具有原生态风情和民俗文化特色的乡村旅游区域，举办各种形式的民俗文化活动，吸引游客前来观光、度假和休闲。如贵州的"天龙屯乡村旅游示范区"就是这一模式的成功例证。

②原生态森林公园模式。可以将山峦起伏、森林茂密、环境优良的森林地段开发为原生态森林公园，使游客可以回归自然，享受森林浴和野外探险的乐趣。如梵净山自然保护区等就是这一模式的成功范例。

③原生态休闲农场模式。一种供游客观光、度假、游憩、体验农业生产、品尝美食等多种服务的休闲农场。如"农家乐"就是这一模式的雏形，深受游客喜爱。

4. 实证分析——遵义市花茂村

花茂村位于遵义市播州区枫香镇，早年因贫困荒芜名为荒茅村，曾是个"鸡鸭满地跑、尘土漫天飞"的贫困村，群众出行难、看病就医难、农田灌溉难、增收难，外出打工是当地群众的主要收入来源。后改名"花茂"，寓意花繁叶茂。这些年花茂村通过发展乡村旅游，村民们实现了脱贫致富。

2014年以来，花茂村抢抓"四在农家·美丽乡村"创建的机遇，在全力改善基础设施的同时，因地制宜发展乡村旅游，实现了百姓富、生态美、产业旺、文化兴有机统一，迎来了山乡巨变。2015年被评为省级同步小康创建示范村，被习近平总书记称赞为"找到乡愁的地方"。2019年，花茂村共接待游客195.47万人，实现综合收入19.03亿元，农民人均可支配收入从2012年的6478元增至2019年的18556元。在全力改善基础设施的同时，因地制宜发展乡村旅游后迎来了乡村巨变。

8.3.2.4　旅游商品助推模式

1. 模式内涵

旅游商品助推模式，即通过对相对贫困地区土特产品的旅游化改造、文化产品的创意化设计、实用产品的文化化加工，将其赋予内涵和地域特色，开发出具有地方的特色旅游商品。并通过直销、"电商"平台等多种方式销售，为当地居民带来经济收益。旅游商品助推模式的优点在于，它可以保护并传承当地的传统工艺文化，推动当地名优特产的发展。通过商品销售，能够促进当地加工业的发展，创造更多就业机会。此外，这种模式也非常灵活多样，能够根据不同的市场需求进行调整和改进。

2. 适用范围

适用于区域内农特产品和手工艺品较为丰富，通过创意和包装，可转化为具有地方特色的旅游商品。

3. 实施路径

(1)推行标准化生产

标准化生产是对商品质量的基本要求，也是喀斯特相对贫困地区旅游发展的一个重要推力。应该加强旅游商品的生产和销售体系建设，制定技术规范和相关规定，打击假冒伪劣旅游商品，不断提高旅游商品质量，从而为喀斯特相对贫困地区的旅游产业发展注入新的动力。制定技术规范时，旅游商品生产企业应根据具体情况，对原料选择、基本加工技术、包装条件、储存方式、卫生条件等方面进行约束。在销售过程中，应该确保商品的质量符合规范和标准，避免出现假冒伪劣的情况。同时，对于喀斯特相对贫困地区的旅游商品业来说，还需要进一步做好旅游商品的生产、加工和物流、商贸等产业链条分工，完善旅游商品的销售体系。此外，应联合工商、质监等部门对旅游商品质量和市场进行监管，打击假冒伪劣旅游商品，制定相关规定也是非常必要的。

(2)注重特色化包装

做好相对贫困地区旅游产品的包装设计，需注重特色化。通过运用本地天然材料和当地文化元素，形成具有地方特色的包装形象，吸引游客关注度，增加产品的竞争力。针对不同层次和年龄段的消费者设计低、中、高档次的旅游产品，满足不同消费需求，扩大销售市场。此外，还可以通过定期市场调查分析，了解到海内外旅游者对当地旅游商品的需求情况，以此进行产品改进和提高，创造更加符合市场需求的旅游商品。

(3)实施多样化营销

对于喀斯特相对贫困地区的旅游商品，可以采用线上和线下结合的方式，通过电商平台销售商品，鼓励当地特产进行线下销售。在构建销售网络时，可以培训当地致富带头人、返乡农民工等信息化应用技能，提高电商运营能力。同时，组织举办旅游商品博览交易会、参加全国性的旅游商品交易会等活动，展示和推广相对贫困地区的旅游商品，提高其知名度和市场竞争力。此外，还可以利用各种大众传播媒介如广播、电视、报纸杂志、图书等，特别是互联网平台，建立特色名优商品展示和交易平台，与京东、淘宝、村村乐等电商平台合作，或者是通过微店等新兴销售方式销售。

(4)打造特色品牌化商品

同质化、缺乏特色是目前旅游商品市场面临的最大问题，现有旅游商品千篇一律，毫无特色、缺乏创意。而只有创造特色产品，使其品牌化发展才能缓解这样的问题。一方面相对贫困地区应培训更多相对贫困群众成为制作和生产旅游商品的能工巧匠，有效拓宽相对贫困户增收渠道。另一方面需加强农产品、纪念品、工艺品的开发和生产，努力打造“一村一品”。通过开发具有地方特色和文化内涵的商品，并推广商标和认证，可以形成特色鲜明的旅游商品品牌，进而提高产品的知名度和市场竞争力。政府方面可以通过提供政策、资金等福利，引导和支持相对贫困地区旅游商品品牌的发展和扩大，同时鼓励品牌“走出去”，推广到更广泛的市场中。政府还可以加强旅游商品品牌宣传和保护，确保消费者对这些商品品牌的信心和认可，从而提高品牌价值和影响力。

(5)实证分析——从江县今影侗寨

贵州省黔东南苗族侗族自治州从江县贯洞镇今影侗寨是当地远近闻名的芦笙制作村，至今仍保存着祖辈传承下来的传统芦笙制作技艺。30 户人家就有 60 个祖传芦笙工艺师傅。今影侗寨的芦笙制作传统技艺作为当地非常珍贵的文化遗产，有效地带动了当地旅游产业的发展。通过与专业销售机构合作，今影侗寨的芦笙加工制作不仅得到很好的推广和销售，而且形成了较为稳定的收入来源。全寨每年仅靠芦笙制作收入就达 160 多万元。今影侗寨的芦笙制作业不仅为当地居民提供就业机会，也让芦笙制作的文化内涵得以传承下去。

8.3.2.5　康养旅游助推模式

1. 模式内涵

康养旅游助推模式是指依托相对贫困区独特的地形、气候、饮食、医药和康养文化，开发推出休闲康养旅游产品和项目，通过实施康养旅游战略，带动相对贫困区增收致富。

2. 适用范围

该模式适用于有山地、峡谷和湖泊、温泉等资源的地区，具有可开发以修身养性、调适机能、延缓衰老为目的的游憩、度假、疗养、康复、保健、度假、运动等一系列有益人类身心健康的活动的旅游康养产品。

3. 基于开发内容的康养旅游助推模式

①“林旅融合”模式。在山体资源丰富的地域以森林为依托，将康养旅游与保健医药研发相结合，形成了一个医养结合的康养产业链式发展模式。森林资源不仅具有调节城市温度、平衡生态的作用，还包含许多珍稀物种和名贵中草药材，因此可以开展避暑疗养功能及医药科学开发研究，从而为康养旅游提供广阔的发展空间。具体来说，以森林浴、森林瑜伽、森林禅修等为主题的康养旅游产品可以帮助人们降低压力、缓解疲劳，促进身心健康；同时，利用森林中的物种和草药材料进行保健医药的研发，不仅满足人们的康养需求，还可以推动地方经济的发展。

②“农旅融合”模式。将农业与旅游相结合，发挥农业的基础作用，以城市为圆心，借助高铁、高速公路等交通手段，打造生态宜居的康养旅游产品。这种模式以返璞归真和怀旧为主旨，以吸引消费群体体验“旅居农趣”的生活，形成两小时高铁旅游经济圈及生活圈。通过利用良好的生态环境、便利的交通、友善的邻里氛围以及闲置农房和土地资源，将农业生产和生态旅游产业融合，为旅游者提供了丰富多彩的康养旅游产品。

③“体旅融合”模式。以健康为主旨，将体育与旅游相结合，为人们提供丰富多彩的康体旅游产品。随着老龄化时代的到来，以及慢性病年轻化的特征，全民健身理念深入人心，手机计步 APP、运动打卡等活动深受人们喜爱，也为体育与旅游的融合提供了条件。依托相对贫困区的山水旅游资源，可以打造滨水骑行绿道、涉水步道、环山旅游公路、环山栈道等观光康体环道，开展登山、攀岩等专项运动，以体助旅，以旅兴体。

④“医旅融合”模式。将养老、医疗服务与旅游相结合，为人们提供全方位的健康服务和旅游体验。随着老龄化增速加快，养老、医疗服务等需求旺盛，将喀斯特相对贫困地区丰富的中医药资源、民族医药疗法与福寿文化相结合，打造养老旅游小镇、温泉养生度假区，形成中医药养生保健，以瑶医瑶药、苗医苗药等为基础的民族医药诊疗体系和温泉为特色的康养旅游产品，完善医疗预防、医疗救治服务体系。

⑤“文旅融合”模式。通过结合文化与旅游，为人民群众提供更加广泛、深入、丰富的文化体验和旅游服务，以满足人们日益增长的美好生活需求。因地制宜开发文旅融合式康养旅游产品，不仅能够保障游客的身体健康，同时也借助优秀传统文化和新时代社会主义核心价值观为依托，运用地方文化特色来展示文化的深度、广度和厚重感，从而丰富旅游者的精神世界，提高文化修养层次，实现从养身到养心的层次递进。

4. 实证分析——赤水天鹅堡康养小镇

天鹅堡康养小镇作为全国森林康养基地试点建设单位和中国十佳康养小镇，得天独厚的气候条件、秀丽的景观和环境优势为游客提供了一个全新的疗养及康复平台。该小镇不仅将旅游产业链向康复医学延伸，康复医学向旅游产业延伸，实现了康复治疗和旅游疗养的有机结合，而且在项目的辐射带动下促进了当地经济和社会的发展。通过天鹅堡高山康养小镇项目，征地增收、务工增收、创业增收、配套带动和自主造血的五大效应得以凸显，实现了绿水青山变成了金山银山的目标。此外，在天岛湖、天鹅堡高山康养旅游度假小镇项目的辐射带动下，解决了葫市镇和周边乡镇近 4000 人就业，当地 3000 多名群众围绕旅游、餐饮、从业、创业、种养等行业走上致富路。

8.3.2.6 “互联网＋”助推模式

1. 模式内涵

“互联网＋”助推模式指将传统旅游业与互联网技术深度融合，利用数字化技术的应用实现旅游信息化、智能化、网络化，同时拓展旅游产业链上下游，为旅游从业者提供增值服务，带动旅游业的发展。

2. 实施路径

(1)整合旅游网络资源

随着"互联网＋"的迅速发展，旅游业发展也需要借助数字化技术，整合旅游网络资源，加大旅游产业网络化发展的力度。这就要做到：一是要整合旅游业中的各大网站形成综合性商业网站(马慧强 等，2020)，让游客可以方便地浏览、查询、选择自己感兴趣的旅游线路或产品，从而提高旅游的效率和方便性。二是借助该平台网站，进行旅游资源的精心宣传和包装，提高吸引力。通过分块、分线、分级的手段，对旅游资源进行分类，帮助游客更好地理解和了解旅游资源的特色和魅力，从而增加游客的决策依据。三是借助微信圈中公众号、二维码等平台对旅游资源进行重点宣传，进一步提高社会知名度和美誉度。借助这些数字化平台，将相对贫困区的旅游资源展示出来，为旅游资源发展提供更广泛的信息流通和传播渠道，从而进一步促进旅游业的发展。

(2)借助网络重点宣传本地旅游特色

全国诸多的旅游景点，如北京故宫、九寨沟等之所以能够极大吸引游客的眼球，其最主要的原因在于其他景区没有也无法复制的独有特色。因此，喀斯特相对贫困区可借助互联网＋旅游产业的模式，在重点突出相对贫困区的区域旅游特色的基础上，利用网络重点宣传本地旅游特色。

3. 实证分析——惠水县好花红村

黔南州惠水县好花红村针对乡村旅游和特色产品营销难的"痛点"，依托"互联网＋乡村旅游"，整合农特产品、民族手工艺品、特色餐饮、文化体验和创意创业创客等资源，把各类电商平台打造为乡村旅游连接游客的桥梁，实现了本地旅游资源与市场的精准对接，提升了"好花红"旅游品牌知名度。

一是依托电商平台，开展网络推广。依托好花红电子商务村平台，引进贵州朗玛信息、华夏中璨、广州奇玛(张攀春，2016)等企业入驻，用好中国网络菜市场、农商银、农经网等电商平台和携程网、去哪儿网、美团网、大众点评、贵途等20家新型媒介，发布乡村旅游信息，实现游客与乡村旅游从业者的高效对接。通过电商，本地旅游资源得以进入大众视野，乡村旅游发展空间更加广阔，推动了好花红乡村回归游、民族文化游、电子商务游、农耕体验游、健康休闲游、农业观光游快速发展。二是打造电商品牌，提供产业支撑。围绕"巩固产业基础，做优农特品牌，培育电商营销"思路，采取"公司＋基地＋农户"、订单农业等模式引导农户精准种植。加快农特产品质量追溯、产品标准、产品品牌、产品定价和运营服务等体系建设，引进泊水园、茫耶谷等企业，对本地优质大米、时鲜果蔬、牛肉干等农特产品进行品质提升、品牌打造和策划包装，"牛头牌""黑糯米""枫香染"

等好花红村农特产品品牌影响力和竞争力不断提升。设立农特产品体验店，通过线上线下展销、实地体验、网络下单、实地提货等方式，拓展农特产品销售。三是优惠政策扶持，贴心服务到位。制定系列优惠政策，鼓励和支持发展电商助推乡村旅游。对符合条件入驻好花红电子商务村的签约企业和经营个体，可以享受用房、网费"两免三减半"和人力、物流、仓储配套等方面优惠政策；鼓励乡村旅游经营者开办网店，对创办电子商务综合服务站的给予3万元硬件设施补助和每月1000元的管理费用补助；配套发展物流业，对通过物流流通特色农产品的，每单货品给予1元至2元补贴，激发电子商务与乡村旅游发展活力。

参考文献

常璐，2015. 民族民间工艺的传承和创新——以傣族竹编工艺为例[J]. 艺术科技，28(10)：184.

黄国庆，2013. 连片特困地区旅游扶贫模式研究[J]. 求索 (5)：253-255.

禄佳妮，2008. 贵州乡村旅游开发与管理[M]. 贵阳：贵州人民出版社.

罗清，2008. 旅游资源开发的原则和方法[J]. 时代经贸，6(21)：53-54.

马慧强，谢东伶，2020. 集中连片特困区旅游扶贫的产业融合发展模式研究——以山西兴县蔡家崖村为例[J]. 河北大学学报(哲学社会科学版)，45(1)：130-137.

史静一，2000. 贵州喀斯特地区旅游资源开发利用研究[J]. 贵州环保科技，6(1)：65-70.

王贺婵，谢春山，2015. 红山文化资源旅游开发途径探析[J]. 鞍山师范学院学报，17(1)：36-40.

吴国清，2010. 旅游资源开发与管理[M]. 上海：上海人民出版社.

谢清丹，2017. 苍溪县旅游扶贫模式研究[D]. 成都：成都理工大学.

徐燕，殷红梅，2009. 贵州喀斯特地区旅游资源定量评价与旅游开发研究[J]. 贵州师范大学学报(自然科学版)，27(2)：19-23，66.

杨文婕，万红莲，石岩，等，2019. 六盘山地区国家级贫困县乡村旅游发展模式探究——以陕西麟游县为例[J]. 江西农业学报，31(3)：137-143.

姚一斌，2001. 公关营销学[M]. 昆明：云南大学出版社.

殷红梅，梅再美，2004. 贵州喀斯特地区旅游资源的整合开发与产业联动发展探讨——以花溪高坡、龙里猴子沟为例[J]. 贵州师范大学学报(自然科学版)，22(2)：90-94.

曾宏华，2013. 红水河流域少数民族民歌文化资源的开发途径[J]. 大舞台(3)：263-264.

张攀春，2016. 资源禀赋的空间分布差异与贵州大数据农业发展模式选择[J]. 江苏农业科学，44(6)：1-5.

张肃，2008. 贵州民族民间工艺品传承与开发的思考[J]. 贵州民族研究，28(1)：89-92.

赵丽丽，2003. 我国西南地区旅游扶贫研究与实例应用分析[D]. 成都：西南石油大学.

第9章　基于山地旅游产业发展的乡村振兴途径

9.1　新时代旅游产业助推乡村振兴

乡村振兴最终指向“新地域共同体”的共建，在2020年全面建成小康社会之后，可持续发展以及更高层次的人类发展探索仍是必须考虑的重要内容。探索相对贫困区的旅游业高质量发展，形成新的经济增长点、新的就业机会供给，必将成为旅游资源富集的喀斯特相对贫困区实现乡村振兴的重要抓手。新时代相对贫困区旅游产业发展必须根据旅游业发展阶段特征和经济社会状况，坚持以旅游为中心，生态为基础，文化为底蕴，科技为动力，创意为根本的发展路径；形成中心突出，多业共荣，越界发展，跨区域竞合的发展模式。实现旅游产业与其他产业协同发展，走出一条特色的旅游产业突围之路。

9.1.1　新时代旅游业发展新要求

“十四五”时期，我国将全面进入大众旅游时代，旅游业发展仍处于重要战略机遇期（王晓彤，2022），对其发展也提出了新要求。高质量发展是“十四五”时期国家经济社会发展的主题，同样也是旅游业发展的主攻方向（谭翔，2022）。旅游业高质量发展可从旅游高质量标准、优化旅游环境及智慧旅游供应链体系等方面来推进，形成一种供需均衡、文旅融合、绿色发展、产业升级的良性循环。应尊重其发展规律，重点解决好旅游发展的“旅游资源开发”与“旅游市场开发”两大问题，理性探索符合旅游业高质量发展的新路径。

旅游业高质量发展需要坚定不移贯彻新发展理念，要坚持共享理念、全域视野，以人民为中心，以满足人民群众的旅游需求为目标，不断完善旅游产业链；以供给侧结构性改革为引导，打造新时代旅游产品体系；通过引入经营管理、旅游产品研发、文旅项目投资等多方面的资本、资源，促进旅游经营管理水平快速提升，加快企业改革步伐，提升经营管理水平。提供高质量的有效供给作为旅游业高质量发展的重要内涵，是转向高质量发展阶段特有的命题。它能够适应游客高质量消费的需要，不断跟上结构升级的步伐，提供更多高质量、高品质的产品和服务。党的十九大报告指出，“我国社会主要矛盾已经转化为人民日益增长的美好生活需要和不平衡不充分的发展之间的矛盾”。因此，新时代旅游业发展的主线，就是要促进文旅深度融合，精准对接游客需求，以提供高质量的旅游体验，最终实现旅游转向高质量发展，推动旅游产业提质升级。

旅游高质量发展是以人民为中心的国家旅游发展战略，是全面建成小康社会新阶段的根本要求，是产业转型升级、新旧动能转化和国家治旅体系现代化的必然选择。当前，旅游业已进入从量的扩张到质的提升的关键阶段，共同推动旅游业高质量发展，将其融入全面建成小康社会的大局之中(杨婵容 等，2022)，探索符合旅游业高质量发展的路径成为当前的重要举措。

9.1.2 旅游产业助推乡村振兴的路径

随着乡村振兴战略深入实施，乡村旅游日益成为推动乡村经济发展与产业转型升级的重要引擎(卢雯君，2021)。在巩固脱贫攻坚成果同乡村振兴有效衔接中，产业兴旺是核心，而旅游业无疑是能助推乡村产业高质量发展的特色产业。

一是保护原生环境，提升可持续发展能力。乡村振兴战略也明确提出生态宜居的要求。旅游作为典型的资源节约型、环境友好型产业，是生态文明建设中非常有优势的产业(施华勇，2020)。在发展旅游的同时，保护原生环境首先需注意增强村民、游客环境保护意识；加强对原生特色的保护，同时集中当地优势资源，多方拓展融资渠道，以此来提升乡村可持续发展能力，进一步提升通过发展乡村旅游业促进乡村振兴的可行性、有效性。

二是要因地制宜选择发展模式。不同区域在旅游资源、风土人情、基础设施、地理区位、村民价值观等方面存在差异，各地应因地制宜，结合当地的独特历史人文景观优势，科学制定分类发展导则，最终选择一条最适合该地区发展、有利于实现乡村振兴的乡村旅游发展路径(王嘉敏，2022)。

三是充分发挥联动效应，拓展产业链和空间。依托旅游业吃、住、行、游、购、娱等要素，带动地方旅馆业、餐饮业、交通业、娱乐业、商贸业、零售业等相关产业发展。可以提高乡村旅游的附加值，增强乡村自身造血能力，为早日实现乡村振兴奠定坚实基础。

四是要发挥技术优势，深入推进旅游领域转型升级。依托物联网、大数据、数字化、人工智能等现代信息技术，建立有效统一的管理、服务、营销等旅游信息系统，实现旅游要素数字化、信息服务精准化、运营管理智慧化、产品供给个性化，构建“高智慧”旅游链，促进向现代服务业模式转变。

五是要改善基础设施、优化服务。加快改善乡村的交通基础设施和乡镇村落风貌，完善乡土化、智慧化旅游公共服务设施，提升区域旅游经济发展水平及当地居民的获得感、幸福感，为乡村振兴持续发展奠定坚实的经济基础和社区支持氛围(胡海胜，2022)。

9.2　案例研究

9.2.1　乌江旅游业高质量发展途径探究

本研究将以乌江(德江段)的长堡、潮砥、新滩为例,探究旅游业高质量发展存在的问题、发展方向、解决方案等。

1. 旅游市场调研

本研究的旅游市场调研主要采用问卷调查法、访问法和观察法,从游客人数、游客来源结构、消费金额等方面进行乌江(德江段)旅游市场调研。调查分析得知,56.27%的游客未曾到过乌江下游,同时,乌江下游思南、沿河、德江三县中了解德江旅游资源的游客仅占 7.61%,见图 9-1。通过查询 OTA 等网络在线旅游平台发布的德江旅游 TOP10 景区中,尚无乌江(德江段)的乌江秘境旅游景区。综上所述,说明乌江秘境旅游景区目前市场知名度和影响力不足。长堡区域——截至 2020 年 7 月,白果坨国家湿地公园尚未正式营业,游客来源主要以长堡镇附近游客及德江县城游客为主。旅游产品主要有花椒、天麻、脐橙精品水果等。新滩区域——目前游客零星,来源、结构等无法估计。但由于新滩村旅游属于桶井乡重点打造的"新滩梦屿"规划项目,项目构思是依托与其隔江相望的玉竹村成规模、有产品、有景观的玉竹农业观光园区,辐射带动新滩旅游发展。当前,玉竹农业观光园区自驾游用户亲子家庭特征明显,日均游客 50～200 人,人均消费 45 元左右,拥有成型的旅游产品金丝皇菊和桃、李等特色农产品。潮砥区域——脐橙产业初具规模,游客主要以垂钓和采摘为目的,客流量零星,旅游收入较难估计。此外,相应的餐饮、住宿配套设施缺乏,旅游吸引力不足。

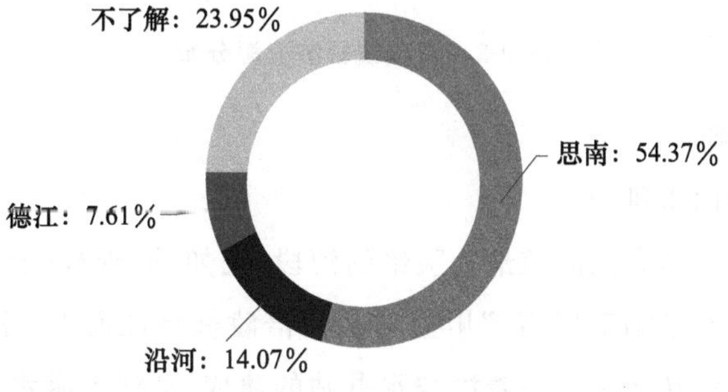

图 9-1　乌江下游思南、沿河、德江三县旅游市场问卷调查分析图

2. 旅游资源评价

主要旅游资源空间分布如下。

根据区域资源特色结合乌江走势,可分为上游段古镇历史文化、乡村旅游板块,中游

段生态观光、民族文化旅游板块，下游段户外运动、山水生态、地质地貌旅游板块。其中，上游段以潮砥镇的老政府、黔中砥柱、绞关站、纤夫古道、峭壁禅房、文昌宫、乌江睡佛、京旺脐橙基地等旅游资源为主导；中游段以长堡镇白果坨国家湿地公园、码头、移民新集镇、白果坨大桥、乌江石等旅游资源为主导；下游段以桶井乡新滩村、玉竹产业园、幸福桶井、老鹰岩崖壁、钓鱼岛、春晖乡愁文化园等旅游资源为主导。具体旅游资源分布情况见图 9-2～图 9-4。

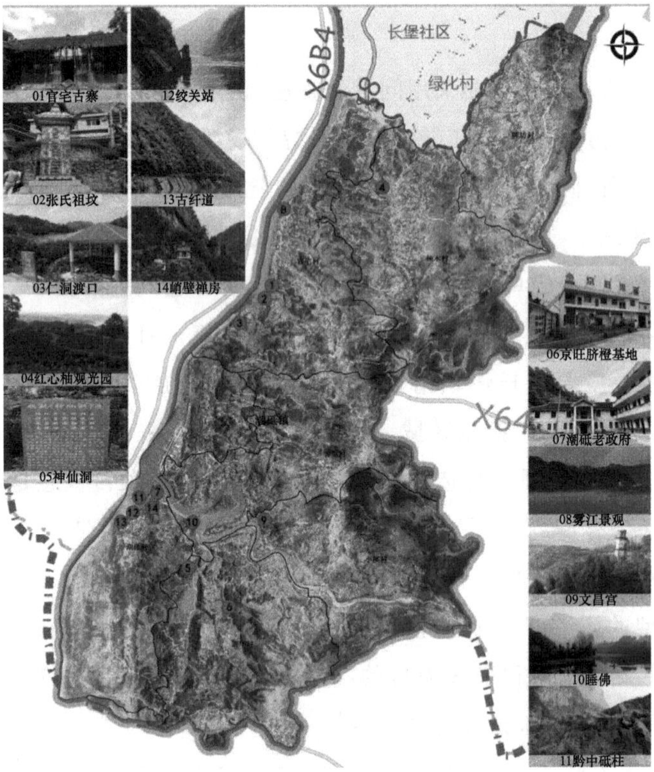

图 9-2　潮砥镇旅游资源分布

3. 旅游价值研判

(1)具有柔美的山水风光

过去，乌江潮砥段是乌江航道最为险绝的河段，正如《潮砥》诗云：“峡行山壁立，一线石门开。涡矗团飞云，潮洄咽怒雷。”川盐自四川涪陵循乌江而上，途经龚滩、新滩、潮砥运至思南，需在潮砥设转运站。随着沙沱水电站的建成，乌江下游水面提高，昔日奔腾怒吼的险滩消失，惊涛骇浪不再，取而代之的是柔美的山水风光，有“小三峡”之美，江面宽阔，风光旖旎，峡谷幽深，两岸林木葱郁，壁画更是巧夺天工，融山、水、林、泉、洞、崖为一体，汇雄、奇、险、秀、古、幽于一线，令人叹为观止。

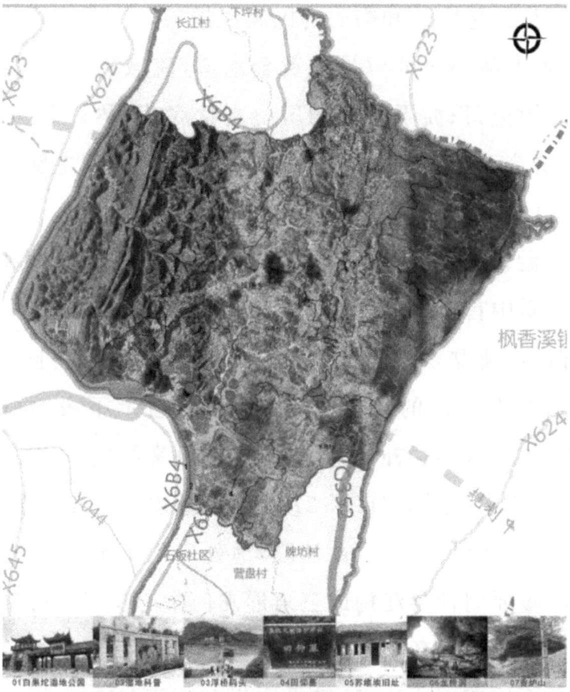

图 9-3　长堡镇旅游资源分布图

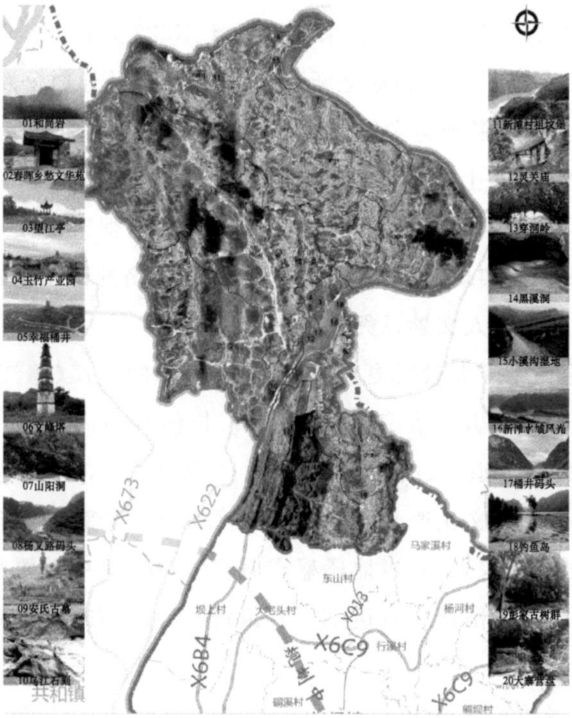

图 9-4　桶井乡旅游资源分布图

(2)具有厚重的历史文化底蕴和绚丽的民族风情

乌江作为贵州的母亲河和对外贸易的黄金水道,流域的开发自唐蒙出使夜郎算起,至今已有2100余年的历史,积淀了厚重的历史文化底蕴,孕育了绚丽多姿的民族风情。在倡导文旅融合发展的今天,乌江(德江段)文旅开发符合时代主旋律。

(3)具有承上启下的区位优势

贵州境内乌江(下游段)又分三段(上中下段),上段思南县、中段德江县、下段沿河县。其中思南县打造"黔中首郡、乌江明珠",沿河县打造"山歌沿河、乌江画廊"。目前,上下两段的旅游品牌已经建立,有一定的影响力和客源市场,并且上下段已经通航。乌江(德江段)处于中段,具有突出的区位优势。可以整合上下段的旅游资源,使思南、德江、沿河连为一体,相互支撑,相互补充,形成各具特色又浑然一体的旅游廊道。同时,乌江(德江段)距贵阳334千米,距铜仁市区220千米,距遵义市130千米,位于乌江流域融入长江经济带入口的重要地段。乌江(德江段)地处贵州历史文化名城遵义、东部山水园林城市铜仁、重庆东南重要门户黔江构成三角形几何中心位置,见图9-5。

(4)具有水陆空立体交通大环境

目前,德江县公路系统四通八达,已建成杭州至瑞丽(G56)、沿河至榕江(S25)、沿河至务川、印江经德江至务川4条高速公路,形成德江"三横一纵"的高速公路网,总里程150千米;建有德江、德江南、德江北、煎茶、合兴、楠杆6个高速进出口;升级改造完成S303德江夹石至桶井、(X6B4、Y075)白果坨至新滩、X623夹石至长堡、Y042潮砥至袁家坨、X6B4下塔坪至白果坨、X6B4冉家至新滩等省道、县道及通村公路。航运方面全面改善,2017年,乌江干流中下游航运全线贯通,乌江水运航线复航,共和港口码头内河航运支持保障系统的完善,德江上可至开阳、下至重庆入长江达上海;国家发改委批复黔北(德江)民用机场项目建设,黔北(德江)民用机场的建成将促进贵州加快形成"一枢纽十六支"民用运输机场布局,实现德江县水陆空立体交通网络的构建。

(5)具有丰富的自然和人文景观资源

千年的乌江航道留下了大量历史陈迹。在49千米的乌江(德江段)有桥梁古道、修路碑记、摩崖石刻、会馆等,其中在乌江的潮砥镇、长堡乡、新滩村遗留有"黔中砥柱"石刻、绞关站、2600米纤夫古道、文昌宫、峭壁禅房、黎家大院、刘氏老宅和袁家坨、埋鞋溪、塔坪、仁洞、长堡、白果坨等文化遗产和古迹;还有香炉山、观音阁峡谷、五指山峡谷、白果坨国家湿地公园等地质地貌景观;当地还盛产脐橙、花椒,其中脐橙味美汁足,成为当地的黄金果,目前仅潮砥镇种植面积就达1.3万亩;潮砥还有扣肉、酸鱼、酱等独具乡土气息的美食。

(6)具备休闲康养的气候条件

舒适度指数是结合温度、湿度、风等气象要素对人体综合作用,表征人体在大气环境中

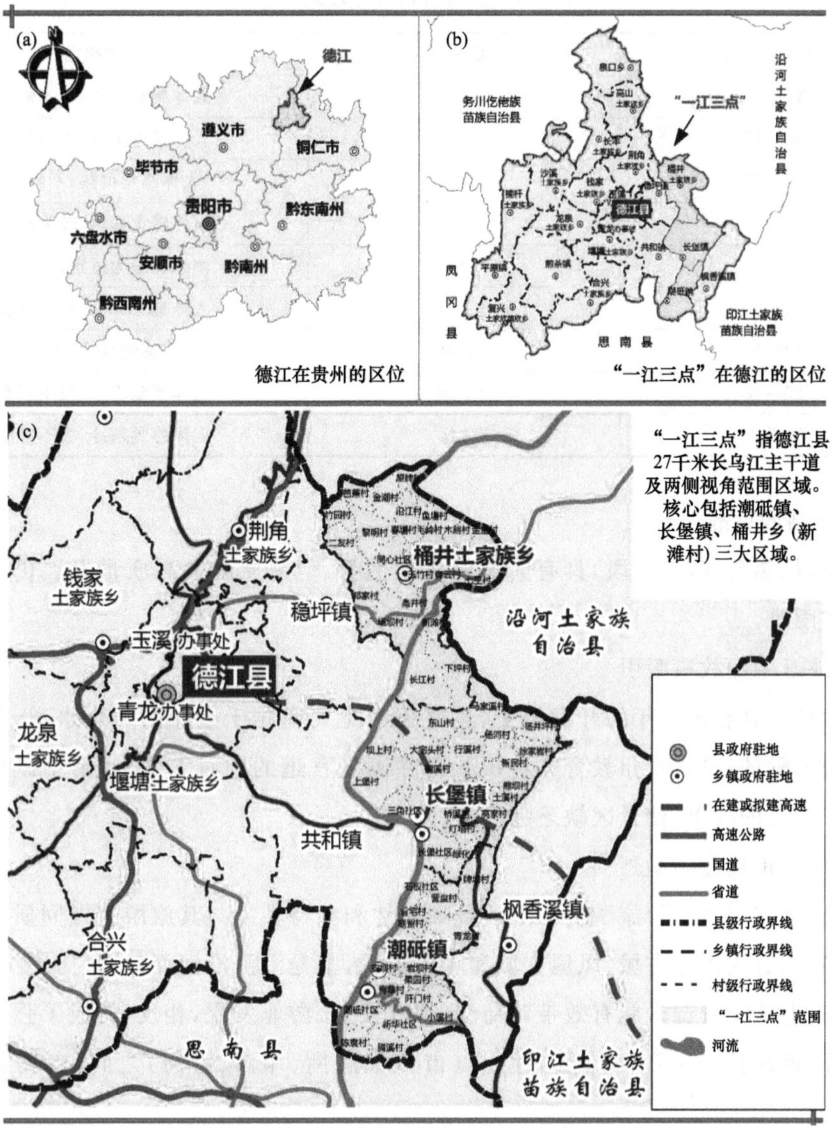

图 9-5　乌江(德江段)区位图

舒适与否。根据温度和湿度之间的关系，人体舒适度指数计算公式(李海 等，2012)为：

$$s=(1.818t+18.18)(0.88+0.002f)+(t-32)/(45-t)-3.2v+18.2 \qquad (9\text{-}1)$$

式中，s 为人体舒适度指数，t 为平均气温，f 为相对湿度，v 为风速。结合 2020 年 3 个乡镇的平均气温、相对湿度和风速，得出潮砥镇的人体舒适度指数为 67.67，长堡镇人体舒适度指数为 70.50，新滩村人体舒适度指数为 67.56，对比标准表(表 9-1)，潮砥镇和新滩村位于 0 级气候，长堡镇位于 1 级气候，生态环境气候良好，都属于人体感觉最为适宜、较为舒服和最可接受的气候，有利于开展康养度假旅游活动。

表 9-1　旅游舒适度标准对比表

舒适度指数	级别	人体感觉
高于 85	4 级	人体感觉很热,很不舒服
80～85	3 级	人体感觉炎热,很不舒服
76～79	2 级	人体感觉偏热,不舒服
70～75	1 级	人体感觉偏热,较为舒服
59～69	0 级	人体感觉最为适宜,最可接受
51～58	－1 级	人体感觉偏凉,较为舒服
39～50	－2 级	人体感觉较冷,不舒服
26～38	－3 级	人体感觉很冷,很不舒服
低于 26	－4 级	人体感觉寒冷,极不舒服

4. 面临的挑战

目前,虽然乌江(德江段)具有诸多的发展优势,但是旅游业高质量发展仍面临着诸多挑战和困难。

(1)缺乏主题故事吸引

虽然乌江具有数千年的开发历史,也是田氏土司盘踞千余年的黄金水道,其中的潮砥是川盐入黔的口岸,贵州教育先贤田秋曾在潮砥官道的巨石上阴刻“黔中砥柱”,但不存在属于自己的故事,使景区缺乏吸引力。

(2)旅游市场竞争激烈

目前,乌江(德江段)旅游资源不具备唯一性和独特性。与其旅游景点同质的著名旅游点很多,临近的镇远古城、凤凰古城和隆里古城,都是沿江沿河而建,且历史沉淀厚重、知名度高,但这些资源未能有效带动乌江(德江段)旅游业发展,相反,构成了强有力的竞争。此外,德江县处于江河热点旅游县(市)(如思南、印江、沿河)之间,市场竞争压力巨大。

(3)旅游廊道不畅通

县境内尤其是德江县城与潮砥、长堡、新滩三点之间未形成闭合的交通网络,连通道路等级较低,山路曲折,费时费力。与县境内的枫香溪红三军旧址、洋山河风景区距离较远,交通不畅,县内旅游资源也未能得到有效整合。虽然乌江干流中下游航运于 2017 年全线贯通,但往来船只较少,乘客稀少,且直通沿河—思南,仅在德江长堡码头停靠,未能完全融入思南和沿河的旅游廊道。

(4)旅游软、硬件配套设施不足

一方面,还未整体规划建设与旅游业相配套的餐饮、酒店、商场、茶楼等设施,未形成旅游开发的氛围;另一方面,当地政府还未制定旅游发展的规章制度。提高当地政府和民众的发展旅游业的意识和服务质量，改善旅游业发展的软环境刻不容缓。

(5)乌江旅游开发缺乏整体协调性

虽然省级层面已编制完成《乌江全域旅游规划》，但由于我国河流及水资源管理采取流域管理与行政区划管理相结合的体制，各县(市)在乌江旅游开发中各自为政，步调不一，资源投入及管理没有形成合力，以致乌江全域旅游没有形成品牌效应。

(6)旅游产业拉动效应不明显

目前乌江(德江段)已形成一定优势产业，如脐橙种养殖农业产业园、翠竹种植园、花椒种植园、农旅一体化产业园、电商产业等在区域产业发展背景下具有重要的地位，然而这些优势产业未与旅游有效衔接，产业链条不完整，游客逗留时间短，消费水平低等问题，导致旅游的产业拉动效应尚未有效彰显。

5. 发展路径探究

(1)全域统筹，水陆联动

利用好一江活水，站在游客角度，解读一江清水的价值，做足"水"的文章。同时深入挖掘乌江科考研学、文艺品鉴、休闲度假、养生养心的新价值。整合乌江(德江段)沿途山、水、镇等资源要素的重要价值，如古镇、村寨、码头、湿地、滩涂、内河(湖)、果园等，充分利用游船(轮)、旅游码头、滨江湿地景观、亲水休闲项目、农旅体验项目、旅游基础设施等，盘活乌江沿岸旅游资源和产业要素，"全域统筹，水陆联动"，释放乌江价值潜力，实现深层次开发，让千里乌江在德江焕发新的活力与魅力，成为德江县旅游发展的重要载体与景观依托。

(2)全季全时，全域全景

开发全季旅游，乌江(德江段)全年气候温和，雨量充沛，四季分明，每个季节景观特色鲜明，四季均具有较高的游览价值，可以针对不同季节，打造四季景观，开发四季旅游产品；依托山水风光景色，宜人的气候，开发休闲观光旅游产品；依托丰富的农业资源与田园综合体等乡村旅游业基础，开发农旅旅游产品；依托全年无霜期，开发冬季度假旅游产品，实现四季皆景色、四季都可游。

(3)"旅+"融合发展

一是文旅融合；二是康旅融合；三是体旅融合；四是农旅融合，即依托潮砥、长堡的脐橙产业园和桶井玉竹现代农业产业园发展农事体验旅游示范园(区)。利用土家族民居开发精品民宿、主题客栈，大力推动休闲农业与美丽乡村建设，打造乡村度假精品。

9.2.2　山地乡村振兴路径探究

研究将以黄平县新州镇学坝村、野洞河镇野洞村为例，探究其存在问题、特色与优势、产业选取、实现乡村振兴路径等。

1. 学坝村

学坝村位于黔东南州黄平县中部，黄平机场西南角，距县城 7.5 千米，学坝村总面积 843.72 公顷，以林地为主，占村域面积的 60.26%，其次为耕地，占村域面积的 30.51%，森林覆盖率 60.26%。

(1)存在问题

①基地建筑密度较高，空间拥挤，环境脏乱，卫生、防疫条件极差，人居环境亟待整治提升。村内河道岸线杂草丛生，田园环境还需优化美化。

②公共服务与基础设施配套具有一定基础，但村内无污水处理，易造成环境污染。

③产业单一，产业规模、结构搭配不当，难以形成规模，第三产业多样性不足，缺乏竞争力；既无传统耕作，也无现代科技元素。

④服务业跟不上，农家乐太少，养老院缺乏等；旅游元素太少，除水上乐园，无其他娱乐项目，对苗族文化继承不足，学坝村文化和农耕文化缺乏。

(2)特色与优势

①资源方面：热量丰富、土地平整、水资源丰富。

②产业方面：具有黄平县最大的水上乐园，蔬菜、葡萄、莲藕等多项产业初具规模。

③区位方面：距新州镇 9 千米，距县城仅 7.5 千米；G551 国道凯施路穿村而过，距离玉盘高速出口 6.5 千米，村庄交通设施良好。

④联动方面：联合带动发展主要表现在，距飞云崖景区 3.5 千米、距飞云大峡谷 14 千米、距旧州古镇 30 千米，产业提升空间大。

(3)主导产业选择

充分利用区位条件和产业基础，将大棚蔬菜、精品葡萄作为第一主导产业，并对一产进行提升和转型，增加品种多样性，增加科普教育和农耕文化体验，吸引城市人口观光体验，走城郊体验农业的发展道路，以研学游为第二主导产业。

(4)探索乡村振兴发展路径

①加强顶层设计、谋划全局。准确定位发展方向和旅游的发展主题，在实施乡村建设行动时，将旅游的发展有机融入县域乡村建设行动全过程，使旅游资源得以优化开发和发挥整体效能，促进产业结构优化调整、产业发展提质升级和社会事业长足进步（胡海胜，2022）。

②特色农业产业塑造。充分利用区位条件和产业基础，对一产进行提升和转型，增加品种多样性，以科技力量为基础，结合自然优势和区位条件，将研学游融入传统农业农村，增加科普教育和农耕文化体验，吸引城市人口观光体验，走城郊体验农业的发展道路，树立学坝村特色“研学游”品牌。

③文化保护与传承。依托民俗活动、特色文化广场等展示传统文化，发掘并延伸“农

耕文化”与“赶山文化”。以蝴蝶为主题，将村域内山泉水点打造成特色蝴蝶泉景观—蝴蝶泉畔（山、水、田、舍）；以蝴蝶泉畔为主题概念，结合村域范围实际地形地貌，举办特色苗族“赶山节”。

④特色生态。利用村庄山体环绕、植被繁茂、生态保护价值高的特点，建立生态林地保护区。利用耕地与林地交错，农林相融，是实现农林共生模式的理想场所，建立生态农林共生区。利用学坝村中部地区水生环境、农业种植产业的交错情况，适宜建设自然生态田园，建立生态田园体验区。

⑤田园空间营造。以服务村民生活为主兼顾农业生产，形成田园乡村内部的展示交流空间，构建村民服务中心、乡村文化馆、坝区农事服务点、乡村振兴节点、村民活动广场、邻里空间触媒点等。此外，作为村庄重要的水系景观，着力融入当地绿地系统，为村民休闲提供空间，创造舒适宜居的环境，结合气候、自然环境等，以最小干预的手段，打造河流自然乡村景观和休闲观光长廊。

2. 野洞村

野洞村隶属野洞河镇，位于野洞河镇政府驻地西部，距离县政府驻地仅 29 千米，主要聚居着汉、苗等民族。野洞村总面积 3079.38 公顷，耕地总面积 468.35 公顷，森林覆盖率达到 80%以上。

(1)存在问题

①基础设施条件有待提高。交通条件不好，X812 县道黄平县到野洞村路段道路相对较窄、路面损坏严重，需加紧维修。水利设施不健全，保灌水平低，覆盖面积小。

②规模以上产业问题突出。生态观光园后续投资大，资金保障有难度，景区档次与品位难提高；大型养猪场刚开工建设，仍受市场因素影响，后期不确定因素多；烤烟种植问题多，部分从业人员思想怠慢，技术不过关；稻田养鱼难形成商品，收益总量小；养蜂、本地羊和猪产业销售困难。

③未充分发挥旅游资源优势。目前旅游元素太少，除心栖谷，无其他娱乐项目，野洞河正常经营 10 年，于 2012 年闭园，主要存在产权和经营权闲置的问题，导致原本有影响力的景区一直处于废弃状态，造成严重的资源浪费。

(2)特色与优势

①传统项目烤烟表现良好，种植面积大，为 1200 亩，亩均纯收入高，超过 2000 元，通过务工及自己种植直接受益农户数量多。

②正邦集团生猪养殖基地投资 8.4 亿元，是贵州大型养殖项目。目前已开工建设，2021 年下半年投入使用，用工量 200 余人，对带动本地就业有明显作用。

③野洞河景区 2002 年开园，2005 年被中国旅游协会评为全国十佳漂流旅游区，2006 年晋级为国家 3A 级景区，沿线风景独特，其体验感和观光效果明显。

④野洞河位于且兰古国——旧州西南部，距离23千米。黄平县旅游发展总体规划(2012—2025年)将本片区定位为且兰古国郊野游憩区，“十四五”旅游规划拟将旧州打造为5A级景区，对本项目具有明显的带动作用。

(3)主导产业选择

充分利用野洞河品牌，通过提升改造，吸引省内外游客观光体验，以生态旅游与生猪养殖为第一主导产业，走三产为主、一产为辅的发展道路。结合当前正在打造的心栖谷生态农业观光园项目，大量的本地种养殖，将原来的3A级景区提升为4A级景区，极大提升其知名度和体验感，从而带动周边产业，包括本地土特产品开发、旅游产品开发、餐饮住宿、观光体验等。

(4)探索发展路径

①壮大康养品牌。走生态康养路线，建多功能旅游观光区，搭建野洞河系列品牌，壮大村委一线餐饮住宿娱乐等第三产业。

②引进人才与技术。增加科技培训、吸引返乡就业、培养致富带头人、加强示范带动、创新合作模式等。在烤烟种植、稻田养殖以及本地猪羊等养殖方面推行高产、高效、优质、生态、安全生产模式，发展规模化、标准化、集约化生产。在现有产业的基础上，广泛采用新品种、新技术、新材料、新工艺、新设施、新设备等。

③加强组织保障。保障心栖谷和养殖场顺利经营；促进野洞河经营权落地；改变烤烟生产方式；保障土特产品销售渠道畅通。

④田园营造。因地制宜营建必要的基础设施和公共服务设施，村庄乡村田园风貌通过引导改善提升，打造错落有致的乡土性、原真性的景观节点。

⑤特色塑造。集观光采摘、休闲娱乐、生态康养、传统种养、文化体验于一体，形成稻田鱼、跑山羊、黑毛猪、黄平小黄牛等众多本地特色产品。同时在确保烤烟产业当前利益的基础上，提前谋划，以本地线椒、食用菌等作为替代产业。

⑥打造特色乡村文化。乡愁：发掘野洞河风貌特色，在美丽乡村建设中予以充分利用，传承和彰显地域文化，努力实现“望得见山、看得见水、记得住乡愁”的发展愿景。

乡村文化景观：品“乡情”展现乡村的文化传承，让人情脉相通。乡村文化景观是乡村的文化标识，具有深厚文化的乡村，能够构建出极具竞争力的乡村景观。乡村文化景观的升级，要注重对于乡村文化的显性表达和隐性传承，构建具有品赏价值的乡村景观(张楠，2018)。

参考文献

胡海胜，2022. 全域旅游助推乡村振兴[N]. 中国社会科学报，2022-08-04.

李海，白娜，2012. 普洱茶养生旅游开发初探[J]. 文山学院学报，25(6)：117-120.

卢雯君，2021. 广西人口较少民族地区乡村康养旅游开发研究[J]. 全国流通经济 (36)：111-113.

施华勇，滕诚悦，2020. 旅游产业发展与新型城镇化建设的互动分析——以蓝田县为例[J]. 农村经济与科技，31(6)：185-186.

谭翔，2022. 产业集聚对旅游经济高质量发展的空间溢出效应及门槛研究[D]. 贵阳：贵州财经大学.

王嘉敏，邓永芳，2022. 乡村旅游业何以肩负乡村振兴新使命[J]. 乡村科技(8)：47-52.

王晓彤，2022. 文旅融合背景下陕西旅游政务公众号传播研究[D]. 西安：西安工业大学.

杨婵容，杨丹卉，2022. 九江茶旅融合发展的动力机制及路径分析[J]. 西部旅游(22)：1-3.

张楠，2018. 国画意境在现代乡村景观营造中的应用研究[J]. 美与时代：美术学刊(中)(1)：136-137.

第10章　喀斯特相对贫困区旅游发展的瓶颈及建议

10.1　旅游产业发展的瓶颈研究

10.1.1　管理体制不健全

(1)缺乏有效统筹规划

贵州乡村旅游处于“多头管理”状态，管理部门过多，政出多门，导致协调成本上升，办事效率下降。有利可图则愿意管，遇到问题就相互推诿，使乡村旅游经营者无所适从。缺乏政府有关部门的正确引导和大力支持。对乡村旅游目前还没有专门的政策体系和扶持手段。城郊型观光农业只是靠门票而不是靠农产品和旅游服务实现效益。不少地方政府没有制定乡村旅游总体规划，没有明确的管理机构和管理办法，虽然有些地区的建设、农林、水利和旅游部门都制定了一些相应的标准来评定乡村旅游景点，但都有各自出台的管理办法，缺乏宏观的控制和指导。加上投资者自身的局限性，导致投资决策明显的随意性和开发的盲目性(周祥杰，2010)。政府目标与乡村旅游规划价值目标可能会产生矛盾。

(2)管理经营体制不健全

由于乡村旅游发展时间短，成长过程基本是自发的，其管理体制还不完善。从管理角度看，旅游、文物、建筑、农业等部门虽有管理责任，但却无法实施全面销售，形成了很多管理“盲区”(雷晚蓉，2018)。资源保护和环境保护执法渠道不畅，执法依据混乱；无论是开展“农家乐”的农户家庭，还是整个乡村旅游目的地，很多景区都存在卫生、安全等方面的问题。乡村旅游涉及农村社区发展、小城镇建设、农业结构调整、旅游开发、环保、卫生、工商等部门和内容，需要更权威的协调管理组织进行统一管理。但目前地方政府还没有健全的管理机构对乡村旅游开发进行统一协调和管理(吴建华 等，2004)。从乡村旅游企业内部经营来说，目前相当数量的民营资本进入乡村旅游，他们多数是从别的领域赚了钱投资到乡村旅游中.缺乏开发旅游业的专业知识和经验，大多采用家族式管理，内部管理比较混乱。乡村旅游的发展需要现代管理知识，旅游业作为服务行业，有其特殊性，地方政府如不建立专门机构统一管理和指导地方旅游的发展，就很难规范乡村旅游管理，提高乡村旅游参与人员的服务意识和管理水平，实现乡村旅游持续、协调和可持续发展。贵州许多景区缺乏统筹规划和严格管理，例如贵州最早批次的 5A 级景区、驰名中外的黄果树瀑布，门票虚高，缺乏路标指示牌，周边酒店缺乏，店铺多数为当地百姓自建，2016 年才修了一条商业街，管理不规范甚至混乱，缺乏统筹规划。省内景区尤其是出名景区，应当由成熟的旅游规划高水平企业来做好整体规划，统筹建设和安排，以免当地"闭门造车"、随意安排，景区设施与游客需求格格不入，造成旅游景区的"一锤子买卖"，给游客带去不良体验，扫兴而归，景区和地方也因小失大，失去回头客和潜在客源(王先庆，2011)。

(3)部门之间缺乏合力

对于贵州这样一个生态敏感性高、环境脆弱的喀斯特省份，显然大力发展工业制造业不太现实，况且国家反对高投入、粗放式、污染大的经济发展方式，发展旅游才是贵州经济发展的出路。然而部门与部门之间，机构与企业之间，往往缺乏沟通机制，各自为政，对于旅游这样一个影响要素多、综合性强的产业，显然是不利的。要发展好旅游，需按照"全面深化改革领导小组"模式做实"旅游发展改革领导小组"，由省一级领导担任旅游发展小组组长，统筹协调旅游发展，强化组织协调资金利用、人才培养、监督考核等，做好各部门之间的协调工作，上下一心为旅游发展服务，解决旅游发展过程中的"难点"。

10.1.2　基础设施落后

喀斯特贫困性与环境脆弱性并存，其基础设施落后，接待能力低。突出表现在与旅游发展息息相关的交通、电力、通信、医疗卫生等方面建设水平落后(李晓红，2007)。交通是发展旅游产业的基础保障，是旅游通道的物质载体，是连接旅游客源地和目的地的重要经济纽带。贵州喀斯特地貌发育典型，山高坡陡，是全国唯一一个没有平原支撑的省份，在该地建设铁路、公路成本都比较高，难度大，这就导致许多景区交通条件差，不易到达(王剑 等，2002)。例如，道路设施的不完善，导致了旅游者因看不到路标而找不到目的地的情况时有发生，自驾车旅游者在乡村道路上行走艰难，游客苦于交通上的不便利放弃出游。至 2020 年贵阳市已建成使用的地铁线也只有一条，市内交通拥堵，在贵阳周边旅游乘坐公交车非常慢，租车成本高。再如，龙里大草原和高坡乡等贵阳周边旅游潜力巨大的地区，公共交通也不甚发达，旅游出行方式几乎只有自驾一种选择，局限性极大。自"西部大开发"战略以及"县县通高速"等政策实施以来，贵州交通设施有所改善，但是由于旅游景点分散，景点间的交通快速连接性和便捷性仍是一个大问题，许多游客抱怨多数时间花在路途上，易劳累，到了景区也没多余精力去欣赏美景，交通成本和时间成本高，在景区逗留消费的时间就越短(钟海萁，2011)。

除了交通设施亟须改善外，其他基础设施也亟须提升。旅游是一个集交通、游览、住宿、餐饮、购物、文娱六个环节的综合性行业，如果其中一个环节不到位，很有可能给游客带来不良的体验，影响景区形象甚至贵州旅游形象。贵州省内旅游集散场所、景区内基础设施（厕所、景观道路、观光游览车、停车场、标志牌等）、旅游公共服务网及服务中心等公益性设施建设落后，星级酒店、度假酒店档次低、总量少，不能适应新时期度假景区旅游的需求；脏、乱、差的景区环境，接待条件落后都使旅游发展的速度进一步降低。清新美丽的乡村风光和恶劣的住宿条件给游客带来了巨大的心理反差，乡村房间的卫生条件差，特别是厨房和厕所的卫生条件远达不到预期的标准，不卫生的饮食引起疾病却没有配套的医疗。即使喀斯特乡村社区自然条件优越，民俗文化深厚，如果基础设施和环境建设跟不上，也会严重影响旅游消费者的需求，极大地制约喀斯特地区旅游业的可持续发展（李晓红，2007）。

10.1.3 人才资源匮乏

据《贵州省文化和旅游人才发展白皮书（2019）》，截至 2018 年，贵州旅游人才存量规模为 25.8 万人，过去 3 年人才规模增速大约 22.59％，人才需求规模约 4.8 万人，其中 2018 年全省大中专院校旅游相关专业的毕业生为 1.7 万人，省外高校、高职院校的贵州籍毕业生返黔就业和外省引进人才超过需求规模的 20％。但是由于社会经济发展落后、福利保障、人才培养机制、个人职业发展等原因，旅游人才流失现象严重，对于紧缺的旅游人才问题来说无疑是雪上加霜（王媛媛，2011）。除此之外，存在规模总量不足、人才地域分布不均匀、人才产业分布不尽合理、人才层次分布不均、高层次人才依然偏少、职业培训教育体系不完善等问题，许多旅游地的旅游从业人员仍以当地农民为主，受教育程度较低、服务意识不强，导致旅游结构和素质与快速发展要求之间有很大的差距。旅游人才的流失、供应不足已经成为制约喀斯特旅游发展上规模、上档次的瓶颈。

对比周围城市如桂林、大理、丽江、成都等，贵州喀斯特贫困区旅游开发起步较晚，加上社会经济发展水平落后，交通、信息闭塞，许多人的思想观念和思维方式也远远落后，导致许多景区的旅游从业人员，主要以当地的农民、城镇居民为主，绝大多数没接受过高等教育，文化程度较低，旅游培训很少，更不要说是旅游规划专业的人才。喀斯特旅游的规划人才、景区管理人才、旅游商务人才、翻译等高层次人才更是稀缺；许多已经考了旅游证、具有专业能力的年轻人才，往往也会被周边经济发展较好的城市吸引，即使是留在贵州省内的，也多数聚集于经济条件较好的省会、市内等区域，这种单向的人才流动，加剧旅游人才的流失和分布结构不合理性（魏玮，2018）。

人才兴则旅游旺，贵州喀斯特旅游发展离不开旅游人才的建设，然而当前缺乏高素质人才，缺乏自有旅游人才。要使贵州的喀斯特旅游地产生独具特色的持久魅力、形成自身的竞争优势，把贵州的喀斯特旅游资源优势快速转化为产业优势和经济优势，离不开一支思想观念先进、专业知识熟练的高素质人才队伍，人才正是贵州喀斯特旅游发展成功的关键。况且贵州的喀斯特分布多在农村和偏远地区，旅游业人力资源的开发有利于吸纳当地农民参与旅游业的发展，加快推进农村产业结构调整，实现贵州城市和乡村和谐发展（王媛媛，2011）。

10.1.4　旅游产品品位低

从产品层次角度来看，大多数为自然观光、生态休闲等层次低的旅游产品，只是表面开发，缺乏创新设计和深度加工，对旅游产品文化内涵挖掘不够、地域特色凸显不够，导致文化品位不高、特色不明显、参与性不足（冉小云，2016），品牌缺乏竞争力，难以满足游客间的差异化需求，缺乏高层次度假旅游产品来延长游客停留和旅游的时间，旅游景观区产品生命周期比较短暂，导致众多景区内缺少可持续发展的潜在动力。例如，喀斯特景观最明显的问题就是溶洞景点多、产品替代性强，加剧了溶洞景观间的同源性冲突。旅游产品单一，难以满足旅游市场趋于多层次化、多样化和高品位需求。

从项目开发模式方面来看，当前贵州多数旅游项目还主要停留在观光层面上，乡村度假、民间手工艺制作、民俗文化研讨等内涵丰富的活动开展不够，旅游项目缺乏层次、品位不高，主要还停留在春天赏花、秋天采果、品尝农家饭、棋牌、钓鱼等传统模式上，难以让游客感受和体验到淳朴、质美的乡村气息。贵州喀斯特旅游区缺乏独特的旅游资源景观、人文旅游景观和亮点文化，这些因素制约了贵州喀斯特地区的旅游发展（王浪 等，2006）。

从旅游商品生产销售方面来看，贵州乡村旅游目的地生产和出售的美术工艺品、土特产品、文化用品等品种很少，难以满足旅游者的购物需求。乡村旅游商品雷同严重，各旅游点旅游商品的品种、形式、内容等基本相同。旅游商品设计缺乏创意，模仿、抄袭很严重，很少有人愿意投资新产品开发。旅游商品生产中为节约开支，所使用的原材料质量差、工艺粗糙，缺乏文化内涵。旅游商品管理上缺乏有效的市场准入制度，生产、销售自由度高，致使假冒伪劣商品充斥市场。

从品牌意识方面来看，贵州的乡村旅游项目大多起点较低，市场定位不高，特色不够鲜明，配套设施不完善。特别是一些采摘、垂钓项目，基本处于原始状态。乡村旅游地卫生条件差、服务不规范、设施简陋，许多地方交通、通信条件差，特别是古镇、古村落的基础设施问题严重。乡村旅社数量少，普遍档次较低，特色不突出，服务不规范，给游客带来诸多不便，直接影响到乡村旅游的发展。主动宣传和促销不够，没有很好地利用现代化的信息传播手段。对乡村旅游目的地吸引游客至关重要的一些因素，如地方特色、乡村环境、服务水平与质量等往往不够重视，开发中无视自然生态和人文活动的价值。多数乡村在开展乡村旅游时,不顾对环境造成的污染和破坏,大兴土木,失去了乡村特色,影响了竞争力。很多地方则因资金缺乏,无力改造乡村道路、停车场地、公共厕所和通信设施,住宿和饮食卫生达不到要求(吴建华 等,2004)。

10.1.5 管理服务意识欠缺

旅游行政管理部门及旅游企业对于人才开发和教育培训的投入严重不足,对旅游人才培训不够重视,不少旅游企业对员工只重使用,强调其对企业的产出和贡献,但却舍不得对员工进行智力投入,由于缺乏培训的机会,以致很多员工虽然工作了多年,其业务水平却一直没有大的提高。一些地方为了节约成本,只重"挖人"不重育人,要用什么人才临时到市场上或企业去"挖",未能从本地区的长远发展考虑。全省各地培训工作开展的成效因当地政府的重视程度不一,培训的效果也各不相同。有的地区培训工作是进行了,但效果却并不理想,究其原因主要是注重形式而忽视培训的内容和质量,培训方法是否适合当地农民学习的特点、培训激励政策是否到位这类问题缺少研究(王媛媛,2011)。

旅游经营管理方面,贵州喀斯特地貌景观资源在开发和管理方面大多是粗放型的经营管理模式,面临着如何进行专业化治理的问题。大多数在喀斯特景区管理、服务的工作人员几乎都没能达到喀斯特地区所要求的专业知识水平,众多工作人员就是附近的居住人员,专业素质、服务水平、管理意识、导游水平等各个方面都欠缺。如导游人员的普通话非常不标准,对喀斯特问题并不了解,对游客所提的问题也就胡编乱造,蒙混过关(冉小云,2016)。

10.2 相对贫困区旅游产业可持续发展建议

经过30多年的探索,贵州的旅游扶贫逐渐走出了一条"保护一方山水、传承一方文化、促进一方经济、造福一方百姓、推动一方发展"的新路,形成了多个可复制、可推广的特色路径,但也存在一些突出问题。一是旅游扶贫开发行为有待规范。有的地方将旅游扶贫简单等同于旅游开发,没有真正聚焦到扶贫上;有的急于求成,缺乏区域整体规划,开发建设存在盲目性、随意性、破坏性;有的简单仿效其他景区,大肆兴建各种旅游娱乐设施,最终失去了原有的特色;有的地方旅游产品缺乏创新、雷同现象严重,甚至把一些理应摒弃的陋习、迷信作为所谓"特色"进行开发,导致旅游活动庸俗化。二是旅游扶贫经营水平有待提高。有的地方政府过度主导,不能适应市场需求变化;有的地方管理体制不完善,专业人才十分缺乏,市场营销能力弱,配套服务跟不上,不能满足游客多样化消费需求;有的旅游企业过分注重短期经济效益,缺乏长远发展规划;有的地方环境保护意识淡薄,旅游开发中缺乏环保考虑和环保投入,旅游景点逐渐失去吸引力。三是旅游扶贫受益机制有待完善。有的地方在旅游开发中缺乏贫困人口有效参与、各方利益合理链接的机制，导致旅游发展的成果不能更多更好惠及贫困人口；很多地方忽视旅游技能型人才的培训，导致贫困人口不能在发展旅游中实现充分就业。

结合贵州实施大扶贫、大数据、大生态战略行动的实际，就加快喀斯特相对贫困区旅游扶贫发展提出以下建议。

10.2.1　理清工作思路，明确重点任务

深入贯彻习近平总书记系列重要讲话精神特别是视察贵州重要讲话精神，深入践行五大新发展理念，紧紧围绕脱贫攻坚和同步小康目标，坚定发展自信、跨越自信、小康自信，把乡村旅游作为精准扶贫的重要路径，整合旅游和扶贫资源，着力培育乡村旅游新业态、新产品，注重建立完善贫困人口有效参与、实现利益合理链接的工作机制，让更多贫困群众成为旅游发展的参与者、受益者，加快脱贫致富奔小康步伐。

一是把旅游扶贫作为践行五大新发展理念的“新高地”。以创新发展为动力，不断打造具有时代特色、融合传统文化的新产品、新模式、新业态，突出发展个性，全面提升自主创新能力，在智慧旅游、科技扶贫等领域取得创新突破；积极将“互联网＋”理念融入旅游扶贫开发建设。以协调发展为路径，加强对贫困地区旅游的支持，在规划、政策、资金、人才等方面给予优先支持，促进基本旅游公共服务均等化，促进旅游扶贫物质文明与精神文明协调发展，将旅游与促进经济发展、促进国民素质提高有机结合起来；以绿色发展为指导，落实“绿水青山就是金山银山”的发展理念，延伸生态旅游产业链，积极发展绿色产业，开展绿色酒店和生态景区建设，加强对旅游精准扶贫从业人员的生态环保宣传，树立节约光荣、浪费可耻的观念，倡导合理消费，推动绿色出行；以开放发展为平台，积极推动与国内国际旅游业界合作，积极开展旅游扶贫外交，积极参与国际旅游扶贫事务，充分发挥旅游业在国际交往中的桥梁纽带作用，通过世界山地旅游大会等重要平台“与世界对话”、推进合作；以共享发展为目标，做大做强旅游及相关产业，拓宽就业门路，促进增收致富，支持有条件的地方发放旅游消费券或给予各种形式的旅游补贴，促进社区旅游参与和当地居民旅游就业，提高当地居民旅游发展中的受益程度和发展能力（戴斌，2019）。

二是把旅游扶贫作为守住两条底线的“主阵地”。旅游扶贫是做长板与补短板的有机结合点，是守住发展和生态两条底线的前沿阵地。各地应紧紧围绕贵州省委省政府打造国内一流、世界知名山地旅游目的地的目标定位和发展全域旅游的决策部署，实现全景式打造、全季节体验、全产业发展、全社会参与、全方位服务、全区域管理，帮助贫困地区提高经济增速、增加群众收入、构建安全体系、加快脱贫攻坚步伐（曾博伟，2015）。同时，通过旅游扶贫项目的实施，大力改善环境，使山更青、天更蓝、水更清、地更洁，让广大

农村各美其美、美美与共。加快旅游供给侧结构性改革，更加注重从产业自身发展角度丰富旅游供给，为庞大的旅游需求提供优质、多样化的旅游产品；更加注重提高旅游供给体系的质量和效率，防止在旅游业"大干快上"的时候，形成新的投资泡沫和低效甚至无效供给；更加注重优化旅游市场结构、产品结构、产业结构、企业结构、要素结构、区域结构，系统性、整体性、有针对性地推动旅游业转型升级，推动贵州旅游迈向中高端水平；更加注重改善旅游市场消费环境，为旅游业发展提供良好的市场经营环境和投资环境。

三是把旅游扶贫作为决战脱贫攻坚、决胜全面小康的"主抓手"。充分利用贵州丰富而独特的山地旅游资源，大力发展旅游业，坚持以人为本，遵循自然规律的理念，加快本地居民脱贫致富，让外来游客舒适快乐，让更多贫困人口参与分享旅游发展的红利。在旅游景区推进旅游扶贫首次试点中，在进一步摸清贫困农民数量的基础上，认真研究制定景区扶贫实施方案，理清思路、明确目标，因村施策、因户施策，准确帮助贫困农民率先脱贫，树立了一批旅游扶贫的成功模式；示范引导更多人增加收入、摆脱贫困（文建秋，2016）。做足旅游文章，加快全面小康进程，把推动旅游业实现"井喷式"增长作为稳增长、调结构、惠民生的重要支撑，把旅游作为"一把手"工程和发展一方经济、繁荣一方文化、涵养一方生态、造福一方百姓的崇高事业，与抓一、二、三产业发展，基础设施建设，生态环境改善，精神文明建设和社会治安综合治理等有机结合，实现经济、政治、社会、文化、生态五位一体发展，不断提升人民群众的获得感、幸福感和安全感。

10.2.2 突出地域特色，打造旅游精品

(1)突出区域特色，避免同质化经营

从全省来看，安顺可以突出屯堡文化，黔东南可以突出苗族和侗族文化，黔西南可以突出布依族文化，黔南可以突出水族文化，六盘水可以突出夜郎文化，毕节可以突出彝族文化，铜仁可以突出佛教文化和土家族文化，遵义可以突出红色文化、名酒文化和仡佬族文化，贵阳可以突出气候资源（盘晓愚 等，2009）。

(2)加强主题建设，打造旅游精品

红色旅游主要以黔北遵义市为主，突出"历史转折，出奇制胜"的主题，民族风情游主要以黔东南、黔南、黔西南州为主，突出"民族风情、醉美贵州"的主题，生态休闲旅游可在全省适宜地方开展，突出"生态休闲、健康人生"的主题。

各市（州）可根据地方特色，对县（市、区）发展乡村旅游做出规划，形成"科学布局、注重特色、差异发展"的格局。当前发展乡村旅游要与城镇化建设结合起来，城镇规划不能贪大、求洋，不能"千城一面"、"千村一面"、千篇一律。建筑样式要"越土越好"，建筑材料要"就地取材"，始终保持县、乡、村的"原汁原味"。与农业产业化结合起来，围绕发展蔬

菜、茶叶、干鲜果品、中药材、花卉种植等特色优势产业，开发观赏游、采摘游、品茗游、品尝游等乡村旅游产品，使蔬菜禽畜变成餐桌的美食或旅游商品，使农产品成为旅游产品，增加农产品的附加值。注重游客情感和生活的体验，根据不同主题，发展一些具有深度体验内容的休闲项目，以独特的生活体验吸引不同文化、年龄、层次、背景的游客。同时，依托民族文化资源，建设一批文化产业基地，培育一批有特色的骨干文化企业，推进区域特色文化产业聚集发展，形成民族民俗文化品牌(杨明，2004)。

10.2.3 健全旅游发展管理机制，探索旅游扶贫新模式

(1)继续发挥政府主导作用

一是加强规划引领，在旅游扶贫开发之前，制定好土地规划、道路规划、水电煤气等规划，实行"多规合一"，全面统筹规划，为贫困地区旅游业永续发展提供保障。二是完善政策保障，为旅游扶贫事业制定财政、税收、金融和土地等多方面的优惠政策，明确政府、地方、企业及社区的责任，有效利用扶贫资金，有序开展扶贫项目，稳步推进地区脱贫。三是加强部门协作，旅游扶贫开发、管理、监督、保护等全过程并不是仅由旅游部门就能完成的，其中还涉及国土局、林业局、住建局、环保局等多部门，要对分散在各部门的资金和管理权进行梳理和整合，形成权力的集中使用，形成有效合力。更加注重旅游部门在旅游扶贫开发中的主体和统筹地位，避免部门之间问题推脱、权力紧抓等问题。四是优先对贫困乡镇的旅游资源进行开发，用好旅游扶贫基金，重点支持14个深度贫困县、20个极贫乡镇、2760个贫困村发展乡村旅游，加强社会资本的引进力度(罗艳，2018)。

(2)完善旅游扶贫资金利用体系

一是有效配置扶贫资金。全面掌握贫困地区的基础设施建设状况，充分实现旅游扶贫资金有效、合理配置，避免某些项目过分投入、某些项目投入不足，导致发展不协调的局面。二是端正扶贫对象认知。政府对贫困户的资金援助是帮助其提高脱贫能力，提升素质，要坚决杜绝贫困户"等靠要"的懒惰行为，真正发挥资金的扶贫作用。三是设立旅游人才培训专用资金。增强贫困户的能力和素质，是脱贫攻坚的长久之计。要设立专门资金，培养一批旅游扶贫带头人和组织，加强贫困户参与旅游经营的能力。四是创办社会企业。长期依靠政府资金注入是不能长久的，要利用旅游扶贫资金创办社会企业，社会企业更加注重社会价值而非经济价值，更多关注旅游景区发展，搜集旅游信息，解决旅游发展问题等，更有助于地区脱贫(罗艳，2018)。

(3)推进全社会利益分享、共建共享机制

有效的利益分享机制才能保证旅游业可持续发展。旅游业的开展涉及政府、企业、社区和游客。社区居民只有真正享受到旅游发展带来的利益，他们才能展现旅游从业的积极性，才会创新旅游服务、产品，真正想把旅游业发展好(李锦宏，2009)。对于企业来

说，前期的资本、人力、技术、信息方面的投入也要得到相应的经济回报，才能有继续投入旅游要素的积极性。对于政府来说，通过实施系列优惠政策，引进企业、人才等，实现贫困地区全面脱贫是最终目的。对于游客来说，希望花费时间和金钱能够享受到有价值的旅游体验，则是最大的收获。由此，权衡多方利益是旅游扶贫成功的关键因素（陆薇，2017）。

(4)推进旅游业与相关行业融合

旅游业发展离不开其他行业的支持，单一发展旅游业是不现实，也是不可持续的。因此，要大力推进"旅游 ＋""＋旅游"的发展，将旅游业积极融入第一、二、三产业，充分延长旅游产业链，充分发挥旅游业的综合效应。在"旅游＋农业"方面，一是推出绿色有机农产品如大米、蔬菜，对景区内游客进行优惠、优先销售。二是推出"欢乐农场"项目，让游客出资金定期承包一定范围的田地，游客自行选择适合当地环境的农作物，农户可以教游客种植的方法，在除草等方面的管理由农户承担，待农作物成熟以后，游客可以获得全部成果。在"旅游＋林业"方面，充分打造"森林休闲氧吧"的品牌，丰富森林内休闲和娱乐设施，如增加吊床、茶餐厅、探险项目、儿童游乐园等。在"旅游＋工业"方面，依托工业园区，开发工业流程观光项目，再利用"闲置"的工业环境。在"旅游＋文化"方面，深入挖掘少数民族文化内涵，在不偏离民族历史事实的情况下开发少数民族节事活动，除开展民族文化表演外，要特别突出游客在其中的高度参与性。在"旅游＋大数据"方面，一是依托大数据对旅游目的地进行营销，逐步实现智慧旅游。二是依托电商平台，销售民族地区的手工艺品、绿色有机农产品。在"旅游＋体育"方面，贵州近年来依托区位优势，积极举办了多项山地体育赛事，在少数民族体育方面，要进行充分挖掘，促进少数民族体育与旅游结合，实现健康和经济双赢。在"旅游＋养老"方面，充分依托贵州良好的气候优势，创建避暑养老社区，通过房屋出租等方式增加居民收入。在"旅游＋水体"方面，结合地区民族文化和历史，创新水上休闲娱乐项目。总之，要积极将旅游融入政治、经济、文化、社会和生态的各方面，不断延长旅游产业链，充分发挥旅游的带动效应，带动更多地区和人民脱贫致富（罗艳，2018）。

(5)构建旅游全过程统筹管理平台系统

依托贵州旅游资源大普查数据库，导入旅游项目库相关信息，多维度叠加客源、客流量、游客流向、产品供给、产品需求等数据，全新研发从资源大普查应用到资源开发、项目库动态管理的全过程统筹管理应用平台，为资源管理、项目开发、动态管理、可持续评估、产业效益评估、土地指标管理等方面的应用提供科学依据和科学指导，形成统筹动态循环的管理（张政，2018）。

(6)加快旅游诚信体系建设

依托贵州公共信息平台，完善旅游业相关企业和从业人员诚信记录，记录里有信用档案，实施信用分类监管，对失信行为开展联合惩戒行动。扩大旅游“红黑榜”应用，将旅游景区（点）纳入旅游“红黑榜”评价机制，对于“红榜”诚信企业，在企业融资、银行贷款、工商管理、税收及责任保险给予优先办理、简化程序、开通“绿色通道”和重点支持等激励政策；对于失信企业和个人实行违规备案制度，激励健全黑名单退出机制（张政，2018）。

（7）完善省内旅游协作联动

推进黔中城市群旅游一体化发展，先行推出黔中城市群内“旅游一卡通”，逐步推行全省“旅游一卡通”，实现城市群内旅游咨询、救助、投诉受理、接待服务一体化；以黔中城市群旅游一体化发展引领贵州国际化旅游服务、国际化旅游设施、国际化旅游标准等的建设与推广。强化旅游路线联动，打破区域界线，建立跨区域旅游服务供给站、营销推广站，开通各地景点快速绿色通道，为省内旅游车辆进入提供便利，加强客源互送。建立共赢的战略联盟，充分发挥贵州高铁旅游营销联盟、贵州精品景区联盟作用，推行统一的宣传营销机制和旅游服务标准。推动贵阳与安顺、六盘水、毕节、遵义、铜仁等建设旅游联盟，按照“引导增量、优化存量”的思路，构建联动发展的旅游基础设施和统一开发的产品和要素市场，实现市（州）之间旅游产业整体有机融合、互补互促、合理竞争、共生共荣发展（张政，2018）。

（8）大力开展旅游标准化建设

旅游标准化建设是旅游发展的基础性工作，要全面提高旅游质量、旅游服务水平，促进旅游产业的全面升级，适应旅游业供给侧结构性改革的需求，要尽快构建贵州全域旅游的标准体系，制定和完善旅游的相关标准，开展贵州全域旅游的标准化建设。以“大扶贫＋”旅游标准化，促进贵州旅游扶贫建设；以“大数据＋”旅游标准化，促进贵州智慧旅游建设；以“大生态＋”旅游标准化，促进贵州生态、民族文化旅游建设（魏玮，2018）。

10.2.4 因地制宜，完善旅游基础设施与环境建设

（1）加速完善交通设施

按照“着眼十年、规划五年、突破三年”的要求和外引内联、外部交通网络化、内部交通公交化、一体化的总体目标，加强交通基础设施建设，大力改善全省旅游外部可进入条件。改造并全新建设贵州民航机场；加快铁路建设，推进高速铁路的建设，提高铁路管理水平；全面建设旅游景区周边主干公路，解决“断头路”“回头路”，大力建设农村公路（郭峰 等，2018）。

（2）全面提升住宿条件

旅游重点景区和城市在条件达到的情况下，可以与国际知名酒店合作，加快建设高档星级酒店，在贵阳和遵义等中心城市引进旅游投资大项目，建设中高档酒店，解决长期以来缺乏知名中高端酒店的问题。在民族文化景区，配合当地民族特色开发自主品牌酒

店，建设有文化特色、有内涵、干净舒适的休闲酒店。大力发展经济快捷酒店服务，建设连锁酒店，着重解决酒店内设施建设、消防安全、卫生条件等，把快捷酒店建设成性价比高、干净舒适、安全可靠的居所。借鉴云南、四川等地的成功模式，发展特色文化酒店、生态度假村，充分利用好贵州多民族文化特点、民俗风情和历史文化等，不仅满足游客的住宿需求和观光需求，同时吸引游客了解少数民族文化特色，切身感受少数民族的生活方式，扩大旅游宣传力度（李锦宏，2009）。

(3)旅游集散规划建设

旅游集散中心规划建设是弥补旅行社模式的短板，散客少、需求多样使得游客的需求难以得到满足。建设旅游集散中心把游客和旅游资源融合聚集，为游客提供便捷高效的服务。例如，在贵阳建设旅游集散中心为旅客提供交通集散服务，使游客尽量少花钱而最为便捷地到达目的地；为游客提供信息咨询服务，包括气象、交通和景区信息等旅游信息服务；提供中介服务，为游客预订车票、机票、门票、酒店等；为景区景点宣传服务，提供景区商品的信息，同时为游客带来方便（王莹，2017）。贵州旅游集散中心建设以贵阳为中心，辐射遵义、安顺等地区作为二级集散中心，将重点旅游城镇作为最终目的地，以此建设可以覆盖全省的旅游资源，对景区和游客起双向引导作用，便于游客获取景区信息、顺利到达目的地，集散中心建设设计和信息服务便于景区的推广、可进入性提高，进而增加景区的旅游收入。

(4)公共厕所等清洁卫生服务设施建设

贵州旅游景区内、道路旁边公共厕所服务设施总量少，建设标准不一，布局不合理，公共标志牌不明显，直接给游客产生“脏、乱、差”的整体印象。根据《城市公共厕所设计标准》应合理设置厕所在旅游景区内布局，统一建设高标准、无异味、干净卫生的厕所，实现景区内形成半小时内有卫生间。增加垃圾存储设施，定时定点清理，降低垃圾随处可见的现象。加强公共卫生清洁服务设施的管理，增加清洁人员，划分管理区域，实现无死角清洁；明确清洁管理部门职责，城镇、景区清洁工作由当地环卫部门进行统一管理，便于追究责任；旅游公路清洁有交通管理部门进行统一管理；乡村清洁需要当地政府的保洁部门分配村内进行清洁；实现所有公厕免费开放，处罚、取缔收费公共厕所；加强对建设工地施工管理，使工地在围栏内安全、文明施工，工地进出口道路硬化、冲洗必须按照规定严格执行；禁止城市道路、井盖乱涂乱画现象；合理规划提供路边便民售货亭，禁止随便占道经营摊位，倾倒油水污染路面。

(5)加快餐饮业基础设施建设

贵州旅游餐饮业发展规模需要进一步扩大，改善环境卫生条件，提高现代管理水平和服务质量，增强企业核心竞争力，挖掘贵州多民族餐饮文化，实现餐饮业高档次、特色化、规模化的目标。通过努力，在各地规划建设规模适中、特色鲜明、管理规范的美食街；

实现贵州各个民族、各个地区都能有5个以上的特色食品品牌以及与食品相融合的餐饮店；严格执行餐饮管理规定，规范化经营、规范化管理，对有害蔬菜、肉食进入餐馆、酒店严格处罚，杜绝食品安全隐患。

10.2.5　多措并举，加强喀斯特旅游人才队伍建设

把提高贫困地区旅游从业人员素养的工作摆到更加突出的位置，以培养当地人才为主、引进人才为辅，开展广泛多样的教育，提高当地人的人文素养和专业服务水平；以地方教育为根本，以"任人唯贤和量才适用"为原则，建立宽松的人才流动制度；采用干部挂职锻炼、结对帮扶等措施提升旅游发展的智力水平；开展加速产学研一体化，培养一批能够引领企业参与国内外竞争的优秀企业经营管理者和后备人才；采取特殊灵活政策，实行"公开赛马"，引进和借用省内外、国内外高精尖科技人才和创新型企业家；加快农村人才培养，把更多农村劳动力培养成真正需要的实用性人才。贵州旅游人才队伍的建设，需要从以下几个方面考虑。

(1)重视人才队伍建设，提高旅游人才资源开发工作的地位

首先要树立"人力资源是第一资源"的观念，提高旅游人力资源开发工作的地位，旅游人才开发要纳入贵州喀斯特旅游发展的总体规划中。政府要像抓资源开发、市场促销那样重视人才队伍建设，从政策措施、资金投入等方面保证人才的开发，建立健全的人才保障和利益机制，为贵州旅游人力资源开发工作营造一个良好的环境(王媛媛，2011)。

(2)确立人才规划目标，建立多元化的培养模式

贵州喀斯特旅游人才培养要立足于人才本地化培养，在分析现有人力资源的基础上，从旅游业发展和人才的未来供需的角度进行科学的规划，力求旅游人才不仅在数量上还要在结构上与贵州喀斯特旅游的发展相适应，确保贵州旅游人力资源达到合理配置。

旅游人才培养要通过多渠道进行，由政府来统筹协调社会各方面是搞好旅游教育的一个重要途径，政府要在政策、经济和技术上给予旅游人才培养长期支持，对以服务为主的当地旅游从业人员实行免费的岗位培训，尤其是岗位证书的培训，让从业者持证上岗；对以经营、管理和规划为主的旅游专业人员的教育和培训，实行个人交一部分学费，政府对重点对象扶持一部分学费。政府要经常联合旅游部门和农林部门及相关部门举办培训班、送教上门、"一对一"帮扶等多种形式的培训(曹安勇，2012)。政府可以从区域整体发展的需要来培养旅游人才，也可以有针对性地对一些示范性的喀斯特旅游地区进行本地人才培训。旅游院校是旅游人才培养的主力军，在人才队伍建设中发挥着基础性作用，学校在专业设置上开设与喀斯特旅游相关的课程，旅游部门及学校为学生提供到喀斯特旅游地区实习的机会，提供较优厚的待遇、福利吸引学生毕业后留下来工作。旅游

企业也要立足长远发展，定期组织现有从业人员进行培训，如贵州安顺天龙屯堡旅游区采取“政府＋公司＋旅行社＋农民旅游协会”的联合培养模式，由公司来组织当地村民培训，共同打造旅游开发、经营、管理的团队，这样的人才培养模式让社会、企业、个人都从中受益(王媛媛，2011)。

10.2.6 实施品牌战略，着力开发特色旅游产品

以“多彩贵州”品牌为引领，把“山地公园省、多彩贵州风”作为贵州山地旅游业的总定位，在充分保留原生态元素的基础上完善基础设施建设和公共服务，推进村史博物馆等建设，传承民族特色文化、红色文化、生态文化，坚持“人无我有，人有我新，人新我变”开发旅游产品，大力开展民间歌谣推广传唱活动，积极举办具有浓郁文化特色和地区风貌的乡村旅游节庆活动，树立安全、友好、和谐的乡村旅游目的地形象，让游客找得到乡愁(王莹，2017)。

旅游商品包括了工艺美术品、风味土特产、旅游纪念品等一系列旅游过程中消费、购买的商品。贵州旅游商品可开发种类丰富，一经开发一定可以达到满足游客的购物需求和推广旅游景区特色的目的。旅游商品代表着游客游玩贵州的美好回忆以及生活经历，可自己收藏也可赠送朋友，因此，提高旅游商品销售量较为容易，商品附加值更高(王莹，2017)。

积极开发贵州特色鲜明、有档次的旅游商品，在开发过程中将贵州当地人文文化、自然景观融合进商品内，提高旅游商品的艺术性、收藏性和纪念意义；建立生产工厂专门生产当地特色商品，保证其质量；注重商品的销售环节，积极拓宽网络销售渠道，实现生产、销售一条链，打造产业化、专业化生产(王莹，2017)。

在开发生产中发挥政府的作用，政府给予资金扶持和技术支持，重点建设扶持一批旅游商品龙头企业，开发旅游商品和建立自主品牌并做好推广销售。与高校历史文化专业、旅游管理专业等合作，寻求理念、技术等方面的帮助；生产系列产品。

10.2.7 加强旅游资源规范管理，提升旅游服务能力

(1)提升农民服务能力

一是培养村民自信。许多边远贫困地区因长期处于封闭的状态，缺乏与外界的互动交流，对外界的认知缺乏，缺乏自信，总认为自己能力不足以承担旅游服务工作，因此，政府和企业要通过举办各类培训，让他们扩展对外界和自身的认知，增强自信心。二是开展从业能力培训。在项目开发方面注重创办农家乐、餐饮店、旅社、表演团体等经营能力的培养，主要表现在提高旅游服务质量、处理旅游问题能力、提供安全保障等方面。在环保方面，确保各居民的环保责任，共同营造整洁、卫生的旅游环境。三是增强居民的话语

权。居民是旅游发展的受益主体，在旅游发展中应该拥有话语权和决策权，能够参与和决策旅游发展（罗艳，2018）。

(2)建立完善的培训机制，提升景区管理和服务能力

培训首先要讲究策略，旅游发展初期，特别是在进行旅游规划的时候，非常需要旅游专业人才的“外脑”，可以充分地利用借智引智来引导旅游业务走上正轨（马艳平，2007）。对于日常的经营管理人才，有条件的可以自己培养，也可以从外面引进，但是一般的基层服务人员和导游人员最好立足自己培养，这样有助于增强服务的特色，还能为当地提供更多的就业机会。培训的方式不要搞形式主义，要讲求实效，学以致用。旅游从业人员的培训与普通教育的根本区别在于特别强调针对性、实践性。喀斯特旅游发展需要什么、从业者缺什么，就培训什么，不要流于形式。培训的形式要灵活多样，使受训者一看就懂，一学就会，学了能用，培训中可以先扶持一批重点农户和乡镇基层领导为主的带头人（王媛媛，2011）。

培训的内容要具备三个方面。一是与喀斯特旅游相关的基础知识，如经营管理、产品营销、安全常识、简单的外语日常用语等必要的技能培训。二是包括提高农民从业者素质和转变思想观念的教育，使他们树立生态环保意识，讲究文明习惯。农民充分地认识到继承和保护本地文化的重要性，意识到山川秀美是一笔巨大的财富，对本地资源就会变被动保护为主动保护。三是服务礼仪和服务技能方面的培训，使从业者具有较强的服务意识，提供的服务达到规范化和标准化。四是开展本地民俗文化和风土人情方面的教育，使当地居民充分了解自身的民俗文化、民俗风情，树立起对本土文化的自信与自豪，使之能在旅游活动中既能满足旅游者求知的需求，又能具有独特的文化品位（王媛媛，2011）。

10.2.8　大力开拓旅游扶贫市场，构建完整的本地化产业链

充分发挥各级政府、宣传部门在乡村旅游宣传推广中的主导作用和旅游部门、旅游企业的促销主体作用，鼓励、支持景区（点）和旅行社实施长期促销计划。可以借助民族节庆、民族传统赛事、重要民俗文化和娱乐活动等不断扩大旅游扶贫景区（点）的影响。加强与电视、广播、网站、报刊等媒体的合作，利用这些媒体平台强大的宣传优势，开辟专题专栏，对旅游扶贫进行重点推介。还可以在车站、机场及其他客流量大的公共场所和城市出入口处设计醒目、有吸引力的旅游宣传广告。景区（点）及其周边城镇、重点旅游线路更要设立旅游宣传推介窗口和广告牌。充分利用互联网，发展智慧旅游，不断提高旅游管理、旅游服务和旅游营销的水平，加快建设和完善旅游目的地管理系统，积极开展网络营销、网络预订等旅游在线服务，提高旅游发展的信息化水平。打造完整、本地化的旅游扶贫开发产业链，实现“农旅”互动互利。要充分利用旅游业辐射面广、关联度强的

特点，在民族地区乡村旅游发展中延伸发展具有地方特色的种业、餐饮酒店经营、农副产品加工营销、交通运输等相关产业。也可以发展符合当地旅游发展需要的文化产业、建筑业、装饰业等产业。延伸乡村旅游扶贫产业链，打造以旅游为龙头的完整本土化产业链。要充分发挥增长极作用和旅游产业扩散效应，最大限度地开发利用当地资源和劳动力，实现当地农户和乡村旅游经营者合作共赢，促进乡村旅游扶贫产业集聚发展和“农业旅游”共同发展，避免“旅游孤岛”和“旅游飞地”现象，提高旅游扶贫综合效益（向从武 等，2019）。

参考文献

曹安勇，2012. 实施贵州旅游精品战略的几点建议[J]. 贵阳市委党校学报(1)：11-14.

戴斌，2019. 旅游，秋意正浓 旅行社等市场主体将会在国家旅游发展体系得到更高重视[J]. 中国会展(中国会议)(18)：62-65.

郭峰，陈其荣，2018. 贵州省旅游产业与交通系统耦合协调度分析[J]. 西部经济管理论坛，29(3)：57-63.

雷晚蓉，2018. 乡村旅游资源开发研究[J]. 旅游纵览(20)：146-149.

李锦宏，2009. 喀斯特地区乡村旅游可持续发展研究[D]. 北京：北京林业大学.

李晓红，2007. 乡村旅游问题及对策研究[J]. 法制与社会(1)：543-544.

陆薇，2017. 多案例视角下企业参与旅游扶贫的绩效与对策研究[J]. 四川旅游学院学报 (6)：51-55.

罗艳，2018. 全域旅游背景下贵州旅游扶贫体制机制研究[J]. 洛阳师范学院学报，37(10)：24-36.

马艳平，2007. 对进一步发展我国乡村旅游的策略探讨[J]. 商场现代化(13)：253-254.

盘晓愚，刘桔，2009. 贵州旅游文化产业发展探析[J]. 贵州民族研究，29(1)：125-131.

冉小云，2016. 贵州喀斯特地貌旅游开发研究[J]. 旅游纵览(6)：72.

王剑，彭建，2002. 喀斯特地貌在贵州旅游业发展中的地位与作用[J]. 贵州师范大学学报(自然科学版)，20(4)：17-19.

王浪，张河清，2006. 试论乡村旅游开发与社会主义新农村建设[J]. 内蒙古农业大学学报(社会科学版)，8(4)：124-125，134.

王先庆，2011. 贵州旅游业发展的现状、问题与原因分析——基于贵州旅游业实地调查的思考[J]. 商业经济 4：58-59，125.

王莹，2017. 贵州省入境旅游服务贸易发展现状和对策分析[D]. 北京：首都经济贸易大学.

王媛媛，2011. 贵州喀斯特旅游人才队伍的建设[J]. 中国城市经济 (3)：242-243.

魏玮，2018. 贵州全域旅游发展的探讨[J]. 质量探索，(2)：85-89.

文建秋，2016. 黔西南州第一个易地扶贫搬迁“百日攻坚战”大事记[N]. 黔西南日报，2016-09-28.

吴建华，郑向敏，2004. 我国乡村旅游发展存在的问题与对策分析[J]. 桂林旅游高等专科学校学报，15(3)：5-9.

向从武,冯伟林，2019. 西南民族地区旅游扶贫成效与益贫机制构建[J].贵州社会科学(3):149-154.

杨明，2004. 充分发挥喀斯特文化在贵州旅游上的优势[J]. 西南民族大学学报·人文社科版，25(7):468-470.

曾博伟，2015. 供给侧结构性改革与旅游业转型[N]. 中国旅游报，2015-12-30.

张政,2018. 贵州省大旅游路径研究[J]. 知行铜仁(2):45-48.

钟海萁，2011. 民族地区旅游开发与地方政府职能转变研究[D]. 贵阳:贵州大学.

周祥杰，2010. 浅析我国观光农业的发展[J].科技信息(23):446,464.

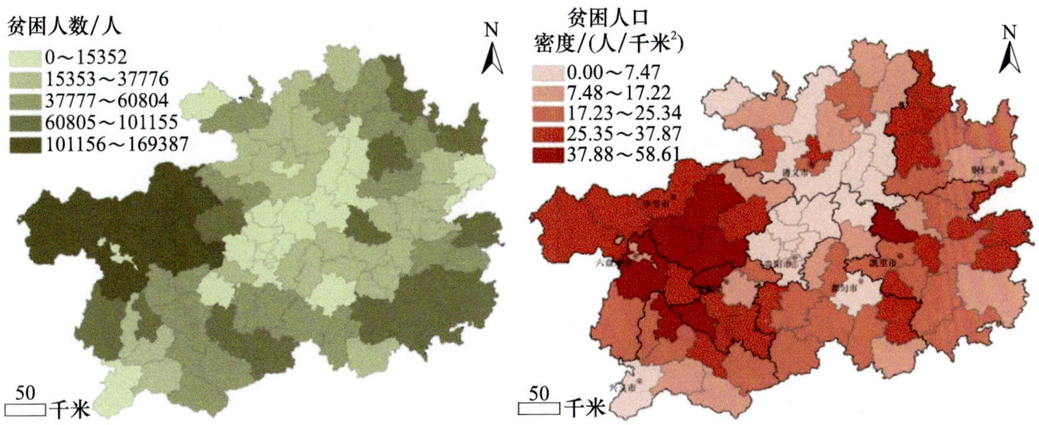

(a) (b)

图 2-3 贫困人口数量(a)与密度(b)的空间特征

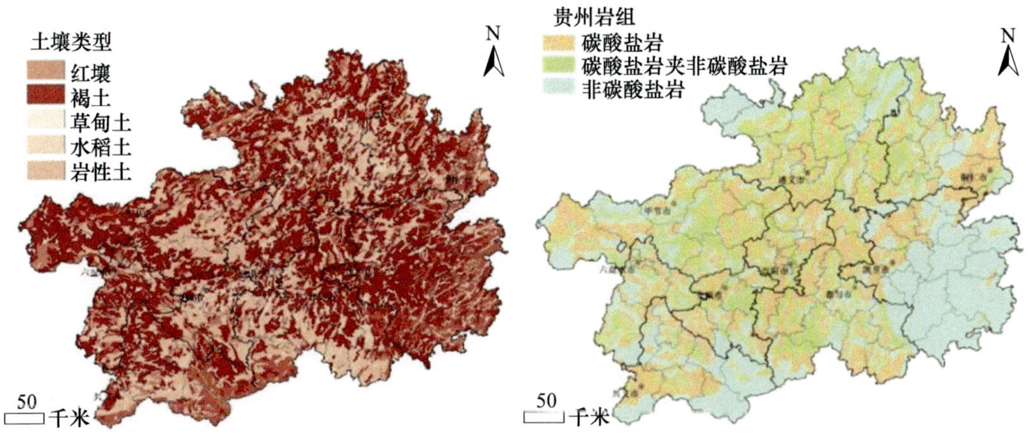

(a) (b)

图 2-4 贵州土壤(a)与岩性(b)类型分布图

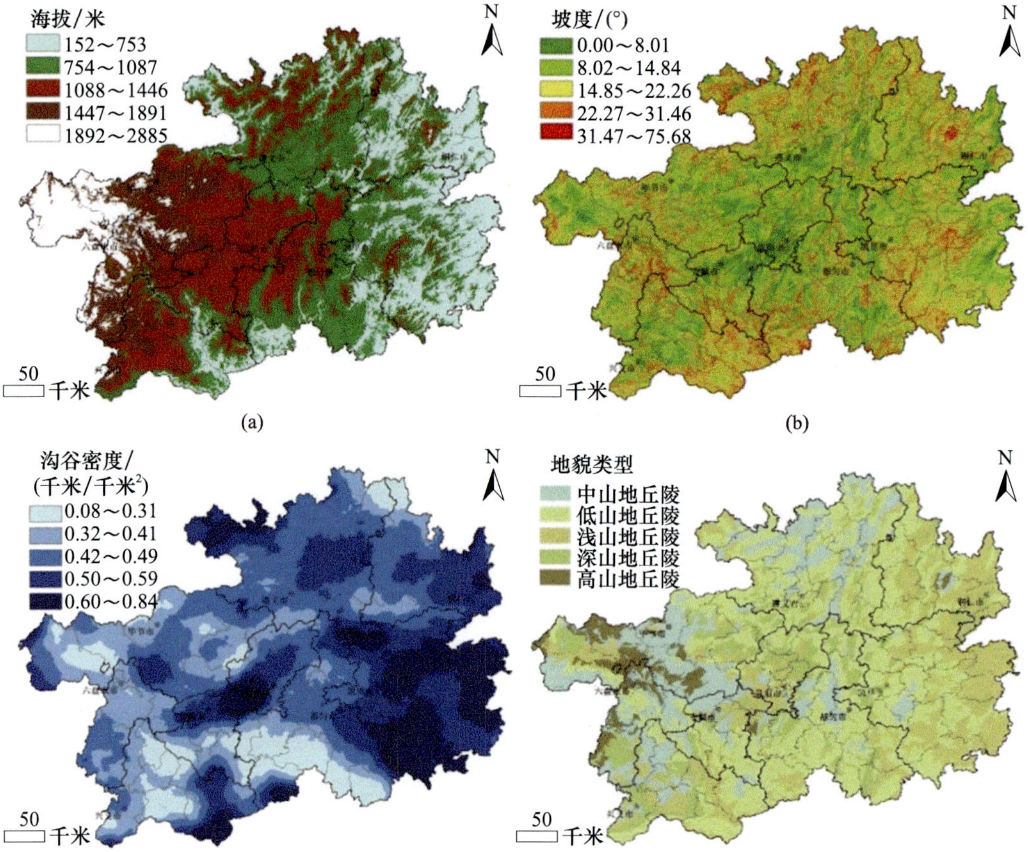

图 2-5　贵州地貌类型空间特征

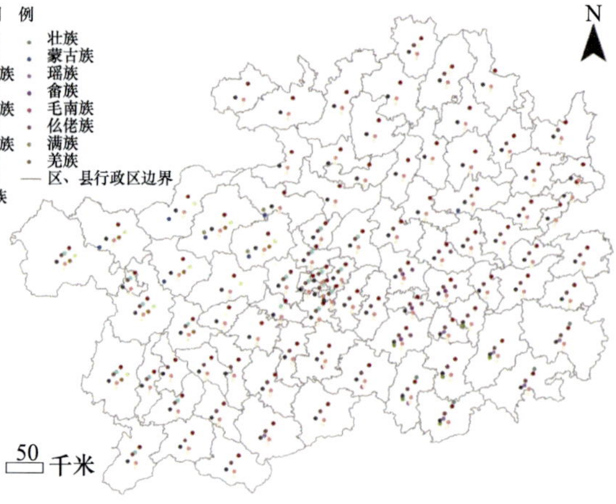

图 2-8　贵州民族地区分布

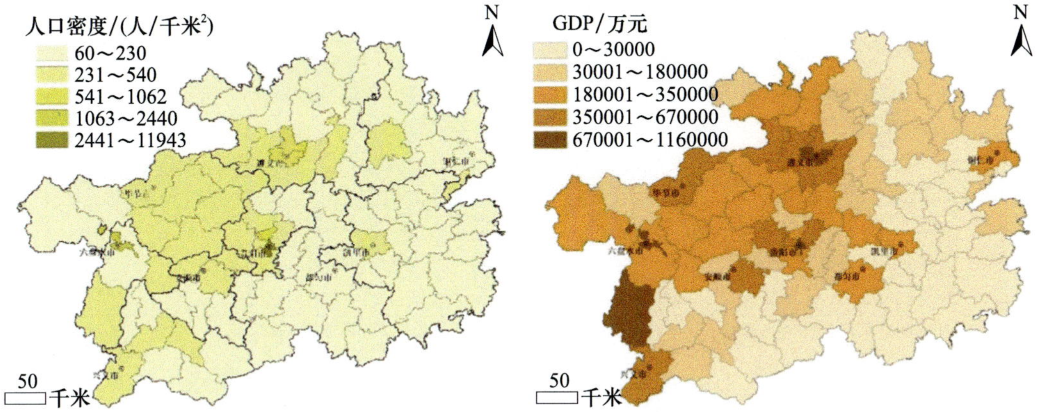

(a)　　　　　　　　　　(b)

图 2-10　社会经济本底条件的空间特征

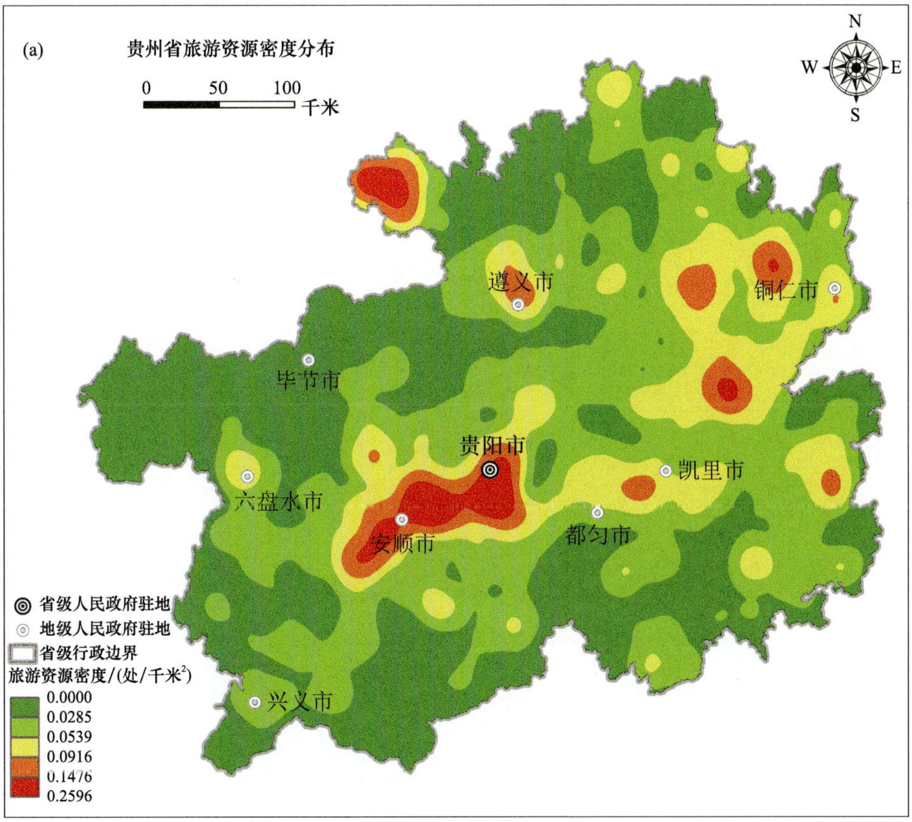

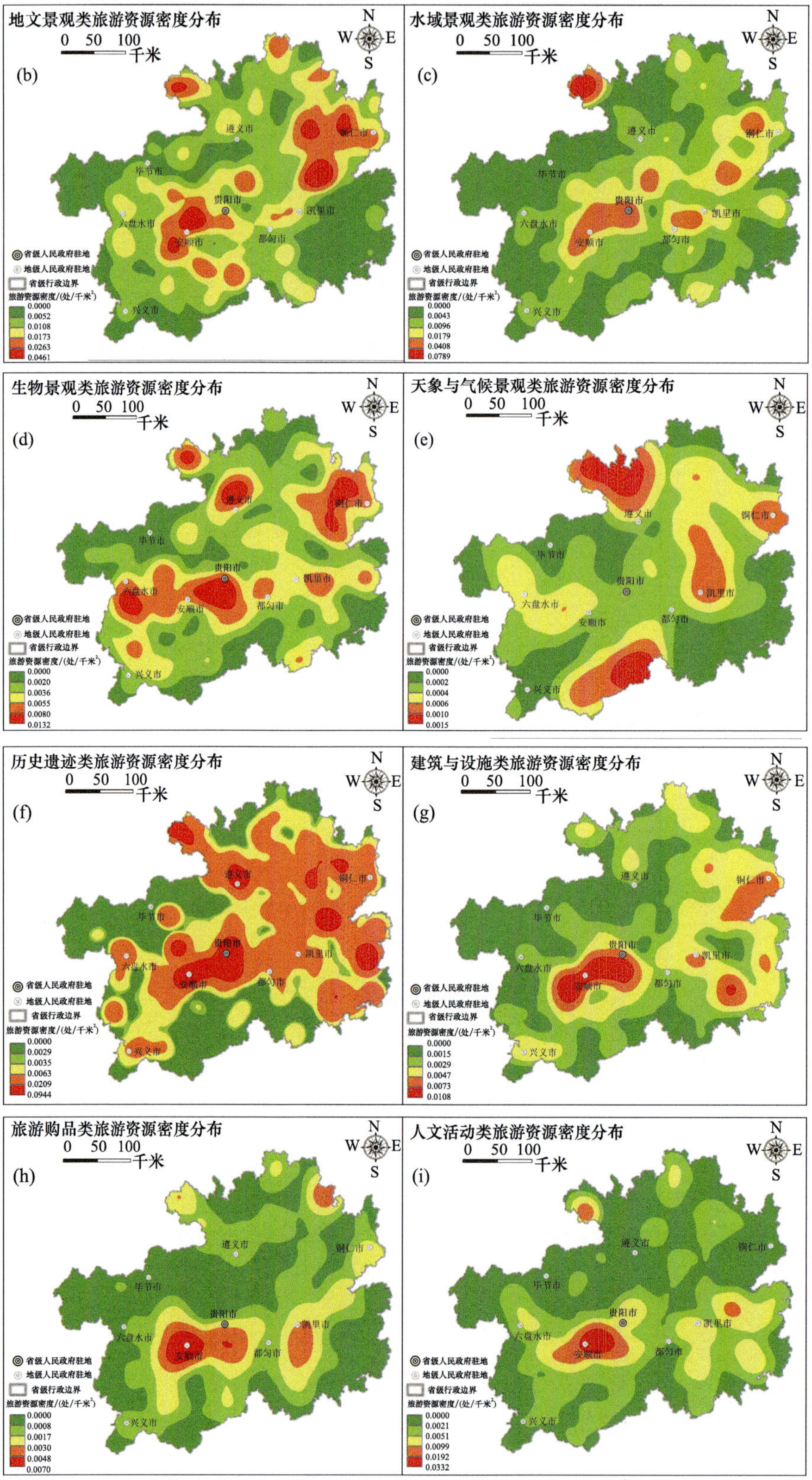

地文景观类旅游资源密度分布
0 50 100
千米
(b)
遵义市
铜仁市
毕节市
贵阳市
凯里市
六盘水市
安顺市
都匀市
兴义市
省级人民政府驻地
地级人民政府驻地
省级行政边界
旅游资源密度/(处/千米²)
0.0000
0.0052
0.0108
0.0173
0.0263
0.0461
水域景观类旅游资源密度分布
0 50 100
千米
(c)
遵义市
铜仁市
毕节市
贵阳市
凯里市
六盘水市
安顺市
都匀市
兴义市
省级人民政府驻地
地级人民政府驻地
省级行政边界
旅游资源密度/(处/千米²)
0.0000
0.0043
0.0096
0.0179
0.0408
0.0789
生物景观类旅游资源密度分布
0 50 100
千米
(d)
遵义市
铜仁市
毕节市
贵阳市
凯里市
六盘水市
安顺市
都匀市
兴义市
省级人民政府驻地
地级人民政府驻地
省级行政边界
旅游资源密度/(处/千米²)
0.0000
0.0020
0.0036
0.0055
0.0080
0.0132
天象与气候景观类旅游资源密度分布
0 50 100
千米
(e)
遵义市
铜仁市
毕节市
贵阳市
凯里市
六盘水市
安顺市
都匀市
兴义市
省级人民政府驻地
地级人民政府驻地
省级行政边界
旅游资源密度/(处/千米²)
0.0000
0.0002
0.0004
0.0006
0.0010
0.0015
历史遗迹类旅游资源密度分布
0 50 100
千米
(f)
遵义市
铜仁市
毕节市
贵阳市
凯里市
六盘水市
安顺市
都匀市
兴义市
省级人民政府驻地
地级人民政府驻地
省级行政边界
旅游资源密度/(处/千米²)
0.0000
0.0029
0.0035
0.0063
0.0209
0.0944
建筑与设施类旅游资源密度分布
0 50 100
千米
(g)
遵义市
铜仁市
毕节市
贵阳市
凯里市
六盘水市
安顺市
都匀市
兴义市
省级人民政府驻地
地级人民政府驻地
省级行政边界
旅游资源密度/(处/千米²)
0.0000
0.0015
0.0029
0.0047
0.0073
0.0108
旅游购品类旅游资源密度分布
0 50 100
千米
(h)
遵义市
铜仁市
毕节市
贵阳市
凯里市
六盘水市
安顺市
都匀市
兴义市
省级人民政府驻地
地级人民政府驻地
省级行政边界
旅游资源密度/(处/千米²)
0.0000
0.0008
0.0017
0.0030
0.0048
0.0070
人文活动类旅游资源密度分布
0 50 100
千米
(i)
遵义市
铜仁市
毕节市
贵阳市
凯里市
六盘水市
安顺市
都匀市
兴义市
省级人民政府驻地
地级人民政府驻地
省级行政边界
旅游资源密度/(处/千米²)
0.0000
0.0021
0.0051
0.0099
0.0192
0.0332

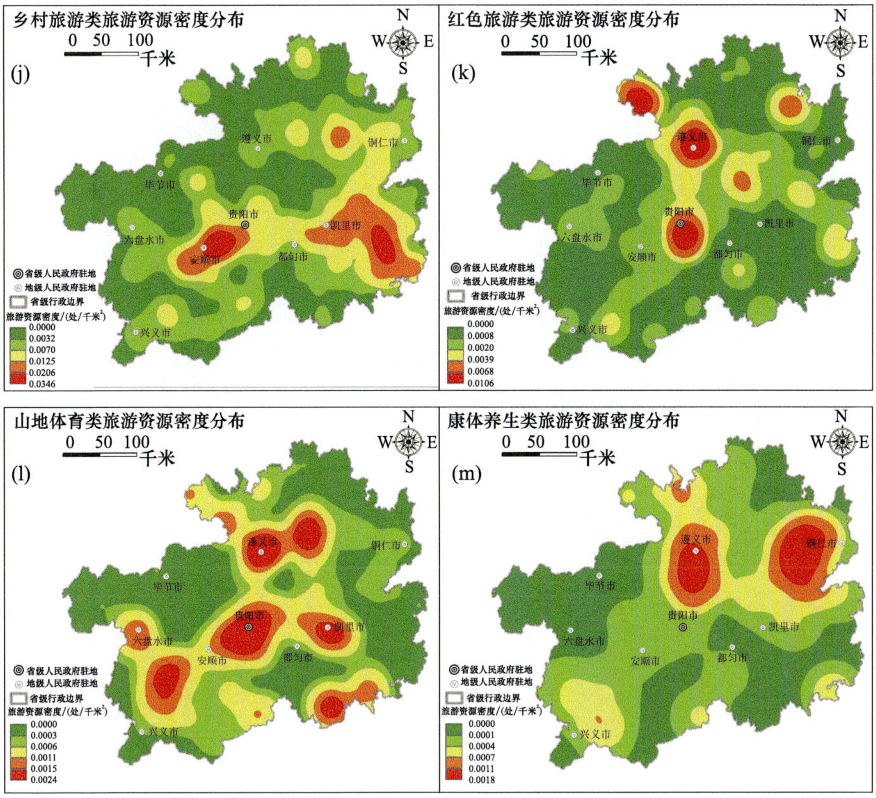

图 4-1 旅游资源点空间分布特征图

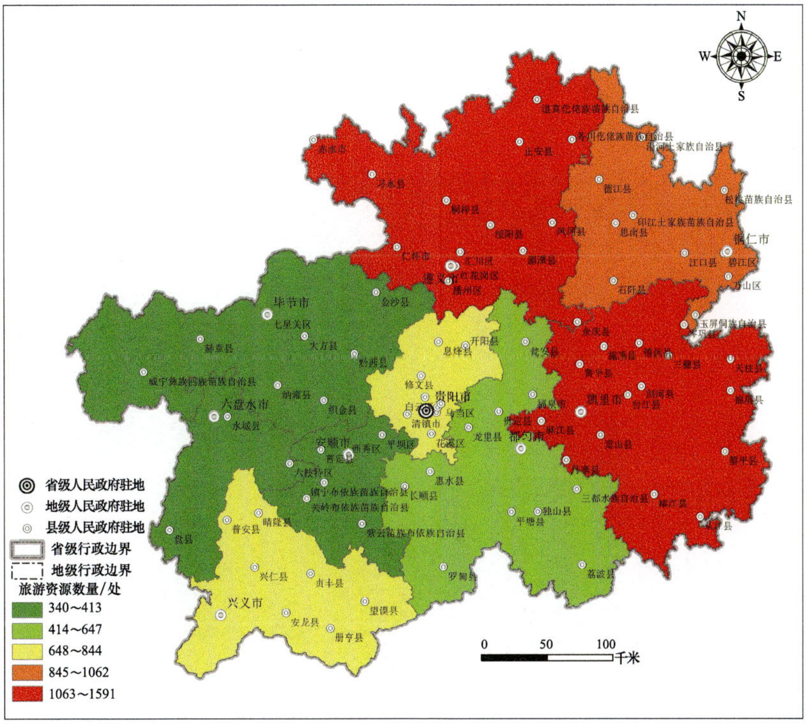

图 4-2 贵州典型旅游资源各地(州、市)空间分布

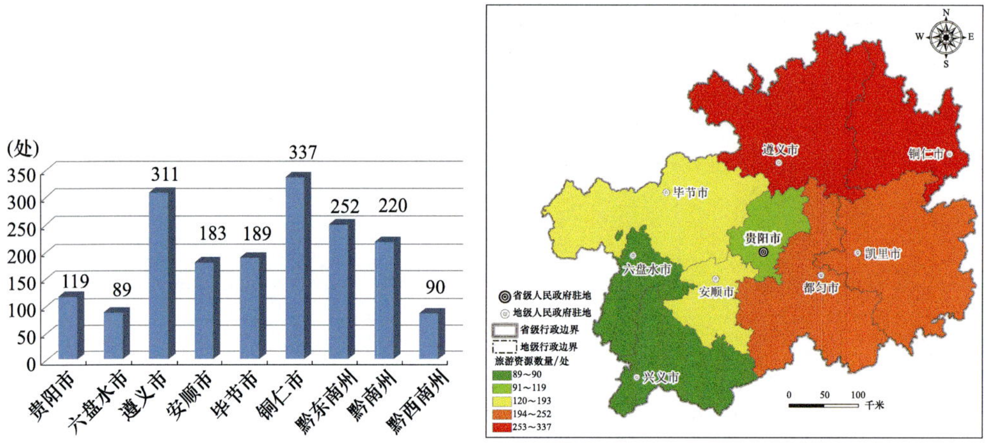

(a) 统计图　　(b) 空间分布图

图 4-4　贵州地文景观旅游资源各地(州、市)分布情况

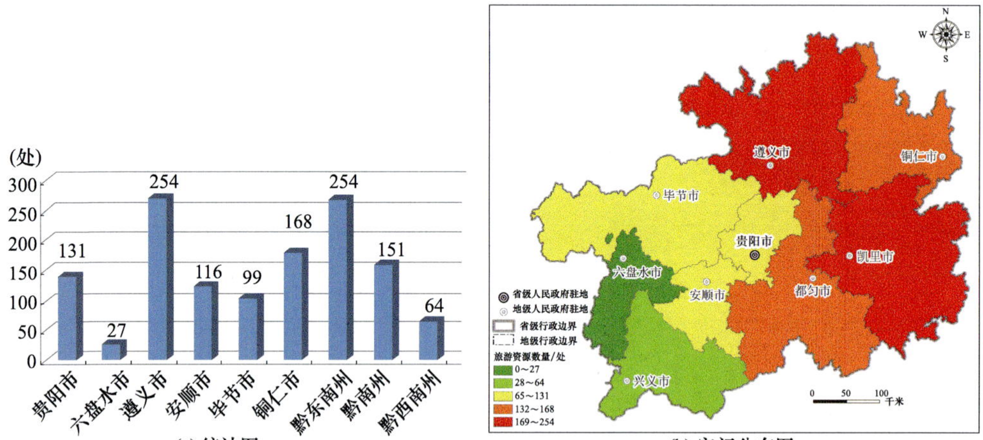

(a) 统计图　　(b) 空间分布图

图 4-5　贵州水域景观旅游资源各地(州、市)分布情况

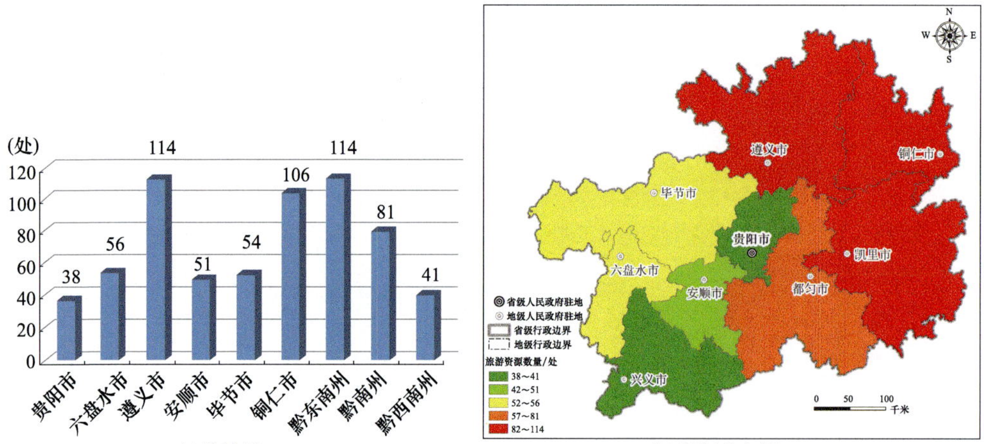

(a) 统计图　　(b) 空间分布图

图 4-6　贵州生物景观旅游资源各地(州、市)分布情况

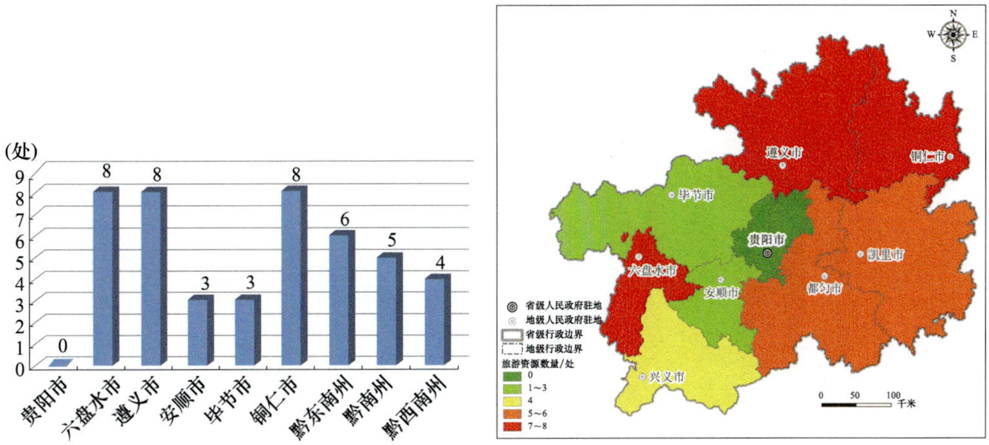

(a) 统计图　　　　(b) 空间分布图

图 4-7　贵州天象与气候景观旅游资源各地(州、市)分布情况

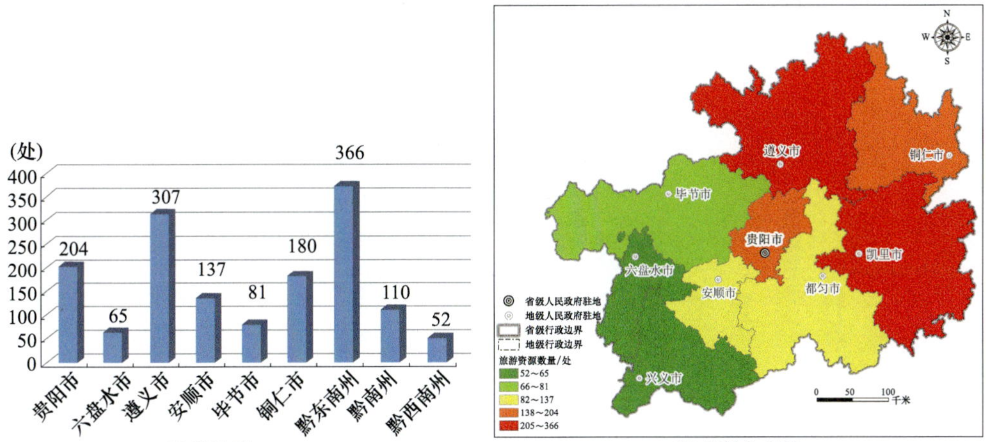

(a) 统计图　　　　(b) 空间分布图

图 4-8　贵州历史遗迹旅游资源各地(州、市)分布情况

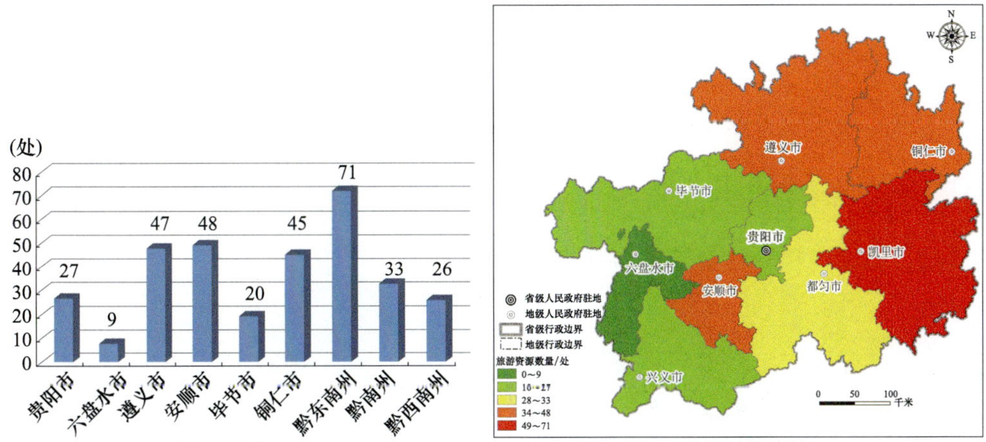

(a) 统计图　　　　(b) 空间分布图

图 4-9　贵州建筑与设施旅游资源各地(州、市)分布情况

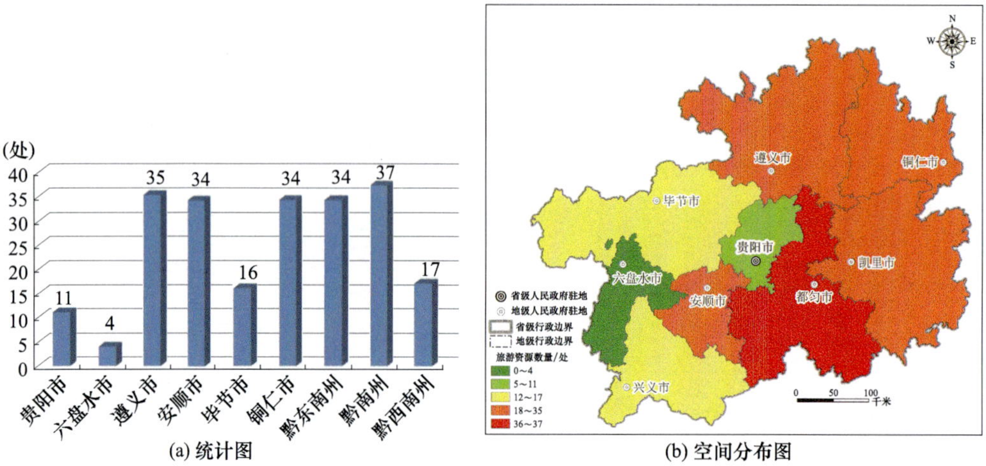

(a) 统计图　　(b) 空间分布图

图 4-10　贵州旅游购品旅游资源各地(州、市)分布情况

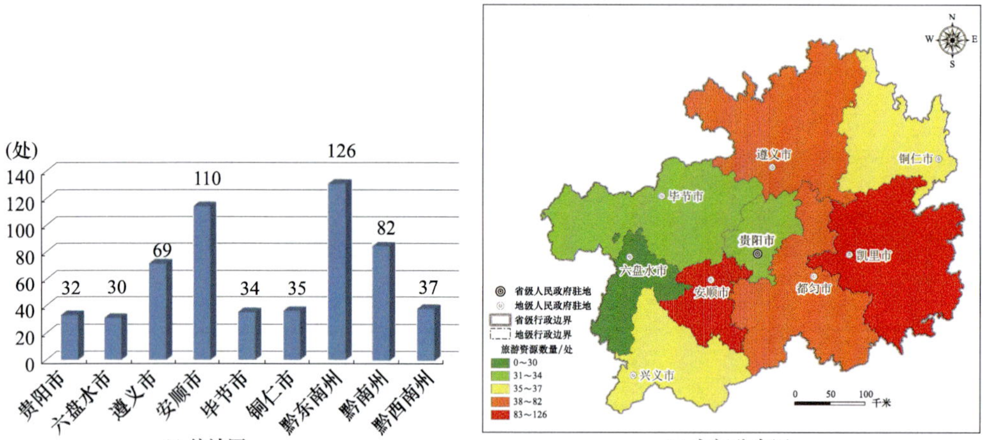

(a) 统计图　　(b) 空间分布图

图 4-11　贵州人文活动旅游资源各地(州、市)分布情况

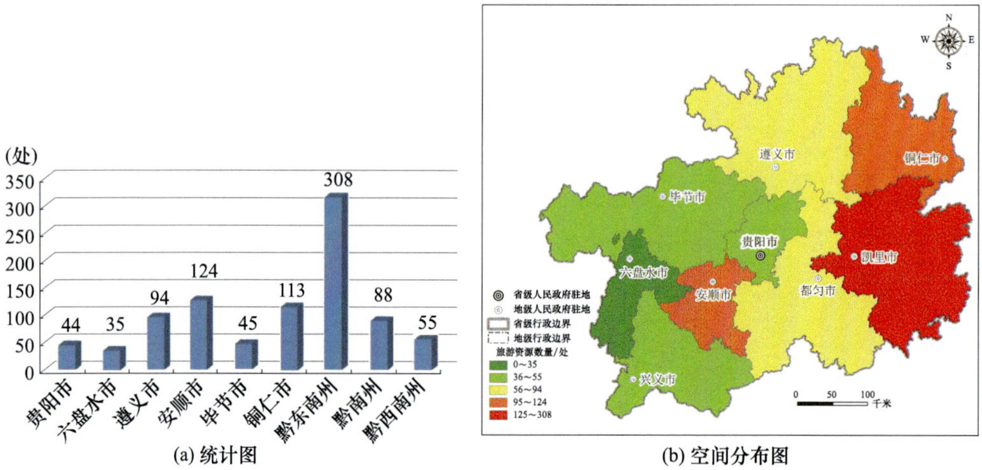

(a) 统计图　　(b) 空间分布图

图 4-12　贵州乡村旅游旅游资源各地(州、市)分布情况

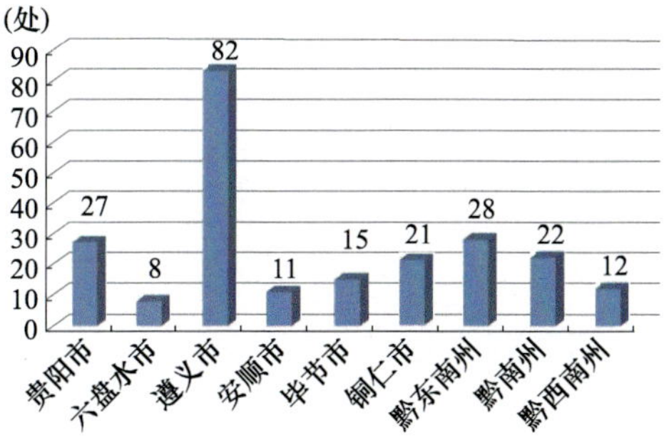

(a) 统计图

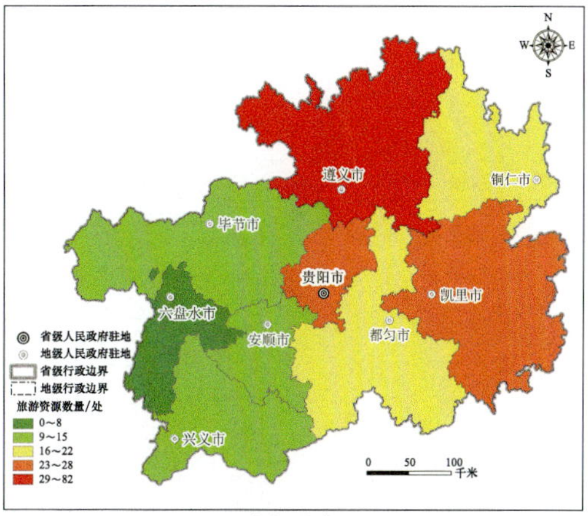

(b) 空间分布图

图 4-13　贵州红色旅游旅游资源各地(州、市)分布情况

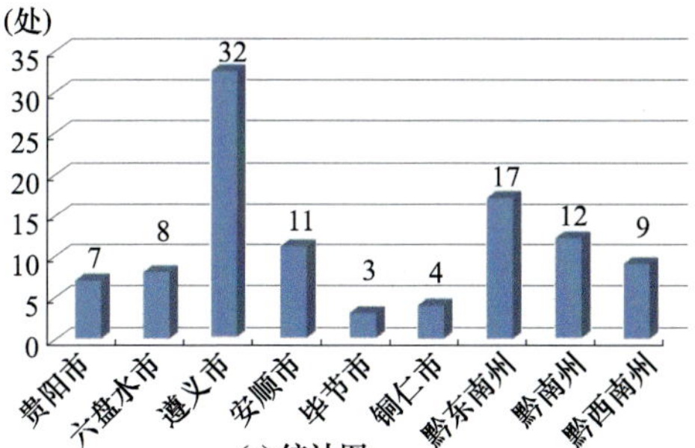

(a) 统计图

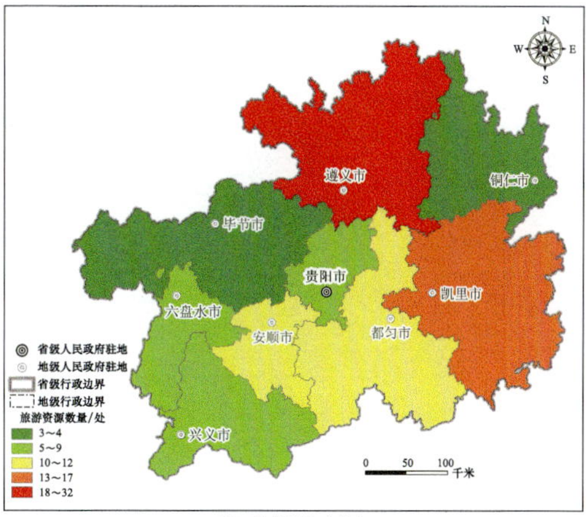

(b) 空间分布图

图 4-14　贵州山地体育旅游资源各地(州、市)分布情况

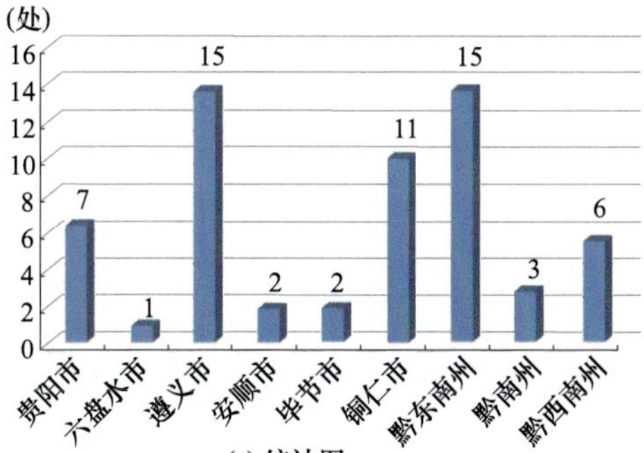

(a) 统计图

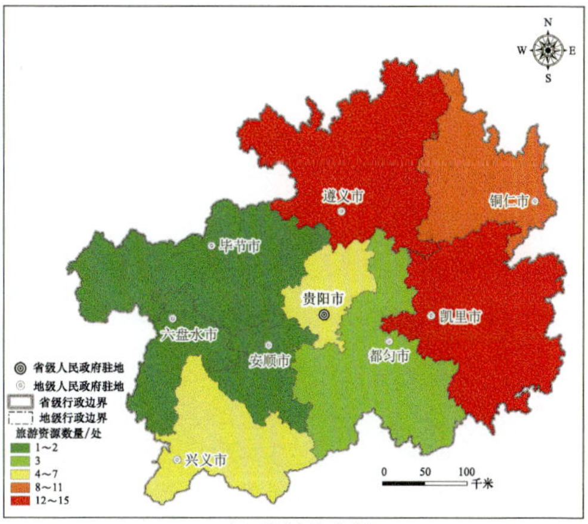

(b) 空间分布图

图 4-15　贵州康体养生旅游资源各地(州、市)分布情况

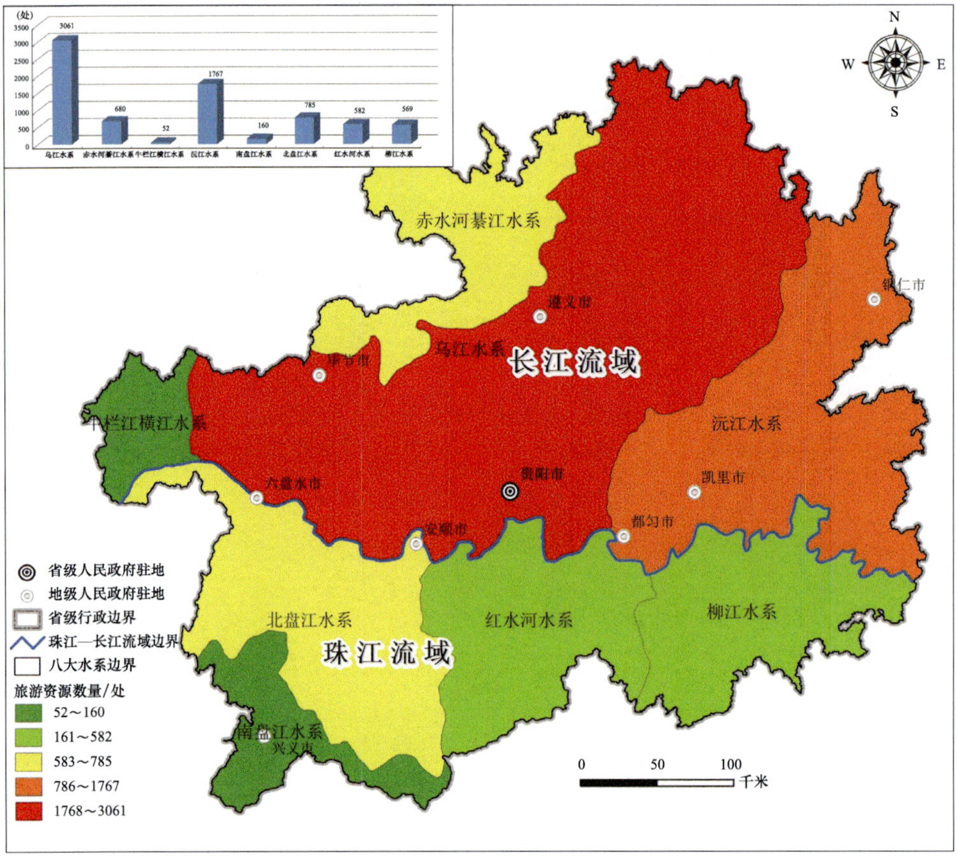

图 4-16　贵州各类旅游资源在各流域分布情况

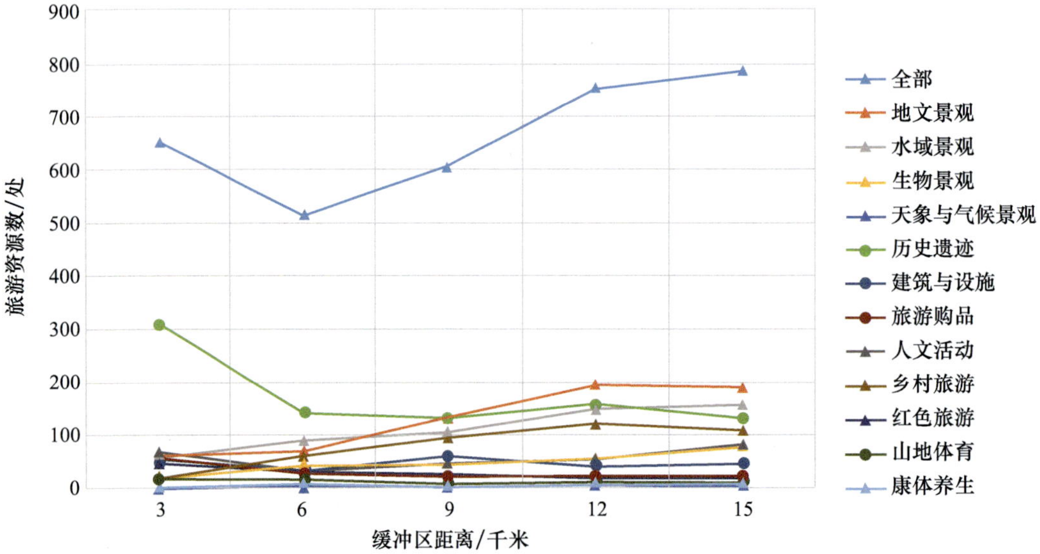

图 4-17　行政中心缓冲区旅游资源分布图

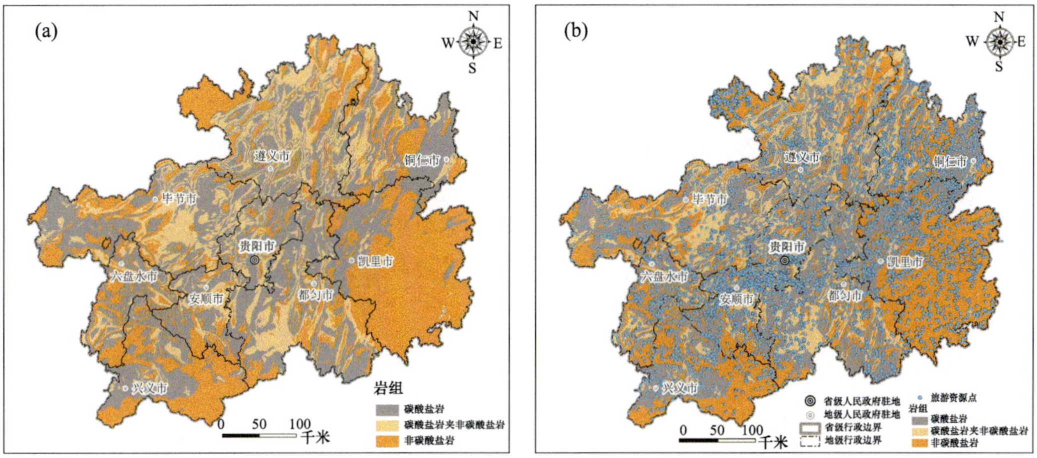

图 4-18　贵州碳酸盐岩分布图

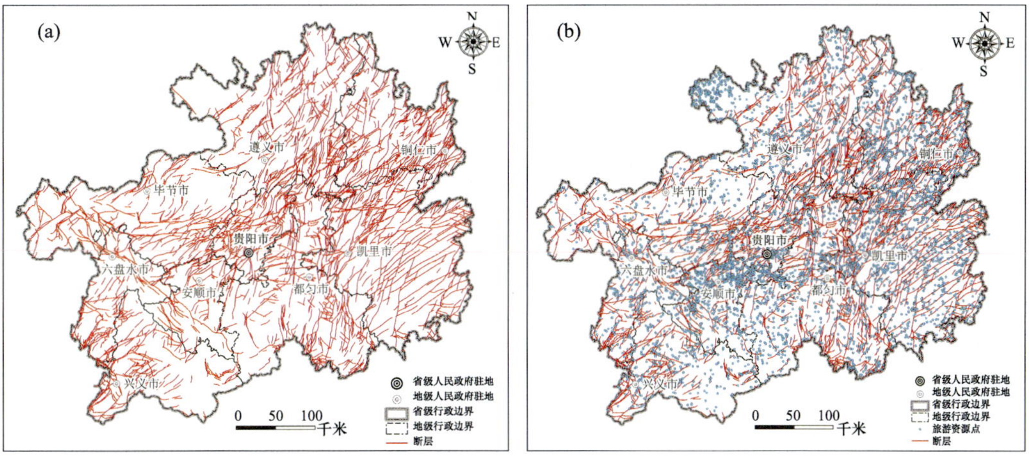

图 4-19　贵州断层分布图

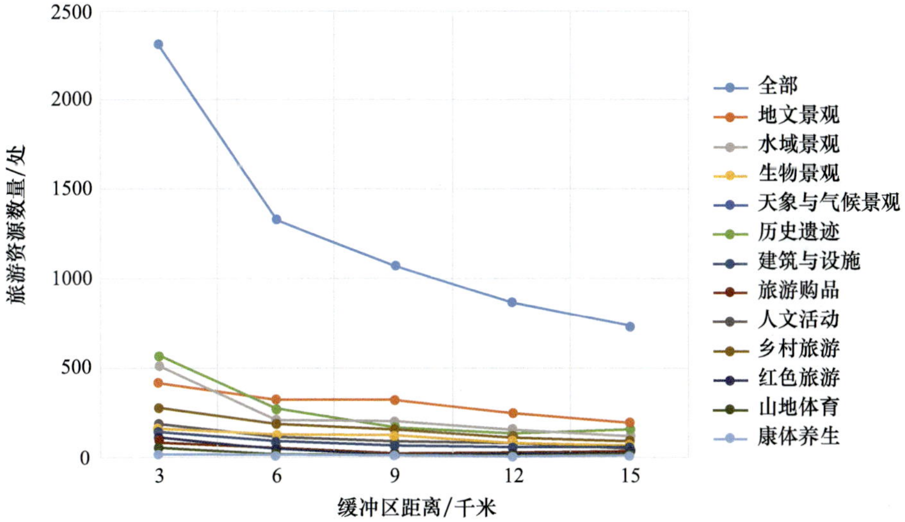

图 4-21　主要河流湖泊缓冲区分析图

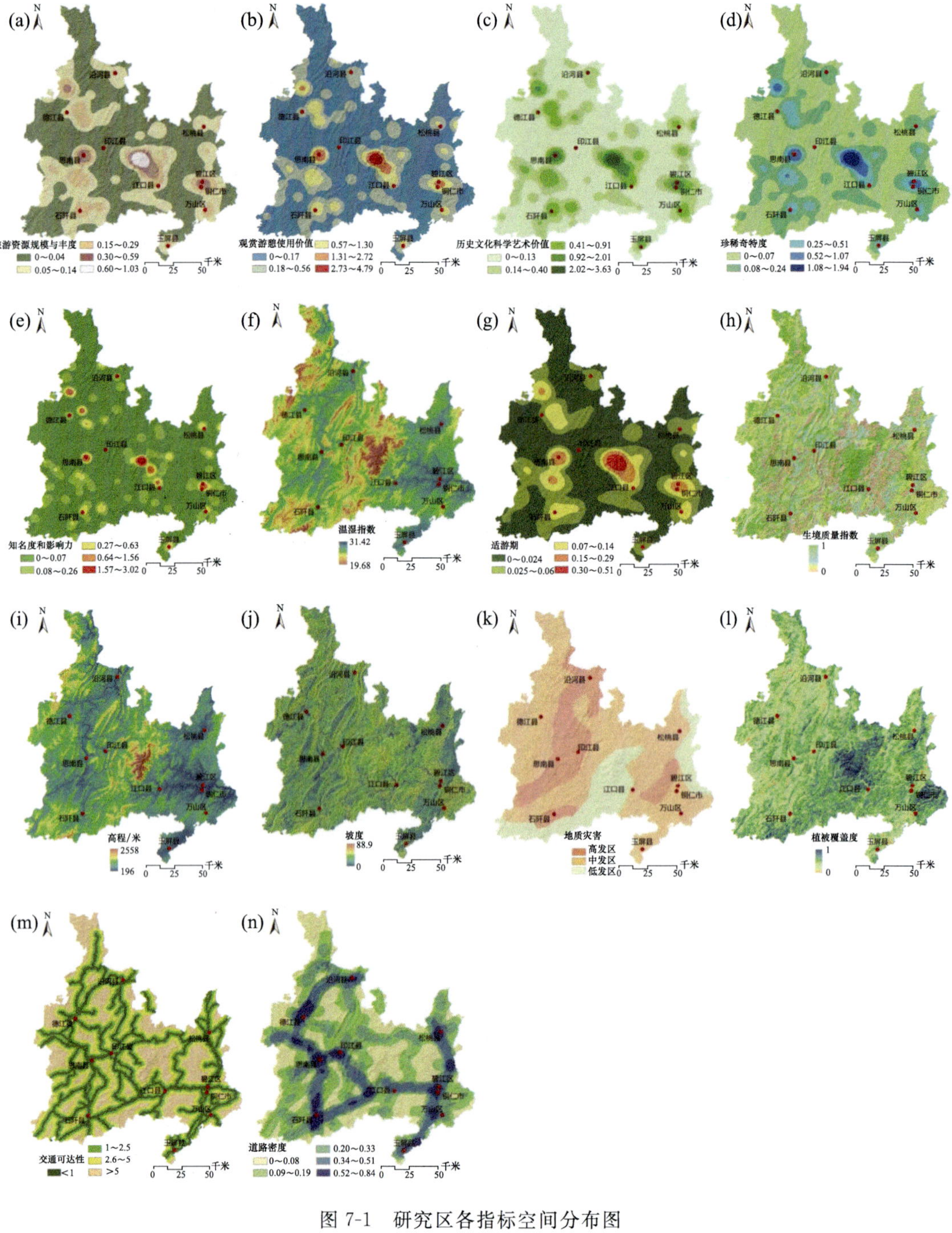

图 7-1 研究区各指标空间分布图

图 7-2　铜仁市旅游资源开发潜力空间分布图

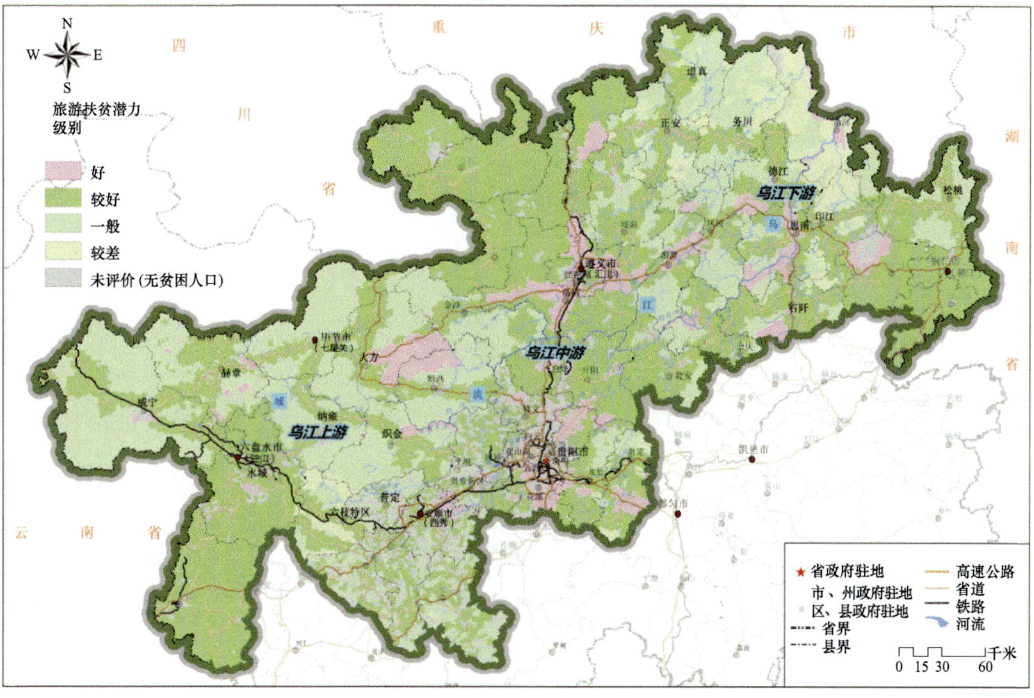

图 7-3　乌江流域贵州段旅游扶贫潜力分析图

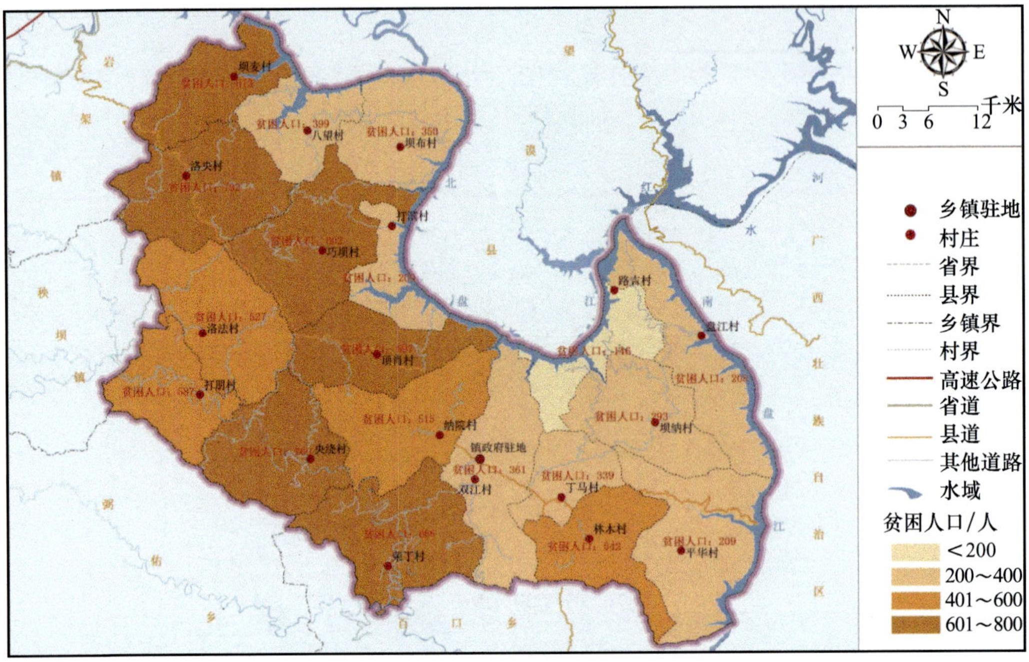

图 7-4　册亨县双江镇贫困分布图

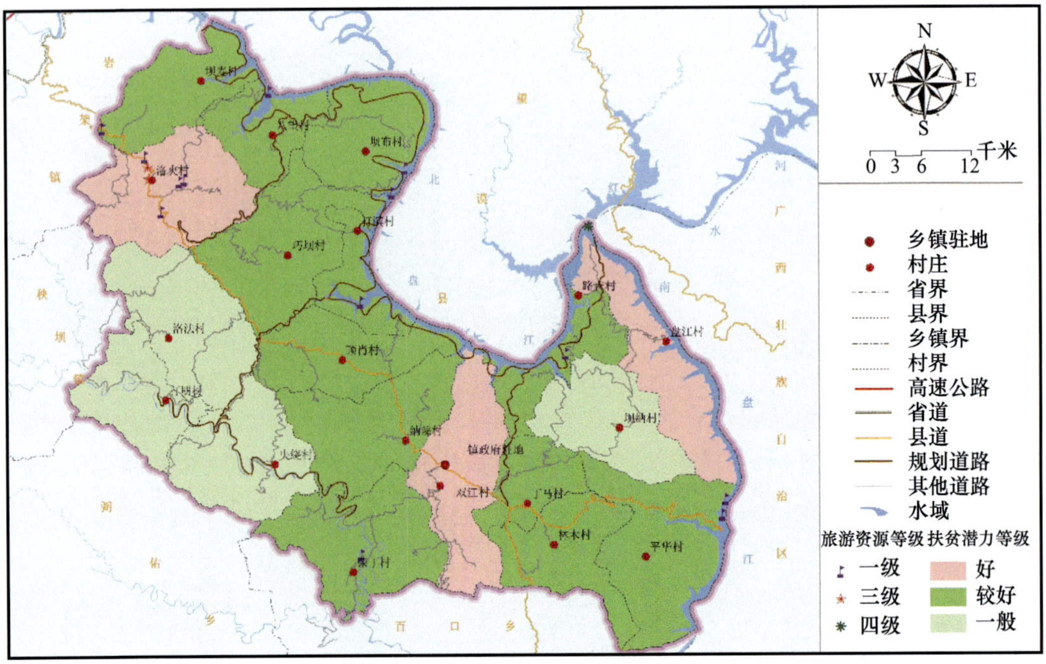

图 7-5　旅游资源潜力分析图